灞渭

文史宝典

BAWEI WENSHI BAODIAN

邱卓民 主编

西 安 出 版 社
西安曲江出版传媒股份有限公司

图书在版编目（ＣＩＰ）数据

灞渭文史宝典 ／ 吕卓民主编. -- 西安：西安出版社，2017.10

ISBN 978-7-5541-2528-1

Ⅰ．①灞… Ⅱ．①吕… Ⅲ．①文化史－西安 Ⅳ．① K294.11

中国版本图书馆 CIP 数据核字（2017）第 244765 号

灞渭文史宝典
BAWEI WENSHI BAODIAN

主　　编：吕卓民

策划统筹：史鹏钊

策划编辑：范婷婷

特约编辑：王向辉

责任编辑：张增兰　路　索

责任校对：张爱林　陈　辉　张忝甜　潘　高

装帧设计：宋丽娟　辛梦东

出　　版：西安出版社

　　　　　（西安市长安北路 56 号）

电　　话：（029）85253740

邮政编码：710061

发　　行：西安曲江出版传媒股份有限公司

　　　　　（西安曲江新区雁南五路 1868 号影视演艺大厦 14 层 11401、11402）

印　　刷：陕西龙山海天艺术印务有限公司

开　　本：787mm×1092mm　1/16

印　　张：22

字　　数：361 千

版　　次：2017 年 12 月第 1 版

　　　　　2017 年 12 月第 1 次印刷

书　　号：ISBN 978-7-5541-2528-1

定　　价：268.00 元

《灞渭文史宝典》编委会

主 任：李 元

副主任：孙艺民

委 员：李平伟 李 翔 黄瑜晖 苏国峰

王东伟 崔 华 屈锦薇

主 编：吕卓民

编写组成员：李令福 史红帅 王向辉 王新文

李 鹏 邱海文 魏欣宝 祝昊天

西安国际港务区管理委员会
西安国际陆港投资发展集团有限公司 出品

前言

灞渭观风道古今

西安的原名叫长安，它曾是中国历史上最著名、最响亮的一个名称。这是因为，在中国几千年的历史长河中，曾有十三个王朝建都于此，建都时间长达 1000 余年；而且，像周、秦、汉、唐等历史上的盛世王朝，都是在西安成就其辉煌历史的。故都城时代的西安，不仅是当时全国的政治、经济与文化中心，而且是声名远播的世界性国际大都市。即使国都东迁以后，西安又作为一方重镇和西北区域中心城市发挥着重要作用，至今无改于斯。故西安是一个历史文化积淀非常厚重的城市。在西安这块土地上，留下了难以数清的文化遗迹，而这些物质文化遗存正是西安昔日文明发展的历史见证，其中承载着丰富而又珍贵的历史记忆。我们今天所要说的西安国际港务区所在的灞河与渭河三角洲地区，在历史的各个时期，无疑都属于西安城市文化所覆盖的范围。如位于灞河东岸的新寺遗址，它记录着汉时这里曾经有过的热闹与繁华；灞河西岸的安西王宫遗址，则标志着非都城时代的西安在国家政治与社会生活中所具有的举足轻重的地位；近年先后发现的隋至元、明、清的灞桥遗址，更是用事实说明了灞桥在西安交通史上所发挥的重要作用。

都城时代的西安，又是全国的交通中心，而这一交通中心地位从周朝建立就形成了。《诗经·小雅》说"周道如砥，其直如矢"，反映了周代修筑道路的标准是很高的。周文王、周武王灭商以后，为了有效地控制关东地区，便在殷商旧地兴建了洛邑和王城，洛邑供殷商遗民居住，王城则作为周天子巡行关东地区的驻地，同时也是周王朝在关东地区的驻军之所。这一制度安排，就要求在都城镐京与关东洛邑之间有经常性的人员往来，包括周天子与各级臣僚等，其间有一条畅通的道路则是必不可少的。还有流传的周穆王巡游的故事，也是与良好的交通条件相联系的。到了秦始皇时代，这种以西安为中心的全国交通网络已经形成，并见诸记载，如《汉书·贾山传》说："秦为驰道于天下，东通燕齐，南极吴楚，江湖之上，滨海之观毕至。"驰道就是当时从都城咸阳通往地方各郡县的官方大道，所谓"决通川防，夷其险阻"而成，也是秦始皇实行的统一措施之一。秦之驰道，打下了以西安为中心的全国交通网络基础，也为秦以后在西安建都的各个王朝所继承，只是随着政区的调整、疆域的开拓以及对外关系的发展等，不断进行完善和延伸罢了，如汉武帝时期所打通的西南夷道，以及张骞出使西域之后所形成的国际交通路线——丝绸之路等。故在灞渭三角洲地区的历史文化中，与都城长安东向大道之间的关联及发生的故事就占有重要的一席之地。

灞渭地区在西安城市文化中占有一席之地，首先，与其地理位置有关。它位于都城长安之东，灞、浐二水合流而过，在长安城东面形成了一道天然屏障，对长安城起到了重要的拱卫作用。在历史时期，灞河就是长安城东面的一道可资利用的军事防线。保卫长安城，在东面只要守住了灞河防线，拒敌于灞河之外，相对而言长安城就是安全的；相反，从东面进攻长安的军事势力，一旦突破灞河防线，长安城就指日可下，几乎没有回旋余地了。故霸上一直是长安城东面的军事要地，在历史时期享有很高的知名度。公元前206年，刘邦率领的起义军从武关道进入关中，芷阳一战，秦军溃败，刘邦乘胜进至霸上。当时咸阳城守备空虚，秦王子婴自知无法抵御刘邦军队的进攻，便白马素车、丝带系颈、手持玉玺，前往霸上向刘邦投降。东晋永和十年（354），桓温出师北伐，顺利进入关中，驻军霸上，以俟进攻长安的战机。当时的长安城是苻秦政权的首都，苻秦势力正炽，桓温未敢轻动逾灞，在霸上坚持了月余时间便回撤了。再至东晋义熙十四年（418），崛起于蒙古高原的铁弗匈奴在其首领赫连勃勃的率领下，军锋南指关中，攻克后秦首都长安，宣告了后秦的灭亡。但有意思的是，赫连勃勃并没有留恋长安的繁华，而是回军到霸上，在霸上庆祝自己征战的胜利，并在此举行了登基大典，宣布建立大夏政权，定统万城为首都，以长安城为南台（即陪都）。然后留下儿子镇守南台，自己则北返统万城去了。如上种种，都反映了霸上所具有的不容忽视的重要地位。

其次，灞渭地区的重要性还在于：这里是历代长安东向道路的交通要冲。从长安城东出，主要有3条重要的交通大道，即函谷关道、武关道和蒲津关道。函谷关道是长安城东向通往关东地区的道路，后因关塞位置的变化又称潼关道。这条道路首先连接了长安与洛阳的交通，然后再由洛阳与关东其他地区连接。特别是在长安与洛阳分别为东西二都或东西二京时期，这条道路的重要性就不言而喻了。如唐代前期的皇帝都是频繁往来于东西二都之间的，唐高宗甚至说长安与洛阳就是自己的东西二宅。其背后的原因是，唐代的长安城规模已十分庞大，人口已近百万，都城的粮食供给问题已经显现。尤其是在关中的歉收年份，粮食供给的缺口就更大。为了缓解漕运的压力，唐王朝的政府机关往往就会临时迁往洛阳，度过饥荒后，再返回长安。故这条道路的修整是最受重视的，其设施也是最完备的。武关道是长安城东南向通往长江中下游地区的道路。从长安出发，逾灞河，折向东南，出武关，先进入荆襄地区，然后沿长江顺流而下，进入太湖以至江浙一带；或中途歧出，越大庾岭进入岭南地区。蒲津关道是长安城东北向通往辽东地区的道路。从长安出发，过灞河，折向东北，再过渭河，至蒲津关，过黄河，进入河东地区，然后沿汾河谷地东北行，从紫荆关方向越过太行山，进入燕冀以至今东北地区。可以看出，这3条道路都是从长安城出发，过了灞河才一分为三的；反之，从这3条道路至长安，也是先相会于灞河东岸，然后通过灞桥才能进入长安城。无疑，位于灞渭地区的灞河东岸是古代长安城与整个中国东部地区交通的锁钥地带，其在交通史上的重要性于此可见一斑。

再次，灞渭三角洲地区是都城长安漕运渠道的全程经过地区。汉都长安时，每年需要从关东与河东地区漕运粮食数十万石以至数百万石，由于渭水漕运迂曲而远，又经常淤浅难以行船，于是就傍渭开凿了一条漕渠，引渭灌注，以助行船，结果既近便又易行，极大地提高了漕运能力。到了唐代，更是利用灞河与浐河的水资源在灞浐之交开凿了一个人工湖——广运潭，成为都城漕运的重要码头。广运潭完工后，负责此项工程的陕郡太守兼水陆运使韦坚在潭中集中了来自江南地区的300余艘小斛底船只，装载着各地的特产，首尾相连，依次而进，让唐玄宗带领群臣登上望春楼观赏。唐玄宗很快被这一奇景吸引住了，当即大赏韦坚及所有参与工程建设的官员，甚至恩及役夫与船工。广运潭的开凿及这一历史事件，无疑给灞渭地区增色不少。

最后，在都城时代，无论是汉长安城还是隋唐长安城，当时的人们都把灞桥作为自长安城外出的东大门。久而久之，就逐渐形成了一个送往迎来的习俗，即送客人离开长安时，一般都要送到灞桥，才肯话别告离，并折柳相赠以示依依惜别之情；反之，迎接客人的到来，也是要到灞桥迎候，然后携客人欢愉而归。这个习俗一直相沿数百千年而不改，遂赋予了灞桥极为丰富的人文内涵。特别是一些文人骚客的参与，更为这一文化现象增添了无尽的魅力。如隋无名氏的诗作《送别》："杨柳青青著地垂，杨花漫漫搅天飞。柳条折尽花飞尽，借问行人归不归。"唐罗邺诗《灞上感别》："灞水何人不别离？无家南北倚空悲。十年此路花时节，立马沾襟酒一卮。"唐杨巨源诗《赋得灞岸柳留别郑员外》："杨柳含烟灞岸春，年年攀折为行人。好风凭借低枝便，莫遣青丝扫路尘。"等等，不能一一列举。古代长安的送客习俗，在灞桥折柳告别，"柳"为"留"的谐音，用折柳以示心中欲留客人而留不住的感情。古代信息传递不发达，亲友离别，将在长时间内遭受不知音信的煎熬。这种感情，在离别时会表现得更为强烈。古人非常珍惜离别，因而留下了很多的离别诗或伤别诗，灞桥送别诗也是其中的一种。当灞桥送别与折柳成为一种文化现象后，人们也主动在灞河两岸广植柳树，又形成灞柳美景，所谓"灞柳风雪"，是春天时节柳树随风飘絮所呈现的一种景观现象，遂作为灞柳美景的代名词流传至今。总之，不论是灞桥折柳，还是灞柳风雪，都是灞渭地区具有悠久历史的文化现象或文化景观之一。

此外，灞河还是古代长安仕女进行被禊活动的重要场所之一。每年的三月三日上巳节，都有不少京城仕女来到灞河边上，进行沐浴和祈福免灾活动，谓之被禊。这种被禊活动在汉代就产生了，再经过长期的传播与发展，到了唐代，已经成为一种人人参与的大众普及活动。因此，灞河被禊在唐代是最流行和最兴盛的。古人的被禊活动，也是灞渭地区的历史文化资源之一。

基于灞渭地区丰富的历史文化资源，进驻这一地域的西安国际港务区的领导深知区内文化遗产的珍贵与历史价值，遂有《灞渭文史宝典》编撰工作的组织与启动，旨在弄清区内文化资源的家底，做到文化遗产保护与区域开发的协调发展，并尽可能利用文化资源的优长，服务于新的经济建设，以取得相得益彰的效果。

这本《灞渭文史宝典》共分为九编，包括了灞渭三角洲内文化资源的各个方面。特别是从典籍文献和考古资料中整理出的该区域内历史文化与文物资源的相关资料，可谓是一笔重要的文化财富。有了它，一方面可为港务区的规划与建设提供必要的历史借鉴与资源利用的参考；一方面又可长久保存港务区内历史文化的资源信息，也就是保存区域文化发展的历史记忆，从而为港务区的建设与发展增加了一个厚重的时代背景。故说这项工作是很有价值的，也是很有成就感的。

通过浩繁的资料整理与归类，可以看出，港务区所在的灞渭三角洲地区具有深厚的历史文化底蕴，有着区域发展的一张张文化名片，在很大程度上增加了区域文化的厚重感。港务区的产生与发展，是新时代的新生事物，是历史发展过程中与时俱进的产物。它所承担的历史使命就是要在这块具有一定文化底蕴的土地上，再描绘出一幅锦上添花的美丽图案，让当代人感觉它确实变得更美了，让未来人继承的也是一份丰厚的文化遗产。因此，我们期待着一个繁荣美丽的西安国际港务区出现在西安市东北方的灞渭大地之上，其创新的经济成就将为西安城市的发展注入新的活力，也为西安人民带来更多的福祉。建成后的港务区将是一个既有文化内涵又景致迷人的好去处。

是为盼！

吕卓民

2017 年 8 月 21 日

于西大桃园宅

[目录]

第一编 · 概述

第一章 · 地理区位 /3

第一节 气 候 /4

第二节 地质地貌 /5

第二章 · 水文特征 /7

第一节 天然河流 /8

第二节 汉唐漕渠 /15

第三节 汉唐长安的桥津陂池 /20

第三章 · 交通与交流 /23

第一节 交通概况 /24

第二节 邮驿机构 /27

第三节 内外贸易交流 /29

第四章 · 人文概况 /31

第一节 军 事 /32

第二节 文化概况 /33

**第二编 · 先秦至宋元的
长安漕运航道**

第一章 · 先秦两汉长安漕运航道 /39

第一节 先秦长安漕运航道 /40

第二节 汉初时期的漕运 /42

第三节 武帝时期关中漕渠的开凿 /43

第二章 · 隋唐长安漕运航道 /47

第一节 隋文帝迁都 /48

第二节 隋朝兴修运河发展漕运 /49

第三节 中晚唐至宋元的渭河漕运 /52

第四节 长安漕运航道与其他城市、
国家的关系 /54

第三编 · 政治和文化

第一章 · 政治变革与漕运 /61

第一节 军事外患 /62

第二节　经济发展与漕运建设　　　　/67

第三节　漕运制度　　　　/72

第二章·灞渭沿线城镇兴衰　　　　**/75**

第一节　城镇兴衰　　　　/76

第二节　港口发展　　　　/79

第三节　历史遗存　　　　/82

第四节　桥梁建筑　　　　/88

第三章·文化艺术　　　　**/93**

第一节　文　学　　　　/94

第二节　关　学　　　　/97

第三节　秦腔艺术　　　　/100

第四节　书画艺术　　　　/101

第四章·商帮文化　　　　**/103**

第一节　先秦萌芽　　　　/104

第二节　汉唐鼎盛　　　　/105

第三节　明清崛起　　　　/109

第四节　陕商精神　　　　/111

第五章·民俗文化　　　　**/115**

第一节　民俗发展　　　　/116

第二节　袚禊文化　　　　/118

第三节　灞柳文化　　　　/120

第四节　庙会文化　　　　/122

第六章·科技文化　　　　**/125**

第一节　造船与铸模　　　　/126

第二节　灞渭沿线的航运与漕渠　　　　/133

第四编·图像

第一章·地图　　　　**/139**

第二章·遗址遗存　　　　**/151**

第五编·诗文曲

第一章·诗词赋　　　　**/173**

第一节　两汉至魏晋时期　　　　　/174

第二节　隋唐时期　　　　　　　　/176

第三节　宋元明清时期　　　　　　/184

第二章·小说　　　　　　　　　　/189

第一节　志怪和唐传奇　　　　　　/190

第二节　话　本　　　　　　　　　/195

第三节　小　说　　　　　　　　　/201

第三章·戏曲　　　　　　　　　　/207

第一节　剧　目　　　　　　　　　/208

第二节　剧　本　　　　　　　　　/210

第六编·史料典籍

第一章·两汉魏晋南北朝时期　　　/223

第二章·隋唐五代时期　　　　　　/233

第三章·宋元明清时期　　　　　　/241

第七编·名人

第一章·政治名人　　　　　　　　/257

第二章·军事名人　　　　　　　　/275

第三章·文化名人　　　　　　　　/281

第八编·学术研究

第一章·关中漕渠桥池　　　　　　/297

第二章·西安古都学　　　　　　　/311

第三章·商贸与文化　　　　　　　/323

第九编·大事记

第一编·概述

　　灞渭三角洲流域南起白鹿原南段，北至渭河，东以灞河新筑为界，西以浐河流域西岸为界，总面积约 600 平方千米。全区地形东南高，向西北倾斜，以渭河冲积平原为主，区内川、山、塬、坡、滩俱全。回顾历史，这一地区一直以来都是关中地区与东部联系的交通枢纽。在西周、秦、汉、唐时期，这里作为帝国首都的东向门户，既是长安东部的天然屏障，又是其与东方沟通的重要孔道，也是连接首都与关东地区的漕运枢纽；唐以后，它依然是西部重镇长安的重要藩篱和交通要冲。当代在灞渭三角洲的灞河以东建立了以现代物流、国际贸易和出口加工为主要业务的外向型经济服务区——西安国际港务区。灞渭三角洲地区在西安的城市发展、交通运输、贸易发展等方面都起到了重要的地理区位作用。本编将介绍该地区地理、历史概况。

第一章

【地理区位】

灞渭三角洲位于西安市东北，在陕西省中部、黄土高原的南缘，属暖温带半湿润大陆性季风气候，气温、降雨年际变化较大。受印度洋季风影响，秋季以阴雨天气为主，与中东部的秋高气爽形成了鲜明的对比。区内地貌分为冲积平原和黄土台原两类：冲积平原主要在北部，海拔 393~450 米，其南部则是多个黄土台原。该区是西安城市建设的重点区域之一。

第一节
气 候

西安市位于东经 107°40'~109°49'、北纬 33°39'~34°44' 之间，太阳辐射较强，一年中 6 月辐射最多，6 月以后辐射量逐月减少，到 12 月为最低值，随后又逐月增加，到次年 6 月达到最高值。由于地面有一个储热和放热的过程，所以气温最高值和最低值与太阳辐射量相差一个月，7 月气温最高，1 月气温最低。

西安市虽处于东亚季风影响范围之内，但因东距太平洋 1000 千米左右，很难直接受到海洋对气温与降水的调节作用。夏季太阳辐射强，成为热源，冬季太阳辐射弱，又成为冷源，所以年温差大。内陆表面水域面积小，水源有限，降水较少。

总之，西安市的气候属于暖温带大陆性季风气候，其总特征是温暖湿润、四季分明。这种气候利于农作物的生长发育，为西安地区经济的发展提供了有利的条件；这种气候适宜人类生存，西安市所在的关中地区是中华民族文化的发祥地之一。西安市 ≥ 10℃ 的积温为 4500-4700℃，年平均气温为 13~13.5℃；7 月平均气温在 26℃ 以上，1 月平均气温为 -0.5-1.5℃；年降水量为 500~720 毫米。这种气候一定程度上有利于农业的发展，但是降水较少成为农业发展的短板，所以历朝都修建有水利工程。

第二节
地质地貌

西安市地势南高北低，南部为著名的秦岭山脉，北部是以渭河断陷谷地为基础形成的断陷平原即关中平原。秦岭是一条东西延伸的巨大山脉。秦岭山脉雄伟，海拔自东向西逐渐升高，在陕西省境内的部分岭脊海拔约2000米，山峰海拔约2000~3000米，高出其北部的渭河平原2000米之多。秦岭北麓地势陡峭，多峡谷；南坡则较缓，但由于河流的切割作用，也多峡谷地貌。秦岭北临渭河平原，其间有大断裂，为北仰南倾的断块构造，因而山势陡峭，形成千崖竞秀的壁立山峰，总坡长不到40千米，所以河流短促，多急流。

其延伸至西安市东部向北有一支脉为骊山，是秦岭晚期上升形成的突兀在渭河裂陷带内的一座孤立的地垒式断块山，正是骊山迫使灞河向西北方向流入渭河。

渭河是黄河的最大支流，发源于甘肃省定西市渭源县鸟鼠山，主要流经今甘肃天水和陕西关中平原的宝鸡、咸阳、西安、渭南等地，至渭南市潼关县汇入黄河。在陕西境内，渭河大致与秦岭并行向东汇入黄河。经过渭河千百万年的冲刷沉积而形成的渭河平原东西长300千米，在秦岭与陕北高原间向东延伸。南部陡峭的秦岭山脊与北部平坦的渭河平原一起奠定了西安市的地貌大势。

从微观来看，关中平原并不完全平坦，其中还有大大小小的黄土台原，这就是黄土地带的特殊地貌类型——原。它是渭河两侧或山前被黄土覆盖的呈阶梯状的倾斜的台状地，其四周非常陡峭，好像一座山，顶部则是一片平坦的台面。关中平原就是由这些海拔各异的原与相对低洼的隰组成的。西安地区的原主要分布在西安城区以东、以南的临潼、蓝田与长安境内，其中与灞渭三角洲地区关系紧密的主要有白鹿原、铜人原等。

白鹿原南与秦岭相接，北部至浐、灞之交，东西两侧分别是灞河与浐河。白鹿原是西安地区面积最大的黄土台原，东西10千米，南北25千米；原面呈倾斜状，海拔在 600~780 米之间，高出浐河河面 150~200 米，高出灞河 240~300 米；海拔自东南向西北逐渐降低，但总体较为平坦。

铜人原又名洪庆原，是骊山西侧的山前台地，台原东部与灞河阶地相接，且对该区地形地貌的形成有一定影响。铜人原海拔 550~700 米，地势自东南向西北倾斜；由于众多大小河流的侵蚀，原面较为破碎。铜人原的得名与十二金人有密切关系，据《关中记》载："董卓坏铜人，余二枚，徙清门里。魏明帝欲将诣洛，载到霸城，重不可致。"霸城就位于铜人原之上，因两个金人在霸城放置时间较长，故其所在台原即被称为铜人原。该原与国际港务区关系密切。

上述黄土台原一般地势稍高而开阔，站在原边远望，向北向西是原下坦荡的平野、蜿蜒的河流、星罗棋布的村落，以及气势恢宏的古代长安城；向南则是广阔的原面与巍峨的秦岭。故这些台原自古以来就是长安士女郊游的胜地。

关中盆地面积更广阔的是冲积平原。西安市平原面积广大，东西连成一片，长 140 余千米。它们沿河流两岸分布，与上述黄土台原一起构成了原隰相间分布、高低错落的地貌。

渭河平原沿渭河两岸断续分布，包括渭河两岸的一级、二级阶地。浐河、灞河出秦岭山区以后，在河流两岸形成了较为平坦的河谷平原，这种平原既包括紧临河床的河漫滩地，又包括两侧的河谷阶地。灞河河谷比较开阔，宽度为 4~6 千米，最宽处可达 10 千米。河漫滩地临河床两岸分布，断断续续，地势低缓平坦，一般高出河床约 0.5~2 米，宽数十米至数百米。一级阶地在玉山镇与蓝田县城之间的灞河两岸皆有分布，宽约 1~2 千米，海拔比河床高 3~9 米。

渭河平原与灞河谷地的交会处，南边是白鹿原、少陵原、铜人原以及巍峨的秦岭，北边是源远流长的渭河以及广阔平坦的渭河平原，向西即是辉煌壮丽的古长安城。其位置优越与川原之形胜，于此可见一斑。

第二章

【水文特征】

西安市河流众多，其中绝大多数属于黄河流域渭河水系。除天然河流外，还有多条为漕运、灌溉而开凿的人工渠道。灞渭地区作为历史上长安与东方联系的要冲，历代漕渠都从此处经过。本章将对灞渭三角洲乃至整个西安的河流、航道做简要介绍。

第一节
天然河流

　　西安市河网密集，自汉代即有"八水绕长安"之说，其中绝大多数属于渭河支流，这些支流除石川河、泾河以外，均发源于秦岭山区。由于渭河两侧地形差异明显，水系格局颇为特殊，渭河北岸的支流多发源于黄土高原，源远流长，且多为树枝状、羽状水系；渭河南岸支流多发源于秦岭山区，河流多短小急促，而西安市辖区大部分都位于渭河以南，所以这也就成为西安市河流水系的主要特征。灞渭三角洲地区的主要河流如流经关中地区的渭河，以及秦岭山区的灞河与浐河，即发源于甘肃。本节将以整个西安的水系为基础，介绍浐灞、渭河流域的天然水系，以期加深对该地区水文的认识。

　　"八水绕长安"出自西汉司马相如所作《上林赋》，其中，"八水"是对长安地区的水系情况简明扼要的概括，指的是渭、泾、灞、浐、沣、滈、潏、涝这8条河流。

渭河

　　渭河发源于甘肃省定西市渭源县西南海拔3495米的鸟鼠山北侧，源头高程1383米，干流由西向东流经渭源县、陇西县后，于鸭儿峡注入天水。境内集水面积10241.78平方千米，占渭河总面积的7.6%，年输沙量5044万吨，境内侵蚀模数 5100 吨 / 平方千米。在天水市境内，渭河干流流经武山县、甘谷县和麦积区两县一区，全长 270 千米。

渭河干流在陕西境内流长 502.4 千米，流域面积 67108 平方千米，占陕西境内黄河流域总面积的 50%。全河多年平均径流量 103.7 亿立方米，其中陕西境内流量 62.66 亿立方米；每年输入黄河泥沙达 5.8 亿多吨，约占黄河泥沙总量的 1/3。渭河干流从天水出甘肃省，东流至天水与宝鸡接壤，经宝鸡市的陈仓、渭滨、金台、岐山、眉县、扶风，咸阳市的杨陵、武功、兴平、秦都、渭城，西安市的周至、鄠邑、长安、未央、灞桥、高陵、临潼，渭南市的临渭、大荔、华州、华阴等 22 个县（市、区），至潼关的港口入黄。陕西境内渭河流域右岸南山支流较多，从西到东有清姜河、清水河、伐鱼河、石头河、西汤峪、黑河、涝河、新河、沣河、灞河、零河、酒河、赤水河、遇仙河、石堤河、罗纹河、罗敷河等，大都水清、源短、流急，较长的黑河 125 千米，灞河 104 千米，其余皆不足 100 千米；左岸为黄土阶地原区，支流稀少，从西向东有通关河、小水河、金陵河、千河、漆水河、泾河、石川河、北洛河等，大多水量相对较小而含沙量很大，流长在 100 千米以上。

渭河是黄河最大的支流，主河道全长 818 千米，流域面积 134766 万平方千米。渭河自宝鸡峡进入陕西境内。宝鸡峡以下河道长 388 千米，贯穿"八百里秦川"。经过宝鸡市区和岐山、眉县、扶风诸县，进入西安市区；经周至、鄠邑区，过西安城北，至临潼区东，出西安市区；过渭南至潼关县入于黄河。

在上古时，渭河的水量比现在大得多。据文献记载，晋惠公在秦穆公的帮助下即位，之后晋国连年遭遇灾荒，五谷不收。惠公四年（前 647），晋国向秦国借粮。运粮的船浮渭而下，从秦都雍（今陕西凤翔）到晋都绛（今山西翼城东），几百里路途首尾相连，络绎不绝，史称"泛舟之役"。

自汉高祖开始，汉廷就利用渭水运输关东漕粮。开国之初每年不过运送数十万石，汉文帝时达到 400 万石，后期更是达到 600 万石。虽然后来在渭水以南开凿了漕渠，减少了渭河的货运量，但是渭河水运并没有消失。西汉灭亡之后，漕渠淤废。

晋义熙十三年（417）刘裕率军北伐，部将王镇恶即率领水军自黄河入渭河，于长安城北的渭桥攻入长安，灭后秦。这些史实说明渭河水运一直存在。

到隋文帝时代，重新开挖漕渠，唐代也曾多次修复漕渠，渭河水运作用有所减小。唐末迁都洛阳，长安城失去了国都地位，漕渠漕运也就结束了，渭河水运也由此转入衰败时期。当然，这并不是说唐朝以后渭河上再没有粮船通行，只是说数量很少、次数很少。宋初曾利用渭河运输陕西粮食到达首都开封，金代也曾利用渭河转运陕西粮食接济关东，不过都数量有限。明清两代以后，渭河已基本上不能行船，仅有小木船在下游的某些河段上通行，但也只限于夏秋洪水期很短的时间，渭河中下游水运的历史至此已经结束。

下面简要分析渭河水运条件变化的主要原因。渭河流经甘肃、陕西两省的黄土地带，流域气候干燥，雨量偏少，而且全年降水集中在夏季，这样就使得渭河水量在洪水季节猛涨猛落，而枯水期由于降水稀少、气候干燥，渭河就变成涓涓细流。径流变化非常大，给渭河航运带来很大的困难。然而，从文献记载来看，周秦汉唐时期长安附近湖泊众多、水域广阔。在公元1000年前，关中地区的气候湿润期比现在长，干旱期比现在短，并且众多的湖泊对渭河水量有调节的作用，这样渭河水量变化就比较小，通航能力也较为稳定。到了唐代，湖泊大量干涸，气候日趋干燥，加之唐代在渭河上游地区农业开发力度加强，森林被大量砍伐，地表植被遭受破坏，从而导致水土流失日趋严重，大量泥沙被冲入渭河，水流越来越浅，沙洲不断涌现，曲流急剧发展。五代之后，渭河的水运便快速衰落下去。

泾河

泾河是渭河的一级支流，即黄河二级支流。它发源于宁夏六盘山东麓，南源出于泾源县老龙潭，北源出于固原大湾镇，至平凉八里桥汇合，东南流经甘肃省平凉、泾川，陕西省长武、彬县、永寿、淳化、礼泉、泾阳等县，于高陵区陈家滩注入渭河。

泾河全长455.1千米，流域面积45421平方千米。泾河干流河谷开阔，一般在1千米以上，在平凉至泾川间，河谷宽达2~3千米；川地平坦完整，有良好的灌溉条件。泾河多年平均径流量为 21.40 亿立方米，陕西境内为 6.02 亿立方米。径流的分布以黑河及三水河较多，径流模数分别为 2.80 公升/秒·平方千米和 2.69 公升/秒·平方千米；而干流较少，泾河张家山站年径流模数只有 1.52 公升/秒·平方千米。径流的多年变化使支流大于干流，黑河及三水河年径流变差系数为 0.50 及 0.55，而泾河张家山站只有 0.40。

泾河径流量的年内分配也不均匀，干流夏季大于秋季，冬季最小。张家山站夏季占 42.7%，秋季占 31.6%，冬季占 10.1%。汛期最大四个月（7-10 月）流量占年径流的 62.9%，最大月（8 月）占 21.9%，比春季径流量还要大。支流三水河则以秋季径流量最多，占年径流量的 39.9%，春季径流量反而大于夏季，最大月径流量推迟到 10 月，其原因在于该地植被条件较好，能够涵养水源。

泾河洪水猛烈，是渭河及黄河洪水主要来源之一。泾河一场洪水即可对下游构成较为严重的威胁。1933 年 8 月 8 日陕县发生的特大洪水，主要由泾河洪水造成，当时，张家山洪峰流量达 9200 立方米/秒，洪量为 14.6 亿立方米。1966 年 7 月 27 日，景村洪峰流量为 8150 立方米/秒，可见泾河洪水期流量很大。

灞河

浐、灞二水位于西安市东部，分别距西安城约 9 千米和 12 千米，径流涉及西安市的灞桥区、雁塔区、浐灞生态区、未央区、长安区、蓝田县及商洛市商州区。全流域地貌自下游到上游可分为川道平原区、丘陵区、台原丘陵区和秦岭山区四种，类型复杂多样，河网水系交错纵横其中。灞河是渭河南岸的最大支流，而浐河又是灞河的最大一级支流，两河均发源于西安南部的秦岭北坡。灞河沿白鹿原北侧东南—西北向流入灞桥区、未央区，在三郎村和贾家滩村之间汇入渭河，东南距三郎村约 2.14 千米，西距贾家滩村约 2.5 千米。

灞河，原名滋水，春秋时秦穆公称霸西戎，欲显耀其武功，更名为霸河。后经历代演变，改称灞河。灞河为渭河一级支流，发源于秦岭北麓蓝田、渭南交界处箭峪岭南的九道沟，流经灞源镇后向西折转，再转向西北，穿过华山断块西端峡谷区进入蓝田谷地，在蓝田县城蓝关镇以西受白鹿原的约束，又转向北流，注入渭河。全河长 109 千米，宽 40~300 米，平均比降 6‰，流域总面积 2563.7 平方千米，占西安市总面积的 25%。灞河上游的主要支流有峒峪河、清峪河、倒沟峪、流峪河、蓝桥河、辋川河，向北流至灞桥区下桥梓口村与浐河相会后，继续向北流，大约 10 千米之后注入渭河。

灞河的积水区域有 57% 分布在秦岭山区，该地区年降水量大，又因为山区地势陡峭，在短时期内可能会有大量地表水汇入灞河，这就造成灞河水位常常猛涨猛落。根据统计，灞河共有 61 条流域面积大于 10 平方千米的支流。其中，一级支流 24 条，二级支流 26 条，三级支流 11 条。清河、辋峪河和浐河为流域面积大于 100 平方千米的一级支流，红星河（西采峪）、岱峪河和库峪河为流域面积大于 100 平方千米的二级支流。灞河支流有一个特点，左岸支流较少但流程较长，右岸支流众多但是流程较短，这是地质构造不同的缘故。

清峪、流峪、峒峪和倒沟峪是灞河的四大源流，这四大源流至玉山镇前汇合后始称灞河。灞河的主要支流

有清河、辋峪河和浐河。清河发源于商洛市商州区西北，该地位于秦岭主脊北侧，海拔 1900 米，上游称为蓝桥河，向北流至牧护关，过牧护关之后自东向西流至驴头山，再转而北流至马家山南出山，始称为清河。后沿着秦岭北侧向西流至蓝田县大寨乡注入灞河。清河自秦岭发源至此共流经 43.3 千米。辋峪河，又名辋川河，有两大源流，分别为东、西采峪河。东采峪河全长 25.7 千米，流域面积约为 201.5 平方千米，平均径流量约为 0.84 亿立方米；西采峪河全长 26.2 千米，流域面积 160.9 平方千米，平均径流量 0.67 亿立方米。从长度上看，西采峪河较东采峪河稍长；但从径流量和流域面积上看，西采峪河明显小于东采峪河，所以东采峪河才是辋峪河的主源头。东、西采峪河在两河桥处汇合始称辋峪河，辋峪河沿着白鹿原东侧向北流，至蓝田县大寨乡灞河桥西侧汇入灞河。

唐代大诗人王维的别业就在辋峪河一带。他的《辋川集》中有一首题名《南垞》的诗，诗云："乘舟南垞去，北垞淼难即。隔浦望人家，遥遥不相识。"这首诗描写的正是当地的风景。

当时裴迪和王维同游，也作有名为《南垞》的诗，是两人唱和之作，被收入《辋川集》中。其云："孤舟信一泊，南垞湖水岸。落日下崦嵫，清波殊淼漫。"另外《旧唐书·王维传》对此亦有描写："维兄弟俱奉佛，居常蔬食，不茹荤血，晚年长斋，布衣文彩。得宋之问蓝田别墅，在辋口，辋水周于舍下，别涨竹洲花坞。与道友裴迪浮舟往来，弹琴赋诗，啸咏终日。尝聚其田园所为诗，号《辋川集》。"从这里可以看出，辋峪河在唐代水量很大，水面甚至可以泛舟。辋峪河是灞河支流，上游既可以行船，下游水量之大毋庸置疑。由此可见，唐代灞河水量比较大，大部分河段可以行船。如前所述，渭河在唐中期之前也可以行船，而灞水汇入渭水，则灞渭之交就成为关中东部的一个水运枢纽，向西可以行至长安，在春秋时代还有航行至凤翔的记录，向东可至黄河，向南可溯灞河而上至辋峪河一带。

浐河

浐河位于西安市东郊，是灞河的最大一级支流。浐河发源于蓝田县汤峪镇以上秦岭北侧的紫云山，由汤峪河、岱峪河、库峪河三源组成。三源在出峪后约3.5千米处汇流，始称浐河。再北流至灞桥区下桥梓口村附近汇入灞河。入灞口东距下桥梓口村约2.1千米，西北距水腰村约0.84千米，西南距赵村约1.07千米。浐河全长66.4千米，宽30~100米，河槽平均比降8.9‰，流域面积752.8平方千米。

浐河的主源为汤峪河。汤峪河发源于海拔2197米的秦岭紫云山月亮石西，流域面积102.43平方千米，多年径流量为0.4196亿立方米，多年平均径流量1.33立方米/秒。

浐河的主要支流有岱峪河、库峪河和荆峪河。岱峪河源于紫云山北侧，向北流至蓝田县小寨乡滩子村出山，又转而西北流，经焦岱、魏寨注入浐河，全长30.86千米，流域面积约为139.22平方千米。库峪河发源于秦岭主脊北坡，北流至库峪口出山，又经蓝田县史家寨乡，向东流至长安区鸣犊镇注入浐河，全长37.7千米，流域总面积约为170.74平方千米。荆峪河发源于白鹿原南部，向西北流至高桥村附近注入浐河，全长27.5千米，流域面积119.75平方千米。

浐河流程短，纵坡变化明显，各支流出峪前坡度较陡，汤峪、岱峪、库峪分别为 59‰、65‰和 49.2‰，河流冲刷力强，切割明显，均为砾石河段。出峪后，河道渐趋平缓，各流坡度分别为 12‰、11.9‰和 14‰。

现在浐、灞二水径流量很小，基本上不能行船，但在历史上，浐灞二水水量很大，这一点从文献记载中可略知一二。史念海先生曾根据文献记载对这一问题进行论证，这里仅对这一问题加以概述。

沣河

沣河发源于长安区喂子坪乡鸡窝子以南的秦岭北侧，从长安区西北角马王镇辖区内流出西安地区，于咸阳市渭滨镇注入渭河。沣河全长 78 千米，流域面积 1386 平方千米，其中山区为 863.6 平方千米。流域完整系数 0.365，不对称系数 0.458，河网密度 0.632。流域面积大于 10 平方千米的一级支流有 5 条，二级支流有 9 条，三级支流有 7 条。沣河大的支流有高冠河、太平河和潏河。高冠河发源于秦岭山区的北大沟，自此东北流向，然后转向正北，出峪后折向东北。主河道长 34.3 千米，主河道比降 44.7‰，流域面积 167.3 平方千米。太平河发源于三岔河，主河道长 44.5 千米，主河道比降 19.1‰，流域面积 214 平方千米。出峪后，河流形成潜流，后以多股水流再汇成干流注入沣河。根据河道特征，沣河峪口以上为上游，峪口至秦渡镇为中游，秦渡镇以下至河口为下游。上游为砾石河段，河道比较固定，两岸多裂隙水；中游河段河床以卵石为主，河床开阔且不稳定，河道弯曲度较大，河水与地下水相连；下游为广阔的冲积平原，河道较为平直，流速平缓，泥沙大量沉积，形成地上河。

潏、滈二水

历史上潏、滈二水发生了很大的变化，由于二水密切相关，所以在此一并叙述。

潏河出自西安东南 60 里的大义谷（俗名大峪口）西北流向，依次汇小峪、太乙峪诸水入樊川经杜曲、夏侯村、新村，西北流至小江村、何家营、水磨村至丈八沟村西南，又西北流至鱼化寨，折北绕故长安城西入渭河。

滈河也曾发生过巨大的变化。滈河源于秦岭石砭峪，向北流经王曲镇，又向西北流经皇甫村、黄良村之间，至今香积寺，再西北，沿今赤栏桥、南雷村、堰渡村、东西干河、楼子村、三角村、大羊村、大吉村、孙家湾至石匣村北，再北流经滈池而入于渭河。

汉武帝开凿昆明池后，情况发生了变化。首先是引潏河南附神禾原西流经水磨村至温国堡，因一道南北向沟槽所阻故河身南凹呈一"凹"字形绕过沟槽又西流至大居安折向南流至香积寺南与滈河交汇。潏、滈二水合流后改向西流，具体线路为：从香积寺西略呈东北—西南流向，堑槽经里杜村、施张村、张牛村、张高村到北堰头。出北堰头西，由于地势低平，南北两岸皆筑堤堰使水入沣。这一段河称为交河。从此，潏河与滈河一改以前独流入渭河的流向，而是先汇为交河，再注入沣，成为沣河的支流。

涝河

涝河有两大源流——鄠邑区涝峪南海拔 3015 米的静峪垴为东河河源、海拔 2822 米的秦峪梁为西河源地，它们汇流于东经 108°30′、北纬 33°52′。涝河于东经 108°37′、北纬 34°14′注入渭河，河长 82 千米，流域面积 663.0 平方千米。涝河上游处于秦岭山区，坡陡流急，为石质河床。出峪后流经渭河平原，水流平缓，河道曲折，北东而流，于涝店汇甘河。

涝河枯水期是 12 月—翌年 2 月，丰水期在 7—9 月。涝河含沙量高，年平均输沙量 14.6 万吨，其中 7、8、9 三个月可达 12.9 万吨。

第二节
汉唐漕渠

西安地区河流较多，历史上为了漕运、灌溉的需要，曾多次开挖人工渠道，形成人工渠道体系。本节就对各个历史时期的人工渠道做简要介绍。

漕渠开发之前，关中与东方的水运主要依靠渭河，如春秋时代的"泛舟之役"，秦代从关东运输漕粮。楚汉相争时期，汉军就是通过渭河向东运输军粮。汉高祖时期，每年运送的漕粮不过数十万石，主要通过渭河运输。后来增加到百余万石，后又增加到 600 万石，这就超出了渭河的水运能力。到了汉武帝时期，渭河曲流发展，自黄河运输漕粮到长安要行 900 里，而且泥沙淤积，不利于航行。所以当时的大司农郑当时建议汉武帝在渭水南开挖一道漕渠，以利漕运。人工开挖的漕渠比渭河顺直，河道也比渭河窄，水也比渭河深，更有利于行船，并且路程大大缩减，只需行驶300里即可到达黄河。另外，过了漕运集中期以后，渠水又可以灌溉农田，以增加关中的粮食产量，这样就间接地减少了漕粮数量。汉武帝同意了他的建议，命水工徐伯测量地形，同时征发10万人开挖漕渠，3年之后渠成。随后长安地区的漕粮供应得到很大的改善。到桑弘羊时，关东漕粮猛增到600万石。不过汉宣帝以后漕粮又由渭河西运，可以推断此时漕渠已经淤废。

自东汉时期到魏晋南北朝，社会动荡不安，战乱频繁，漕运不兴。杨坚代北周之后，统治着北方地区，而此时渭河河道弯曲，泥沙淤积严重，不利于行船。为了漕运便利，开皇四年（584），隋文帝命令宇文恺重新开凿运河，历经3个月渠成，并于渠口兴建广通仓，这应该是对西汉漕渠的修复。之后，关东漕粮顺利运往长安。两年之后，关东大灾，隋文帝命令发广通仓粮300万石赈济。从缺粮到拿出余粮赈济关东，由此可见广通渠的作用之大。

隋炀帝即位后长驻洛阳。隋朝后期全国大乱，关中漕渠废弃。唐高祖、太宗时期每年漕运不过几十万石，主要靠陆运。高宗及武则天时期，皇帝时常驻跸东都洛阳，以躲避关中地区的粮食危机。开元二十一年（733），唐玄宗任用裴耀卿主持漕运。裴耀卿采用水陆联运、分段运输的办法。水运主要依靠渭河，三年运输漕粮700万石。然而渭河弯曲多泥沙的问题没有解决。天宝元年（742），在韦坚的建议下，唐廷决定重开漕渠。3年后渠成，运量大大增加，1年运输漕粮达400万石。到大历年间，可能漕渠已经淤废，漕粮又从渭河运输。

唐文宗大和元年（827）咸阳令韩辽建议重开漕渠，不过这次修复的漕渠使用了不过20年即淤废。以下对漕渠的流路做简要的复原。

汉代漕渠于今咸阳市南郊钓鱼台村附近引渭水，于今严家渠附近渡沣。漕渠渡沣后，当沿今冯党村西沣河东岸酾出，东北经滈池北、秦磁石门南。其渠又向东流，经三桥入汉长安城南垣外古渠。漕渠的另一源头昆明渠出昆明池即今西安市西南斗门镇东侧，经鱼化寨、大士门、劳动公园、任家庄，然后向北至汉长安城东面南头第一门（霸城门）后与漕渠合。

过长安城之后，漕渠线路可以根据近年来考古发掘的西汉渠道遗址加以推测。2001年西安市文物保护考古所在灞河东西岸发现了漕渠遗址。灞河西岸漕渠遗迹共6500米，其路线大致自北辰村东南灞河古河道向西沿西安绕城高速路北边，经河道村、沟上村，过污水渠在联合村西端绕大弯，斜向西航公司生活区东南，再拐弯顺西航公司厂部区南，经张千户到河止西村，向南拐向蔡家村、杨家村、城市运动花园人工湖西端，与上述出汉长安城霸城门的渠道相接。

灞河以东漕渠遗址呈东西走向，共长5500米，宽80余米，西起灞河东岸西王村村东，向东延伸经东王村、三合社、深渡村、半坡村至万盛堡。这段遗迹可以与《中国文物地图集·陕西分册》所标识的西安市灞桥区与临潼区存在的长约4千米的漕渠遗址相连接，其渠道自万盛堡村向东略偏南，经陶家村、田鲍堡、新合，进入临潼区西泉乡，经椿树村、唐家村至周家村。自临潼向东至渭南、华县、华阴诸市县境内已无遗迹可寻。据马正林先生

研究《长安志》记载的"漕渠在渭南县北一里"，经过对今渭南市东北渭河南移的形势的分析，可以推定今渭南市东的一段渭河就是西汉漕渠的故道。其位于老西潼公路以北、渭河以南的狭长地带，西起华州区与临渭区交界赤水河，东至华阴市与潼关县交界磨沟河一带的低洼地带，即通常所称的"二华夹槽"。一般认为这一低洼地带就是汉代漕渠所在。这样可以把渭南市以东一段渭河与"二华夹槽"连接起来，将漕渠遗迹继续向东延伸。

西汉漕渠东段有个标志性建筑即华仓。1980年陕西省考古研究所发现并发掘了该遗址，其详细位置在华阴市东北磴峪乡段家城和王家城北的瓦碴梁上，东倚凤凰岭，北濒渭河，西南两方面紧临白龙涧河，西过白龙涧河，即孟原与华山山地。遗址三面临崖，一面倚山，处于渭河南岸第二阶地上，高出河床约50米。渭河、洛河在华仓遗址附近注入黄河，由于历史上该段黄河河道曾多次东西摆动，有时黄河向东，洛河就先入渭河再注入黄河；有时黄河向西，侵夺了渭河河道，就形成洛河直接入黄河的现象。漕渠受黄河摆动的影响，其线路也有变化，

有时注入渭河，有时又直接注入黄河。

隋唐时代的漕渠线路与汉代漕渠基本一致，不同的是唐代曾在浐灞地区修建广运潭。广运潭是韦坚修建漕渠时，在今浐灞交汇之处所开。它是唐长安城东的漕运码头。由于广运潭与大运河相通，这样北自涿郡、南到余杭的货船都可以在这里停泊。浐灞之汇成为五方杂处之地。

隋唐龙首渠

龙首渠自今秦沟村引浐水北流，至长乐坡分为东、西二渠。东渠流入禁苑，经龙首池东北流经灵符池，又西北入大明宫太液池。西渠折而西南流，自隋唐长安城通化门进城，经永嘉坊又西南流至兴庆宫入龙池，自龙池西南岸流出向西至胜业坊东北隅宁王九曲池，又经崇仁坊东南隅资圣寺、西南隅景龙观入皇城，然后历少府监南曲而北流，经太仆寺、都水监内坊之西，北流入成桥下，又北入长乐门，贴太极宫西垣向北，至紫云阁折而西，过神龙殿、延嘉殿至咸池殿汇入清明渠，又西北出长安城，西与永安渠合再北流入渭河。

清明渠

开皇九年（589），隋廷在大兴城南韦曲东南、申店正东、小江村北的朱坡引潏河水入城，是为清明渠。清明渠由这里循少陵原麓西北流，经牛头寺，再西过韦曲，经塔坡，再北流，至安化门东、朱雀街西第二街最南的安乐坊西南隅曲折而北流，再北依次经昌明、丰安、宣义、怀贞、崇德、通义、太平七坊之西，又北经布政坊之东，折入皇城，至皇城南面最西的含光门之北，北流入宫城南面最西的永安门，依次注入宫城内的南海、西海和北海。余流至咸池殿合龙首渠，出玄武门西，经芳林门，再西北合永安渠，北入渭水。

永安渠

永安渠在长安城西南，引用的是交水，开凿于隋开皇二年（582）。渠首为福堰，在香积寺西南1千米的交河河床上。永安渠由此引水先西北流，后又折向东北，经第五桥、沈家桥等地，自安化门（唐长安外郭城南面三门最西的一门，今北山门村东约200米处）西入长安城。北流经大安、大通、敦义、永安、延福、崇贤、延康等坊之西，再北流经西市之东，又经布政、颁政、辅兴、修德等坊，北出城郭入芳林苑，合东边的清明渠，北入渭河。

黄渠

黄渠开凿于唐代，其水引自义谷，即现在的大峪，在西安市东南 60 里。黄渠水自大峪引出后北流至杜陵原，在韦兆东、戎店西分为两支，一支流入今西安市东南约 9 千米处的鲍陂。一支经黄渠头汇入曲江。曲江下分为两股，一股经慈恩寺西流汇入清明渠；一股西北流至升道坊，经龙华寺至昭国坊，后北流经永崇、永宁、亲仁等坊，又西北经崇义、务本二坊进入宫城与前述龙首渠汇合。

五代之后，长安城的四大引水渠都已淤废。城内居民生活多依赖井水，而城内井水多咸苦。宋大中祥符七年（1014），永兴军知府陈尧咨建议引浐水入城。据记载，宋代引水渠即唐代龙首渠西线。水渠修成之后，除城市生活用水得到保障之外，护城河、原唐长安城兴庆宫兴庆池也有了水源，城市生态有了很大的改观。

金人占据京兆府之后，龙首渠灌注兴庆池与入城之水并没有中断。元代龙首渠分为两支，分别为唐龙首渠的东线与西线。元中叶以后，龙首渠渐渐淤废。明初占据西安城之后，重新修复龙首渠，恢复供水，但由于龙首渠时常淤塞，并且只能供给城市东半部分，所以西安的城市用水一直没能得到解决。成化元年（1465）在陕西巡抚项忠的主持下开凿通济渠，西南引皂河，自丈八沟东北引水经木塔寨西、南窑头东、甘家寨，又东北经糜家桥北进入西安城。

汉长安城护城河

汉长安城是一座宏伟的大都市，其周围有高大的城墙，城墙之外有护城河。汉长安城的西面和北面都由沉水及其支津充当护城河。沉水即前文所说的潏河。汉武帝开凿昆明池之后潏河一部分被引向西北流入昆明池，其原先故道依然行水，又名沉水。沉水沿汉长安城西墙向北流，至城西北角折而向东北流，之后又分为两支，一支入汉长安城北部的逍遥苑藕池之中，一支向东北流注入渭水。汉长安城南城墙和东城墙之外也有护城河。据《水经注》记载，汉长安城南面东头第一门覆盎门及东面北头第一门青门（即宣平门）外有王渠。现在汉长安城东南角还有一段低洼地带，常年积水，即故长安城护城河残存遗迹，现兴复为汉城湖。汉长安城南墙和东墙的这段护城河又与上述漕渠渠道重合，可见这一段渠道并不是单纯保卫汉长安城的护城河，还起着沟通长安与东部交通的作用。

第三节
汉唐长安的桥津陂池

汉武帝时期曾开凿昆明池，最初是为练习水军，后成为汉长安城的蓄水库。汉长安城自西汉初年建成至隋代已近 800 年，曾有大量居民在此地生活，地下水受到污染而味道咸卤，不宜饮用，这也是隋文帝要在汉长安城南重建大兴城（即后来的唐长安城）的原因。为了保障大兴城的生活用水，隋代开凿龙首渠、永安渠和清明渠，唐代又开凿了黄渠。唐代之后也曾多次引水入城，以供居民使用。

昆明池

汉代昆明池大体位于斗门镇、石匣口村、万村和南丰村之间，东西约 4.25 千米、南北约 5.69 千米，周长约 17.6 千米。昆明池的水源主要来自滈水与潏水。修筑于香积寺附近的石闼堰，即为控制和调节昆明池水而筑。

昆明池所在地的细柳原与高阳原，其海拔高于汉长安城区，有利于向城内引水。池水下分三路，其一出池东北隅，流经今南沣镐村、镐京乡之东，秦阿房宫遗址之西，于三桥镇西南注入位于今车张村西南的揭水陂。这是一座调蓄水库，既可以控制水流，防止池水直接流入渭河，加强水资源利用，又能抬高水位，以便引水入城。池水出揭水陂之后分为四路：一路自陂北缘东出，向东北注入滮水；一路北出，向东北绕建章宫东南，于今北双凤、南双凤村南注入滮水；一路正北流出，经滈池、彪池向北，即古滈河的流路；还有一路自昆明池东出，流经今河池寨北，又东北横绝滮河，经今大土门南东北流，在汉长安城南安门以东入护城河，在霸城门南出护城河，又东北与漕渠汇合。

洛女陂

洛女陂位于唐京兆万年县东 15 里。唐万年县治位于唐长安城宜阳坊，即今西安建筑科技大学以北。洛女是中国神话中的女神，原名宓，本为河伯之妻，溺于洛水而亡，后成为洛水之神。传说中洛女葬在此处，称洛女冢。

所以其南的陂池也因之名为洛女陂。

丰润陂

古陂池名。在西安市东北。《太平寰宇记》载：丰润陂"在万年县东二十五里。周太祖名为中都陂，隋初改丰润陂，周回六里。"

三渭桥

三渭桥指渭水上的三座桥，分别为东渭桥、中渭桥、西渭桥。

东渭桥：西汉初年在渭水上架设的连接长安和栎阳的桥梁，因位于汉长安城东50里处，故名。唐朝初年，此桥仍存。咸亨三年（672），曾在此桥附近修筑渭桥仓，用以接纳从黄河和渭水转输长安的关东粟米。开元九年（721），对此桥重加修缮。唐德宗建中末年，朱泚在泾原乱兵的支持下占领长安，神策军将领李晟和汝郑应援使郑德信等先后屯兵于此，收复长安。唐末，黄巢农民军占领长安，曾在此地同唐军发生过多次激战。1976年，陕西省高陵县耿镇乡周家村社员在拉沙取石时发现了唐玄宗开元九年修缮东渭桥后在此立的《东渭桥碑记》，碑文详细记载了这次修建工程的经过。该碑距今所修的公路及渭河大桥约3千米，是研究历史上渭河河床南北移动的重要实物资料。

中渭桥：秦始皇二十七年（前220）在渭水上架设的连接咸阳和章台、上林等处的桥梁。桥宽6尺，长380步，共有750根石柱、220道石梁，号称"石柱桥"。该桥因修建时间最早，故又称渭桥。位于秦咸阳城与汉长安城之间，桥北为故咸阳城，桥南为故长安城。后因它正值渭河三桥之中，又名中渭桥。唐代以前，时毁时立。贞观十年（636）曾移此桥于汉长安城北两米横门外，又称横桥。近年，考古工作者在汉长安城北渭河古道上发现数座古桥遗址，当与历史时期中渭桥历经翻修移建有关。元和十一年（816），渭水泛滥，此桥被毁，唐宪宗曾加以修建。唐肃宗时，郭子仪率兵屯驻于此，打败了安史守将，收复长安。广德初年，吐蕃被逐出长安后，唐代宗曾于此桥筑城，屯兵防守。

西渭桥：汉武帝建元三年（前138）在渭水上修建的长安通往茂陵的桥梁。该桥和汉长安西面的便门相对，又称便桥。位于汉长安城西40里。因该桥在渭河三桥最西面，故又称西渭桥。唐代又称咸阳桥。杜甫在《兵车行》一诗中云："车辚辚，马萧萧，行人弓箭各在腰。爷娘妻子走相送，尘埃不见咸阳桥。"即指此桥。武德九年（626）八月，登基伊始的唐太宗曾和突厥的颉利可汗在此桥结盟，此后颉利可汗带兵退回塞北。唐朝后期，这里曾发生过多次战事。

蓝桥

关中著名桥梁。位于唐京兆府蓝田县东南50余里，因架设于蓝溪上而得名，为关中通往江汉地区的必经之地。唐朝在此设有驿站，为蓝桥驿。蓝桥还留下"尾生抱柱"的典故，《庄子·盗跖》记载了这样一个故事：有一个叫尾生的人，与心爱的女子约在桥下见面。女子未能按时赶到，大水突然而至，尾生为了守约，抱着柱子不离开，结果被水淹死了。后世认为这座桥就是蓝田的蓝桥，蓝桥因尾生的故事而出名，也与尾生一样成为守信用的标志。后世往往用"魂断蓝桥"来形容夫妻殉情。

第三章

【交通与交流】

由灞河和渭河冲积出的三角洲地带是关东地区自东、东北、东南进入关中的交叉点，实为长安与东方交流的水陆交通孔道，这种交通方面的特别优势，是灞渭三角洲重要性的体现之一。本章将从此入手，分析灞渭地区历史上的交通状况及其在文化交流中所起的作用。

第一节
交通概况

汉唐时期，长安城址有所变化，但整体区位没变，长安作为大一统王朝首都的地位没有变化。在通往长安的道路上有全国各地的商旅、学子及公务人员，而灞渭三角洲是关东地区到长安城的必经之地，其地位非常重要。总的来说，长安向东有三条干道：一条沿着渭河南岸向东的函谷道至洛阳，再通向黄河下游和江淮之间的广大地区，进而向北可至辽东半岛，向南达江苏、浙江、福建一带；一条走渭河北岸东出的道路，过蒲津关进入河东地区，进而东北行，以至燕冀一带；一条沿灞河谷地、丹江、向东南经武关到今湖北地区，进而通向长江中下游地区，或至岭南。这三条路沟通了东部半壁河山。

具体来说，汉长安城东面自南向北依次有霸城、清明、宣平三门。实际上，位于今西安北郊青门村西的宣平门，出入最为频繁，而少有霸城、清明两门东出的记载。考古工作者对长安城直城、霸城、西安、宣平诸门做过发掘，结果表明，东汉以后，其他三门都先后部分或全部废弃，唯宣平门虽几次毁坏，却不断重建，一直与长安城相伴，作为一座完整的城门被沿用，由此可见其交通作用之重要。造成这种现象的原因在于宣平门正对着通往东方的大道，是长安与东方联系最便捷的城门。

宣平门外七八米，有桥跨昆明渠（即西汉漕渠的另一来源），时称饮马桥，为向东方的大道所经。过饮马桥，距城 13 里有外郭亭，名轵道亭。秦末刘邦进军霸上，秦王子婴在此地投降。轵道亭向东 4 里，距灞水百步有霸城观。霸城观东、灞浐之交以下有横跨灞河的灞桥。2000 年 7 月西安市文物保护考古所在西安市灞桥区段家村附近发现一处汉代水上大型建筑遗址，西与宣平门正对，应该就是汉代灞桥遗址。灞桥基本为木结构，王莽地皇三年（22）曾毁于大火。重修后一度更名为长存桥，是长安经灞水向东的唯一桥梁，函谷道、武关道和蒲津关道三条大道都要经过灞桥。灞桥以东的一片区域称为霸上，置有霸陵亭，供函谷道、武关道、蒲津关道三条大道上的行人住宿、休息，是三条大道的具体交会点，也是汉长安城东的交通枢纽。

唐长安城内设有都亭驿，为全国中心驿站。据《通鉴》胡三省注，都亭驿在朱雀西街含光门外向南第二坊（即通化坊）。隋唐长安城东面三门中，东墙北头第一门通化门使用最为频繁，春明门次之，延兴门最少。东出通化门，过长乐坡，到浐水西岸，有长乐驿。武则天圣历元年（698），因滋水驿（在灞桥东）距都亭驿太远，于长安城通化门东 7 里置长乐驿。自长乐驿经浐水桥过浐水，道路又呈东北向趋于灞桥。

需要指出的是，隋代放弃汉长安城，于旧城南建新城，由于城市位置有变，其外出路线也发生了相应的变化，跨灞河的具体位置也与原来有所不同，所以灞桥也南移到浐灞之交上游重建。1994 年 5 月陕西省考古研究所在西安市灞桥区灞桥镇的柳巷村附近发现一座半圆拱厚墩联拱石桥遗址，该桥横跨灞河，西南—东北走向，总长度达 400 米左右。发掘出石砌桥墩 4 座，残拱券 3 孔；桥墩呈船形，长 9.25~9.75 米，宽 2.4~2.53 米，残高 2.68 米。同时还出土有隋唐时期瓦当、琉璃瓦等。这一桥梁遗址是中国迄今发现时代最早、规模最大的联拱石桥。

灞桥东端为滋水驿，隋开皇十六年（596）置。隋代灞桥南移后，函谷关、武关和蒲津关三道自然从新桥东端抵滋水驿。从滋水驿向东南出武关、正东出函谷、东北经蒲津关可以与帝国的东部疆域联系。由以上可知，在汉唐时代，灞桥实际上是长安东部的交通枢纽。前面提到灞渭地区也是长安漕运的必经之地，唐代又在此地开凿了广运潭，使其成为一个大型水运码头，这样灞渭地区就成为关中地区重要的交通枢纽。

隋唐灞桥在北宋年间仍继续使用，至南宋初灞桥已废弃。元朝初年灞河上仍无桥梁可资通行，遂于故桥西北新建灞桥。2004年12月，隋唐灞桥遗址西北方向200米处又发现一座古桥遗址，专家初步断定此遗址为元代灞桥。由于灞河泥沙含量大，容易沉积，以致河床升高，河道雍塞。明时元灞桥已废弃。

成化六年（1470），陕西布政使余子俊用黑色大理石重修灞桥，不过到清代又废弃。清代前期基本是冬春季节水量较小的时候架简单的木桥，而到了夏秋洪水季节则用船渡河。道光十四年（1834），巡抚杨名飚奏请在隋唐灞桥故址重建石轴柱木梁桥。这次修建的灞桥借鉴长安县（今西安市长安区）普济桥的建筑技术，用柏木打梅花桩，安砌碾盘，石轴做石柱，又以石梁托木，木梁上铺枋板，枋板

上铺石灰等方法，使水不搏击、沙不停留，避免沙石雍塞之害。所以石桥直至20世纪50年代仍巍然屹立。

明清时西安府的位置大致与唐长安城一致，只是范围缩小了，所以明清灞桥与隋唐灞桥位置大体相同。

具体而言，西安在汉唐时代是一个水陆交通非常发达的城市，当时全国的物资都可以通过黄河的最大支流——渭河进入都城，还可通过著名的丝绸之路与国外产生广泛的经贸联系。西安成了当时国内外重要的交通枢纽和中心城市（西安和咸阳地区作为全国的交通枢纽在秦朝统一中国后的数十年就已经形成了）。但自唐朝以后，西安地区在全国的交通地位逐渐下降，特别是近代海运兴起后，中国与国外的贸易多通过海运来实现，在这样的大形势下，灞渭三角洲地区的交通地位也随之下降。

时至今日，这一局面已经有所扭转。20世纪90年代贯通的欧亚大陆桥南线改变了西安交通地位逐渐下降的趋势，使西安重新成为欧亚大陆桥南线上的"明星"。正是有了陇海铁路和欧亚大陆桥的大力带动，西安经济迅速发展，交通和物流优势重新得到了塑造。在此

背景下，2009年，西安在灞渭三角洲腹地成立了以西安铁路集装箱中心站为核心的西安国际港务区。西安国际港务区与东部沿海的天津港、连云港港和青岛港等港口建立了合作关系，发展态势良好。2011年，国家批复了西安《关于在西安国际港务区内设立西安综合保税区的申请》，使西安及其辐射半径内的地区转化为经济意义上的"沿海地区"，从而引领西北地区由"开发"转变为"开放"。有媒体评价西安综合保税区设立的双重意义："除了向东部沿海开放，西安综保区的另一个重要使命是探索向西开放。""至此，国家已经完成对西安、重庆、成都三大西部中心城市设立综合保税区的布局。"

在提高西安交通地位、促进西部开发的大格局下，西安国际港务区与西安市的交通联系逐步加强，现在有绕城高速公路和城市三环路相连，核心区距西安市新的行政中心5千米，距西安咸阳国际机场28千米。窑村机场就位于国际港务区内，通往园区的西安绕城高速公路与京昆高速、连霍高速、沪陕高速、包茂高速等高速公路紧密相连，形成"米"字形高速公路网络，且有通往城区的西安地铁3号线，交通十分便利。

可以预见，在各项规划和政策支持的带动下，港务区的交通枢纽地位会越来越重要。

第二节
邮驿机构

邮驿是古代交通的重要组成部分。邮驿机构是设置在驿路上的中转站，承担着接待过往人员、提供邮驿工具、物资和文书中转、政令发布等诸多职能，是邮驿系统中必不可少的部分。灞渭地区是长安以东的水陆交通要冲，故历代在此设立邮驿机构。

邮驿在商周时期就已经开始建立，到春秋战国有了较为完善的邮驿网络，当时的邮驿机构主要有传、遽、邮、置等。虽然传世文献中并未留下灞渭地区设置邮驿机构的记载，但此地为交通要冲，应该设置有邮驿机构；而且从里程考虑，一般间隔30~50里就会设置一处，这一地区内也应该设置有多处邮驿机构。

秦统一全国之后，为了适应大一统的需要，统一邮传，建立了遍布全国的邮路，并且形成了较为完善的邮驿制度，云梦睡虎地秦简中就有许多涉及秦邮驿制度的法律文书。秦代最重要的邮驿机构是邮亭和传舍，亭与亭之间的距离约为10里，传舍之间的距离约为30里或50里。汉在秦的基础上进一步改善邮驿管理，使得邮驿制度更加完备，形成了亭、驿、传、置等诸多邮驿机构。张家山汉简《二年律令·行书律》规定："'十里置一邮'；南郡江水以南'廿里一邮'；上郡、北地郡、陇西郡'卅里一邮'；地险陕（狭）不可置邮者可得进退就便处设之。"这一时期在灞渭地区均设置了邮驿机构，著名的有秦代的轵道亭，位于"长安东十三里"，秦王子婴在此地降汉。西汉时期在灞桥东侧设置的霸陵亭，是函谷道、武关道、蒲津关道3条道路的交会点，战略地位非常重要，专门有士兵把守，并且夜里不准行人通过。李广从武关道夜归长安时想要强行通过，被霸陵尉喝止，只能夜宿亭下。

东汉时灞渭地区还设有长门亭，因西汉长门宫得名，大致位于灞河下游东岸某处。魏晋南北朝时期虽然政权更迭频繁、社会动荡，但是邮驿在一定范围内还是得到了充分的发展，并且开启了馆驿合一的制度，在中国邮驿史上具有十分重要的意义。这一时期在灞渭地区设置的邮驿机构与秦汉时期基本相同，有轵道亭、长门亭等。

隋唐时期邮驿有了进一步的发展，驿路系统出现了繁盛的局面。以长安都亭驿为中心，馆驿遍设于全国各条驿路上。这一时期，灞渭地区的邮驿机构数量也明显增多。隋开皇十六年（596），在咸宁县东北30里灞桥东端置滋水驿，又称灞桥驿；唐圣历元年（698），因为滋水驿距离长安城内的都亭驿太远，在都亭驿和滋水驿之间设立长乐驿，该驿"东去滋水驿一十三里，西去都亭驿一十三里"，位于咸宁县东15里长乐坡下，东临浐水，为长安东出第一驿。武关道北段大部分都在灞渭地区范围内，所以在这一区域内的馆驿数量较多。据柳宗元《馆驿使壁记》称："自灞而南至于蓝田，其驿六。"六驿即灞桥驿、蓝田驿、青泥驿、韩公堆驿、蓝桥驿、蓝溪驿，其中最北端为灞桥驿。

宋代邮驿的一大特点是将邮与驿分离，就是在接待官员的馆驿之外，另外设置了专门管理文书传递的递铺组织。馆驿的设置比唐代稀疏，一般

60里置一驿，自长安向东60里已到达临潼县（今西安市临潼区），越出了灞渭地区的范围。递铺设置较为密集，每隔20里置一处，据此推断，灞渭地区应有多个递铺，但其名称和具体位置并无明确记载。元明时期馆驿、递铺之间的里程与宋代大致相同，均在长安设京兆驿，向东50里至临潼县新丰驿，灞渭地区内所设置的邮驿机构还是不明确。

清代馆驿的设置没有变化，但是递铺的设置比较明确：由西安府咸宁县在城铺至临潼县，每10里设一铺，计有浐河铺、灞桥铺、豁口铺、建平铺。邮传机构在灞渭地区多所设置，可以显示出灞渭地区的交通地位。

第三节
内外贸易交流

长安作为丝绸之路的起点，从隋唐至明清在商业贸易上都与周边民族以及周边省份有频繁往来，对内对外的贸易交流频繁。北宋与西夏边境开设有"榷场"贸易，往来货品的一大部分经由京兆府长安运达。北宋建都

开封，由西夏过陕西去开封有二途：一沿横山南北通道渡黄河，经河东至开封；一沿鄜延路驿道南下，经京兆府长安城东去。此驿道后来为宋代的主干驿路，且有渭河、黄河水运之便，故经关中大道西来、北来、东去或东来、北去、西去的商客较多。

宋朝的缯帛、罗绮、柴胡、红花、翎毛、瓷漆器多由或经京兆府运销西夏；换回的牲畜、药材、手工艺品又经由京兆府运入关中地区。西夏人所得丝绸多转售给西域商人，从中获取巨额利润。

到了明清时期，关中贸易以经销土特产于周边省份为主。从关中输出的土特产多来源于秦岭山中，以木材、药材、木耳等为主。清康熙至光绪年间，秦岭土产的运输始终没有停止过，其中除了大多数木材、薪炭由陆路转销他处，由水路运的还有乌药。据《陕西航运史》资料：这些物品"由陆路运往乾、凤、兴、汉、甘肃等地，水路运往山西、河南，每年约销20万包，每包14两"。由山西运往陕西的土特产品也为数不少。如光绪《平遥县志·杂录志》记载："晋之炭铁枣酒及诸土产之物，车推舟载，日贩于秦。"

到了当代，随着国家大力建设"内陆第一港"，建立在灞渭地区的西安国际港务区以现有的铁路、公路、航空等运输手段为依托，加强与国内外的交流，现在已然成为内陆地区海陆联运的结合点。

目前，西安国际港务区已与天津港签订了《建设内陆无水港合作意向书》，与连云港港、天津港、青岛港和中国集装箱总公司分别签订了《合作备忘录》。西安国际港务区将充分利用西安的区位优势，努力建设成为中国内陆地区"不靠海、不沿边、不沿江"的内陆第一大港口。

到现在，西安国际港务区已成为物流业投资的热土。西安国际港务区已与新加坡CWT讯通物流公司、香港豪德集团开发有限公司等5家物流企业签订了项目投资协议。西安国际港务区将以开展现代物流、国际贸易和出口加工为主要业务，力争发展成为国家级的西部地区规模最大的外向型经济服务区。"十三五"期间，西安国际港务区将依托丝路经济带上最大的国际中转枢纽港，打造千亿级国家电商示范高地。

第四章

【人文概况】

灞河与渭河的交汇地带自然条件优越，距今 115 万年前蓝田人就在这一带繁衍生息，到了新石器时代又有半坡人在此创造了繁荣发达的仰韶文化。殷商时代的老牛坡遗址具有浓厚的商文化色彩，是商人在关中地区的一个重要方国。自周秦以来，国家的都城位于今西安、咸阳附近，灞渭地区又成为东出长安的交通要道和军事要地。总之，一直以来该地就是人文荟萃之地。本章对该地的军事及建筑、民俗做简要的叙述。

第一节
军 事

关中地区四塞为固，利于防守，故位于关中的长安城是历史上建都时间最久的都城。都城东迁以后，长安又作为一方重镇，影响及于西北、西南地区，其战略地位的重要性不言而喻。

建都关中的政权都非常重视长安的防守。自东部潼关、武关、蒲津关向长安地区进攻，三条大路的交会点就是浐灞及渭河流域地区，这里成为长安与关东交通的必经之地；对于防守方来说，灞渭三角洲是三条大道的交会点，扼守该地就能防守住三个方向的进攻，并且这里有灞河这一天然屏障，所以也就成为防守的最佳地点。这样一来，浐灞及渭河地区就成为进攻长安的必争之地。以下将介绍一些军事史实，来说明该地的军事地位。

秦末，楚怀王与诸将约定先入关中者为王。刘邦自武关进军至霸上，派人到咸阳劝降，秦王子婴用绳绑缚自己，坐上白马拉的白车，身着白衣，并携带玉玺和兵符，到轵道亭向刘邦投降。正是由于霸上是咸阳的门户，刘邦进军于此才会逼迫秦王子婴投降。

永和十年（354）桓温北伐，经武关进攻关中，同时梁州刺史司马勋亦经子午道北伐前秦。桓温在大败前秦军队后继续向长安进发，进据霸上，与前秦军相持。这给了苻雄喘息之机，苻雄先率七千骑进袭司马勋，并在子午谷击败他，然后集中兵力进攻桓温军，最后击败桓温。在这次战役中，桓温进军霸上却没有利用霸上这一战略要地继续进击长安，导致他的失败。

从以上战例可知，四塞之固的关中，以函谷关或潼关、武关等为防守要隘，一旦某一要隘被敌方突破，霸上就成为都城长安唯一一道防线，能否守住这里便成为长安安危的关键。

第二节
文化概况

悠久的文化传统与优越的交通区位赋予灞渭地区丰富的文化内涵。115万年前蓝田人就生活在这里，之后的半坡遗址与老牛坡遗址标志着该地人类文明的进一步发展。西周时代都城位于丰镐，灞渭地区开始成为国都与东部交流的孔道。后来的秦、汉、唐等大一统王朝定都于今咸阳、西安一带，灞渭地区一直是国都东部的交通枢纽，在这优越的地理区位下，其

文化也蓬勃发展。唐代以后今西安地区的国都地位一去不复返，但是作为控制西北与西南地区的军事重镇，仍然具有重要的战略价值，而灞渭作为西安的东部门户，其交通价值依然十分重要。在这样的地理区位下，灞渭地区形成了独具特色的文化。以下对该地区历史上一些独特的文化现象做简要的介绍。

首先，这里民风淳朴。自西周以来，关中地区农业经济发达，民风淳厚。直到西汉把东方的大族如齐地的田氏，原楚国的昭、屈、景、怀四氏以及汉初功臣之家迁到汉高祖的陵寝长陵附近，名义上是为汉高祖守陵，但真实目的是为了削弱东部地区可能形成的地方割据势力。之后历朝皇帝延续这一政策，不断地把全国各地的豪强大族以及高官迁至长安和关中地区的陵邑。由于大量的富豪和高官之家的迁入，这里的民风发生了很大的变化，最主要的表现便是游侠风气的盛行。这些"轻死重气，结党连群"的游侠之士"驰骛于闾阎，权行州域，力折公侯"，"以匹夫之细，窃杀生之权"，造成了很大的社会影响。尤其是在京都长安和五陵地区，出现了季心、郭解、

禹章、楼护、陈遵、原涉、朱安世、张回、赵君都、贾子光等名震一时的游侠人物，对关中地区的社会风气产生了很大影响。汉文帝的霸陵即位于今灞渭地区，在当时也是豪强高官迁入的主要地区，其风气应是关中地区的典型代表。隋唐两代依然定都于关中，长安地区依然是五方杂处的地方，但是这一时期并没有守陵制度，灞渭地区也恢复勤于农耕、民风淳厚的传统。

其次，这里是关学的发源地。关学萌芽于北宋庆历之际的儒家学者申颜、侯可，至张载而正式创立，是一个理学学派。因其实际创始人张载世称"横渠先生"，因此又有"横渠之学"的说法。北宋中期，张载创立关中地区的理学，与湖南周敦颐的濂学、河南"二程"的洛学三足鼎立。这三大学派又与朱熹的闽学并称为"宋代四大学派"。关学重视躬行实践，发扬实学学风，走上了笃实重礼的道路，其学人往往恪守礼法、注重气节。

关学自创建伊始就在灞渭地区产生了重要影响，如北宋理学大师吕大忠、吕大防、吕大钧、吕大临兄弟即是蓝田县人，人称"蓝田吕"。张载

死后关学一度衰落，但在学人的坚持下，关学仍在传承，元代杨恭懿、杨奂等人在关学上皆有所建树。到了明代，关学的发展出现了转机，以薛瑄为代表的河东学派崇尚气节，躬行礼教，发扬关学学风，一时关学大盛。薛宣死后被当作一代宗师供奉于孔庙之中。

关学还影响到关中地区的风俗，这主要表现在蓝田吕氏兄弟编写的《吕氏乡约》上。《吕氏乡约》内容丰富，主要包括：德业相劝、过失相规、礼俗相交、患难相恤，其中患难相恤的项目包括水火、盗贼、疾病、死丧、孤弱、诬枉和贫乏七项。吕氏兄弟起草乡约时希望将其从本乡推行到整个蓝田，再到关中，最后普及天下后世。虽然乡约的推行范围没有吕氏兄弟想象得那么大，但确实对关中地区民风民俗的改变起了很大作用。南宋时期，朱熹根据《吕氏乡约》写成《增损吕氏乡约》，使得《吕氏乡约》再度闻名。明代关学大家吕楠在解州主政期间，以《吕氏乡约》为为政之本。明代王云凤、冯从吾均在吕氏故居创办书院，大讲《吕氏乡约》。《吕氏乡约》自

北宋吕氏兄弟开始推行，一直延续到民国时期，使关中风俗发生了深刻的变化，甚至今天关中农村的婚丧嫁娶、小孩满月、老人过寿、节日庆典及民间聚会等活动中仍然沿用乡约中的礼仪规范，可见乡约对关中民风民俗的影响之深，可以说关学对关中风俗的转化以及关中人性格的形成有很大的作用。

再次，由于特殊的交通地位形成独特的灞柳文化。折柳送别是中国古代的一种习俗，柳因其特殊的性质和意象而承载了人们的离愁别绪。柳被用于寄托离别之思的原因在于"柳"与"留"谐音，具有挽留之意，与送别之人所要表达的情感十分契合；还有柳树极易成活，有"无心插柳柳成荫"之说，所以送别时赠予柳条，有祝福离别之人到达异地之后能够随遇而安的意思。除此之外，在古人看来，柳还有辟邪的功能，因此，折柳送别也具有为离别之人驱邪避害之意。基于以上几方面的原因，折柳送别逐渐成为一种常见的民间习俗。

灞桥是古代长安城东最为重要的交通要冲。无论是西汉还是唐代，关中作为全国的政治中心，但毕竟偏处一隅，其更多的疆土、人口在东部，这样长安与东部的交流与联系就最为频繁，人员流动也最大，所以更多的送别在长安以东。浐、灞是长安的东部边界，长安向东的道路至此分为函谷道、武关道、蒲津关道三条，行人跨过灞桥以后就走向了不同的方向，古人常在分岔路口送别，如王勃即有"无为在歧路，儿女共沾巾"的诗句。灞桥是长安向东的第一个"歧路"，也就成为送别的最佳地点。在这样的历史文化背景与地理环境下，灞渭地区形成了独特的送别文化。宋元之后折柳送别的风俗衰落，但是灞桥折柳成为一种固定的文学意象一直传承至今。

最后，灞渭三角洲地区形成了独特的建筑文化——房子半边盖。关中地区地势平坦，民居大多是四合院的建筑方式。传统的中国民居一般都是"人"字形结构，关中地区把这种房子叫"安间"房，又叫上房。里面住着主人，结构都是中间厅房、两边卧室。一个院落除了上房还有偏房，在关中叫厦子房，房子的结构是"人"字的一半，就是半边盖的"怪房子"。

这种半边盖的房子都是土木结构，能节约大量的木材，实现了关中人少用木头多用土的理念。传统的关中院落进门有一道叫照壁的墙，往里左右都是厦子房，最里面是安间正房。关中有顺口溜："有钱住北房，避风又向阳。"北房是指坐北朝南的房子，一般都是安间房，也有根据院子走向盖的厦子房。这种格局的四合院是关中民居的主流。

第二编·先秦至宋元的长安漕运航道

渭河是一条东西流向的河流，横贯八百里秦川，两岸的支流呈羽状分布，这给水上运输带来了极大的便利。故此，居住于关中地区的先民很早就认识到了漕运的重要性，待到统一王朝建立以后，遂有成百上千的漕船从关东启程，沿着黄河、渭河河道逆流而上，将各地征收上来的钱粮源源不断地输送到都城长安，形成一条"河渭漕挽天下"的黄金水道。

第一章

【先秦两汉长安漕运航道】

先民在生活实践中很早就认识到可以利用天然河流运输，尤其是在生产技术极不发达的时代，天然河流往往提供免费的运力，从而省时省力，故能成为古代交通运输的最佳选择。

第一节
先秦长安漕运航道

事实上，早在先秦时期就出现了航运的萌芽。周人最初活动的地方在泾、渭二水之间，他们的迁徙是由泾水附近迁到渭水附近，沿着渭水向东迁徙，再向东进行征服。他们之所以如此迁徙，就是因为泾、渭二水愈往东愈有船运之利。春秋战国时期开始开辟渭河水运的航道，秦晋两国分据黄河的东、西。晋国都于绛（今山西翼城），靠近汾水；秦都于雍（今陕西凤翔南），距渭水中游不远。由渭水入黄河，再溯黄河入汾水，正是一条较好的水上交通路线。

据《史记》记载，战国时期的秦国在由咸阳渡渭水经长安聚、轵道、芷阳（今灞河东）、骊邑（今临潼北）、戏（今临潼东北）、郑县（今华州区）至函谷关的大道上即有驿、亭等设置。

据《左传》记载，周襄王二年（前650），里克两弑晋君后，晋国国内混乱。在秦穆公的帮助下，逃亡于梁地的公子夷吾归国即位，是为晋惠公。作为交换条件，晋惠公在即位前曾答应秦国，如帮助他回国即位，就会把黄河以西的五座城池赠送给秦国作为报答。然而，晋惠公一登上王位就立即反悔了。

惠公四年（前647），一场规模更大的饥荒在晋国爆发，此时的晋国却是府库空虚，路有饿殍却根本没有办法救济。眼看着国内的局势不断恶化，晋国只得向离其最近且有姻亲关系的秦国购买粮食。

因为之前在割地问题上有负于秦国，晋惠公担心秦国不救助，晋国的大夫郤芮劝说道："我们大可对秦国说大王您并不是有意要违背先前的承诺，只不过是将河西五城暂缓交割；如秦国仍不肯卖粮给我们。那才是对不起我们，这样一来，即便我们先前有负于秦国，也没什么大不了的了。"晋惠公赞同了郤芮的看法，派大夫庆郑出使秦国商谈购粮事宜。

就是否卖粮给晋国一事，秦国方面的态度并不统一。在朝议过程中，蹇叔、百里奚都坚持卖粮给晋国，并认为天灾是无法避免的，而帮助邻国也是符合情理的；但秦穆公却不肯应允。公孙枝说："我们对晋国施恩，本来就没想过要回报，不回报我们也没损失什么；他们知恩不报，过在他们。但现在情况紧急，我们还是应该卖粮给他们。"而丕豹却认为："晋君无道，这是天赐良机，我们正好借机灭晋，

机不可失。"大夫由余接着说："仁者不乘危以邀利，智者不侥幸以成功，秦国不可乘人之危，我们应当卖粮给晋。"在听取众位大臣的意见后，穆公考虑再三，说："有负于我的是夷吾，不是晋国的百姓，但现在受到饥荒威胁的却是晋国百姓，我不忍心因为晋国国君有负于我而让他的百姓承受灾荒。"于是，秦国正式决定给晋国借粮。

按照计划，大批方船运载了上万斛的粮食，从秦国的首都雍城出发，沿着渭水顺流而下，自西向东经500里水路，随后又换成车辆运输，横渡黄河之后再改由山西汾河漕运北上，直送达晋国的首都绛城。从地图上来看，这条运输线路沿着渭河、汾河的河道从秦都直达晋都，几乎横穿了八百里秦川。按司马迁在《史记》中所描述：沿途车水马龙，运输队伍首尾相连，络绎不绝，史称"泛舟之役"。

次年，秦国发生了严重的灾荒，而晋国却获得大丰收。于是，秦国也想请求晋国帮助。晋惠公与大臣商议此事，庆郑、韩简等人认为秦国先前不计前嫌肯给晋国运粮救灾，晋国理应回报；但郤芮、吕饴甥等人却认为，既然还没有割地给秦国，那两家就已

结成了仇敌，现在如果卖粮给秦国救灾，无疑是在资助敌人，这件事万万不能答应；虢射更认为现在上天给晋国这样的机会，晋国可不能像秦国一样错失机会，理应借机灭掉秦国。于是，晋惠公果断采纳了虢射提出的意见，直接拒绝接见秦国使臣冷至。

冷至回到秦国把情况报告给了秦穆公，秦穆公勃然大怒，大举讨伐晋国。秦晋两军在韩原进行了一场战役，晋军败退，晋惠公被秦军俘虏。后经秦国大臣公孙枝提议，晋国以黄河以西的五座城池作为交换，并以晋国的公子圉入质为条件，换取晋惠公归国复位。

秦以漕运输粮于晋，谓之"泛舟之役"，也为秦统一全国以后的漕运事业奠定了基础。

第二节
汉初时期的漕运

自战国以来，随着大秦帝国的日渐强盛，往来于渭河之上的漕船变得越来越多，只为将秦军从山东六国缴获的金银财宝和钱粮物资悉数搬运回咸阳。一时间，渭水河畔的咸阳城已是全天下最为富庶的大城市。学界部分观点认为，汉初漕运还没有正式展开，只是借助渭水、灞水将东方的粮草与兵员运往关中，得以在军事上取得优势，同时解决汉初关中缺粮的棘手问题。

楚汉争霸，汉王刘邦先夺取关中，进而将作战前线向东推移到荥阳一线，至以鸿沟为界。此时，关中地区则成为供应汉军补给的大后方。为保证前线的供给，刘邦专门派出他最信任的萧何负责经营后方，恢复关中地区社会生产秩序，进而为前线作战的汉军提供充足兵员和粮草。据《史记》记载，当时汉军的后勤补给就是用"方船"（木筏）承载，经渭河、黄河所提供的天然河道顺流直下，送达前线的汉军大营。

故此，正是有赖于河渭漕运所提供的源源不断的补给，刘邦才能屡败屡战，不断消耗对手的实力。最终，项羽遭遇垓下之围，四面楚歌，在突围至乌江岸边时，拔剑自刎。

西汉初年，刘邦就建都问题迟疑不决，有一个名叫娄敬的人向他建议"都关中"。对此，张子房曾有一段精辟分析：

> 洛阳虽有此固，其中小，不过数百里，田地薄，四面受敌，此非用武之国也。夫关中左崤函，右陇蜀，沃野千里，南有巴蜀之饶，北有胡苑之利，阻三面而守，独以一面东制诸侯，诸侯安定，河渭漕挽天下，西给京师；诸侯有变，顺流而下，足以委输。此所谓金城千里，天府之国也，刘敬说是也。
>
> ——《史记·留侯世家》

其中提到关中得天独厚的地理优势以及渭河沿线漕运的重要性。权衡之下，刘邦采纳了少数派的意见，决定"都关中"。不久，由丞相萧何负责，在渭水河畔营建起一座新城，名曰"长安"。

景帝三年（前154），吴、楚等七个诸侯国集结叛乱。此时，关东地区虽陷于战乱之中，可刘启却还能牢牢地控制住关中、巴蜀等地，"独以一面东制诸侯"，抵挡住了吴、楚叛军的猛烈进攻。不久，叛军粮道被断，叛乱随之平定。

经此一役，"诸侯安定"，地方上缴之赋税，通过黄河、渭河水道源源不断输送到都城长安。渭河漕运随之进入繁忙期。

第三节
武帝时期关中漕渠的开凿

武帝执政时期，大型水利建设进入高潮。西汉采取了交通与灌溉相结合的方针兴修水利，一方面修整和充分利用天然河道，另一方面又大力开凿人工漕运（运河），使之"皆可行舟，有余则用溉浸"。

《史记·平准书》记载："至今上（景帝）即位数岁，汉兴七十余年之间，国家无事，非遇水旱之灾，民则人给家足，都鄙廪庾皆满，而府库余货财。京师之钱累巨万，贯朽而不可校。太仓之粟陈陈相因，充溢露积于外，至腐败不可食。"到汉景帝时，国库里已经堆满了钱粮。

武帝执掌大权短短数年间，"外事四夷，内兴功利，役费并兴"，尤其是在对匈奴问题的处理上，一改之前具有屈辱性的和亲政策，代以强硬的军事手段，并谋求主动出击漠北草原。

为了保证军事作战的需要，汉朝不仅在关中集结起数十万人的军队，还饲养有30多万匹战马。但几年战事之后，国库日渐空虚，鉴于这般情况，汉武帝下令从关东地区征调数百万石粮食来填补军费开支。

而此次征调绝非易事。因为渭河本就是一条水浅沙深的河流，加之下游河道曲折蜿蜒，运输效率并不高。在此之前，每年漕运满打满算也就只有数十万石，尚能维持，如果增加到数百万石的规模，确是一个大难题。很快，就有从关东运来的粮食大量堆积于河渭交汇处的京师仓，却迟迟不能及时输送到关中地区。

元光六年（前129），为尽快解决运输难题，时任大司农的郑当时向汉武帝谏言：

异时关东漕粟从渭中上，度六月而罢，而漕水道九百余里，时有难处。引渭穿渠起长安，并南山下，至河三百余里，径，易漕，度可令三月罢；而渠下民田万余顷，又可得以溉田：此损漕省卒，而益肥关中之地，得谷。

——《史记·河渠书》

即开凿一条与渭河平行的漕渠，就会使原来由长安到潼关的900里弯曲的渭河运道缩短为300里。每年的漕运时间亦可缩短3个月。汉武帝采纳此方案，"令齐人水工徐伯表（勘测渠道之意），悉发卒数万人穿漕渠，三岁而通"。朝廷发动数万人参加凿渠工程，

在水工徐伯的指挥下，历经三年，终于将这条人工渠道凿通。待到渭河上的拦水堰筑成，水流被源源不断导入到漕渠渠道，一路向东流去，径直与京师仓相连接。如此一来，满载粮食的漕船可直达长安城下，这等于在渭河南岸新增加了一条漕粮运输的专线，从而极大地方便了东西之间的交通往来。《史记·河渠书》说："通，以漕，大便利。其后漕稍多，而渠下之民颇得以溉田矣。"

为准备远征昆明国，元狩三年（前120），汉武帝又下令在长安西南开凿昆明池，用以操练水兵；然而，这一作战计划并未能付诸实施，反倒将昆明池留了下来，改作蓄水库。这时，先前开凿的漕渠渠道又被纳入汉长安城城市供排水渠系之中，通过"昆明池水""昆明故渠"这两条渠道相连接，可将昆明池中积蓄的清水引入漕渠，从而极大地补充了漕渠水量。

随着漕渠水量的增加，原先设计的引水灌溉功能也得以实现。漕渠沿线又陆续开凿了一些小的引水支渠，将水流直接引入田间，惠及万余顷农田，给辛苦耕作的老百姓带来了真真切切的实惠。

自此以后，漕渠之上风帆高扬，

满载着粮食的漕船可以沿着漕渠一路直达长安城下，交通运输的问题得到了有效解决。

为进一步解决财政危机，接任大司农的桑弘羊又提出了"纳粟拜爵"之策，通过许以补官、免役和赎罪等优惠政策来吸引富民捐粮，借此为朝廷增加财政收入。这项新政出台还不到一年时间，从关东漕运而来的粮食骤增到 600 万石，漕渠沿线的车马川流不息，不仅保证了前线的粮草需要，还把太仓、甘泉仓一并装满了。在解决了后勤供应的问题以后，10 余万汉军铁骑才有实力冲出长城一线，深入到漠北草原去与匈奴决战。

元狩四年（前 119），汉武帝派卫青、霍去病分两路率兵出击漠北。卫青率部出塞千余里，大败匈奴单于主力，一路追击至赵信城；而霍去病则率军北进 2000 余里，与匈奴左贤王部接战，乘胜追杀至狼居胥山（今蒙古人民共和国北部的肯特山），行祭天封礼。

此战后，匈奴势力遭到了沉重打击，加之自然灾害的影响，牲畜大量死亡，许多游牧民的生活都难以维持，只得部分选择向西迁移，部分向南归顺汉朝，这场持续了 100 多年的战争最终以汉朝的胜利画上了句号。

可以说，关中漕渠的开凿对这场战争的胜负有着极为重要的影响。正是通过这条人工渠道，大汉王朝才得以将全国的财力集中到关中地区，借以与匈奴决战，并最终打败匈奴。

其后，这条人工渠道仍被沿用了70 多年的时间，及至昭宣时期，仍有每年从关东地区漕运 400 万石粮食的惯例。由此可见，与渭水并行的漕渠是一条极为重要的运输线路，不仅沟通了东西之间的交通往来，也为都城长安带来了源源不断的钱粮、财赋，供应着数十万人口的日常生活，维持了一个庞大帝国机器运转的巨额开支，从而有效地维护了西汉政权。

第二编·先秦至宋元的长安漕运航道

第二章

【隋唐长安漕运航道】

继两汉以后，中国进入漫长的大分裂时期，原本生活在长城以北地区的游牧民族开始不断南下，进入中原。伴随着冲突与碰撞，新的统一王朝正在悄然孕育。漕运航道在王朝更迭和隋朝建立之后迁都龙首原的历史进程中起到了极为重要的作用。

第一节
隋文帝迁都

南北朝后期，北周王朝的杰出统治者宇文邕灭掉北齐，再度统一北方。经过权力争夺，以杨坚为中心的杨氏家族逐渐成为关陇贵族集团的核心成员。杨坚历经北魏、西魏、北周三代，屡屡出任要职，俨然已经成了北朝的实际统治者。大定元年（581），杨坚自导自演了一出禅让之礼，从自己的外孙手中接过传国玉玺，宣布登基。不久，北周都城城头所插的旗帜全部换作"隋"字，年号也被改成了"开皇"，这预示着一个崭新的时代即将来临。

开皇元年（581），隋文帝杨坚胸怀壮志，决意要大干一番。传言某个夜晚，杨坚梦到自己站在长安城头，眼看着城北的渭河水势上涨，顿时就形成惊涛骇浪，直接把长安城给淹没了。这场噩梦使杨坚重新审视都城的建制。为了彰显出一个新王朝的恢宏气度，改善城中地下水咸卤不适合饮用的现状，开皇二年（582），隋文帝杨坚亲自部署迁都事宜，首先进行勘察和选址工作，并从风水角度"谋筮从龟，瞻星揆日"，进行占卜筮测，务求寻得一块时人心目中的"风水宝地"。几经挑选，最终选址于汉长安城以南的龙首原上，这里不仅地势开阔，而且原面平整，还有自南山而下的渭水支流环绕两侧，以资水源供给。

新都地址选定后，由宇文恺负责施工。宇文恺充分利用龙首原上的六爻地形，与《周易》里"乾卦"的卦象相结合，进行新都城的设计。在整体设计上，都城的主体由外郭城、宫城和皇城三部分组成，三者层层相围，体现出传统观念里的等级秩序；整座城市的建筑面积扩充到83.1平方千米，这一规模可谓前所未有；街道的布局井井有条、层次分明，参照《周礼·考工记》"匠人营国，方九里，旁三门。国中九经九纬，经涂九轨。在祖右社，前朝后市"的设计思想，进行规划，以东西向14条街道与南北向11条街道将全城分割成棋盘式方块，按中轴线对称，形成"阡陌纵横"的整齐效果。其间又划分出百余里坊作为居民区，俨然今天的街道社区。同时，为了充分保障新建城市的用水，又先后开凿了5条大规模的人工渠道来串联周边水系，以引水入城，进而形成了一套设计复杂的城市引排水渠道网络。

隋朝征集了数十万民工参与工程建设，不久，一座崭新的都城就拔地而起，初具雏形。开皇三年（583）三月，隋朝正式宣布迁入新都。杨坚在北周时曾被封作"大兴公"，以"大兴"一词含有兴盛繁荣的寓意，于是就将这座崭新的都城命名为"大兴城"。

其后，隋朝在杨坚的治理下日渐繁荣昌盛，作为都畿所在的关中地区也成了各国人民所向往的繁华之地，尤以大兴城最富盛名，在粟特、拜占庭和阿拉伯文献中都将其称作"Khumdan"，音译为"胡姆丹"。可见这座城市已是一座闻名东西方的国际化大城市。

第二节
隋朝兴修运河发展漕运

隋建都大兴城后，急需大量粮食、物资调入京师，可是当时"渭川水力，大小无常，流浅沙深，即成阻阂，计其途路，数百而已，动移气序，不能往复"。开皇三年（583）夏天，关中地区遭遇了一场极为严重的旱灾，田地几乎颗粒无收。隋文帝下诏，命令沿着黄河、渭河一线的蒲、陕、虢、熊、伊、洛、郑、怀、邵、卫、汴、许、汝等13个州征发负责运输粮食的劳役；又在卫州（今河南新乡、鹤壁等地）置黎阳仓，洛州（今河南洛阳）

设置河阳仓，陕州（今河南三门峡）置常平仓，华州（今陕西渭南华州区）置广通仓，专门用来贮存从关东、山西等地漕运而来的粮食。此外，朝廷还委派仓部侍郎韦瓒到陕州以东地区，专门招募从洛阳运送 40 石粮食"经过砥柱之险"抵达常平仓的人，并以免去劳役征调作为优惠政策。这样一来，大批的粮食经黄河水道被输送到关中以东的广通仓，再由漕船浮渭西运，直达大兴城。

但是渭河水流深浅不一，加之河道迂回绕远，运力着实有限，根本不能满足大规模运输的需要。鉴于这种情况，一位名叫于仲文的大臣提议：可以决开河堤，引渭河水入渠，将汉武帝当年所开凿的漕渠渠道疏通。开皇四年（584），隋文帝再次下诏，宣布"漕渠之役"开工：

> 京邑所居，五方辐辏，重关四塞，水陆艰难。大河之流，波澜东注，百川海渎，万里交通。虽三门之下，或有危虑，但发自小平，陆运至陕，还从河水，入于渭川，兼及上流，控引汾、晋，舟车来去，为益殊广。而渭川水力，大小无常，流浅沙深，即成阻阂。计其途路，数百而已，动移气序，不能

往复，泛舟之役，人亦劳止。朕君临区宇，兴利除害，公私之弊，情实愍之。故东发潼关，西引渭水，因藉人力，开通漕渠，量事计功，易可成就。已令工匠，巡历渠道，观地理之宜，审终久之义，一得开凿，万代无毁。可使官及私家，方舟巨舫，晨昏漕运，沿溯不停，旬日之功，堪省亿万。诚知时当炎暑，动致疲勤，然不有暂劳，安能永逸。宣告人庶，知朕意焉。

——《隋书·食货志》

宇文恺监工，组织人员将汉代已经成形的渠道重新深挖清淤，继而打开河闸，渭河水直接流入漕渠渠道，行经 300 余里，可以从大兴城东直达潼关以西，进而连接起整个关中地区的水运交通。漕渠的重新疏凿打通了京城与关东之间的水路运输线路，堆积在广通仓里的粮食也就可以直接送到大兴城了。不久，从广通仓一路至大兴城下，沿线车船相继，排起了绵延数百里的运输队伍，解决了粮食运输的难题。其后，关中地区每有水旱灾荒，朝廷便通过这条已经运营成熟的渭河漕运航道及时地调运粮食，开仓赈济饥民。据《隋书·食货志》记载，渠成后，"转运通利，关内赖之"，

一时成为重要的物资运输线。

鉴于运输条件已得到极大改善，开皇五年（585）五月，工部尚书、襄阳县公长孙平奏请设立义仓，以备水旱凶饥出仓赈给：

> 古者三年耕而余一年之积，九年作而有三年之储，虽水旱为灾，而人无菜色，皆由劝导有方，蓄积先备故也。去年亢阳，关内不熟，陛下哀愍黎元，甚于赤子。运山东之粟，置常平之官，开发仓廪，普加赈赐。少食之人，莫不丰足。鸿恩大德，前古未比。其强宗富室，家道有余者，皆竞出私财，递相赒赡。此乃风行草偃，从化而然。但经国之理，须存定式。

隋文帝采纳了这一建议，下令在全国各地推行，劝课当社，共同设立义仓。据规定：在每年收获之时，农民要按收获的情况拿出一定数量的粟和麦，放在当地建造的仓窖贮存；平常即由社司负责统计、保管每年收获的粮食；如果遇到了灾年，发生饥荒，就可以直接使用义仓里面的粮食赈济饥民。

后来关中地区连年大旱，而青、兖、汴、许、曹、亳、陈、仁、谯、豫、郑、洛、伊、颍、邳等州又遭受水灾，百姓饥馑。

隋文帝让负责民政事务的苏威等人分道开仓赈给，又派司农丞王亶手持皇帝的诏令，亲自去广通仓下令，通过漕渠发送 300 万石存粮用于拯救关中地区的饥民。此外，朝廷还出面购买了 6000 余头牲畜分发给贫民，用以恢复生产，并免除受灾州县当年的赋税。这些措施都取得了很好的效果，从而改善了民生，加速了社会生产的恢复与发展。

至隋文帝统治末期，朝廷的府库早就容纳不下从各地征调上来的绢帛，负责管理的官员不得不多次奏报，要求扩建库房；而大大小小的粮仓遍布于全国各地，多者达到千万石，少者也不下数百万石，几乎都装满了粮食，以致唐初 20 年都尚未用完。与之相应，人口数量也呈现出快速增长的趋势：开皇元年（581）全国只有 462 万多户，约 2900 万人；到大业五年（609）已有 890 万多户，约 4600 万人，规模几乎翻番。

仁寿四年（604），隋文帝病逝，隋炀帝杨广登基，为避御讳，将广通渠改名为"永通渠"，而广通仓也被改称"永丰仓"。隋炀帝是一位好大喜功的统治者，继位不久就派宇文恺负责开凿出一条连接南北的大运河，以便将全国各地征收上来的钱粮赋税集聚于洛阳供他挥霍。为此，他还专门下令在洛阳周边修筑起一大批仓库用于囤积粮食。如此一来，以洛阳为中心，隋代修凿出一条南抵余杭（今浙江杭州）、北达涿郡（今北京），全长达 2700 多千米的大运河，大大促进了全国各地的物资交流与往来联系。而之前所疏凿的漕渠也变成了大运河的组成部分。

由于隋炀帝沉溺于奢侈享乐，频繁对外用兵，国内民怨四起。不久，隋末农民起义就发展成了星火燎原之势。隋炀帝最后一次乘坐他的龙舟船队南下江都（今江苏扬州），却被困在江南，而负责在北部边境线上防御突厥势力的太原留守李渊却得以趁机南下，获取永丰仓的存粮充作军资，进而又夺取了整个关中之地。隋朝覆灭。

第三节
中晚唐至宋元的渭河漕运

天宝后期，安史之乱爆发，淮河、黄河流域成为唐朝官军与安史叛军反复拉锯的主战场，战乱频繁，导致原有的漕运线路基本断绝。为确保东南地区的盐铁租赋能够运抵京师长安，漕运只得另辟新的线路，从汉水西进至襄阳，再经由武关道陆运入关。这种战时状态持续了相当长的一段时间，间接导致了关内漕运的整体性衰落。

随着平叛战争进入后期，朝廷开始着力恢复漕运，提拔善于理财的通州刺史刘晏担任户部侍郎、京兆尹、度支盐铁转运使，不仅是漕运，就连盐铁也一并归刘晏执掌。

为恢复漕运，刘晏把盐利作为负责漕运的佣金，借以吸引民间力量参与运输。按照标准，从江淮地区起航直至东渭桥仓，每运送 10 万斛粮食可得佣金 7000 缗，由专职的官员负责监督。这样一来，朝廷不用征发一个丁男劳力，地方上也不需要增加任何开支，就可以把漕粮的运输问题解决了。通过这种办法，每年开始有数十万石粮食从江淮起航运送至京师。为加强管理，刘晏还专门在淮北地区列置巡院，挑选有能力的官员来主事，积极招揽民间商贾参加漕运，建立起一整套较为完善的漕运制度。

广德二年（764）正月，朝廷又委派第五琦专门负责度支、铸钱、盐铁等事务，而刘晏则以户部尚书的身份继续在河南、江淮等地任转运使，并计划开凿汴河以疏通运输；永泰二年（766），又以刘晏、第五琦分别掌管东、西地区的转运、常平、铸钱和盐铁等事务。可以说，刘晏长期负责国家财政的管理工作，有着十分丰富的经验，及至大历十四年（779），已有"天下财赋，皆以晏掌之"的说法。

建中初年，受政治斗争的影响，刘晏遭到罢黜，天下钱粮度支的管理权被收归尚书省。由于刘晏被免职，好不容易恢复起来的漕运又开始走下坡路，甚至连每年 40 万石的标准都经常不能达到，受此影响，关内的粮食供应也开始趋于紧张。

贞元二年（786），东南漕运的线路又被淮右叛乱的藩镇所阻断，关内仓廪皆空，导致京师长安城内出现了大规模的粮荒，连宫廷里的粮食都不能保证 10 日的供应量，甚至不能酿酒，禁军因缺粮更是准备发动哗变。这时，唐德宗听闻韩滉已经率军押运 40 万石粮食抵达陕州（今河南三门峡），几乎喜极而泣，说："米已至陕，吾父子得生矣！"

宝历二年（826），由于年久失修，漕渠早已淤堵废弃，而广运潭也丧失了昔日的繁华景象，被朝廷"复赐司农寺"，漕运又改回了渭河运输，但数量有限，及至"太和初，岁旱河涸，

掊沙而进，米多耗，抵死甚众"，运输显然已无法维持，更多的粮食只能通过陆路的牛车来运载。

鉴于这些实际情况，又考虑到"秦、汉时故漕兴成堰，东达永丰仓"，又有"咸阳县令韩辽请疏之"，是为隋唐时期第三次重疏漕渠的提议。在朝议过程中，确有进一步说明这次重疏漕渠的政治意图：彼时，右相李固言"以为非时"，本不予赞同；可文宗却坦言："苟利于人，阴阳拘忌，非朕所顾也。"执意要落实。究其原因，当如中书侍郎李石所述："此漕若成，自咸阳抵潼关，三百里内无车挽之勤，则辕下牛尽得归耕，永利秦中矣。"

以此推断：在当时情况下，仅凭牛拉车载，漕运必然会占用大量的畜力资源，甚至于影响到正常的农耕生产。考虑到运输成本，这才是统治者之所以坚持要重疏漕渠的动机。

但是，从后来的文献记载来看，漕运仍是经渭河运输入东渭桥仓为主，却未见再有提及漕渠运输。结合唐后期两税法施行后很难大规模征调力役和地方财政拮据的情况分析，则唐朝当真已无力再重疏渠道；如果只是简单地将水引入故渠，却似无济于事。所以说，即便韩辽确有重疏漕渠的行动，其效果也十分有限。而在经历了

黄巢起义之后，地方上藩镇坐大，以致又形成了"诸侯"们拥兵自重的局面，皇帝已经名存实亡。

唐天祐元年（904），坐镇河南地区的宣武军节度使朱温的势力极为强大，意欲效仿曹操一样"挟天子以令诸侯"，遂强行派兵将唐昭宗接到洛阳，还下令让长安城内的百姓按户籍随驾迁移，顺带着还拆毁了长安城内的宫室、房屋，并将所有木料抛入渭河，顺流而下，用作日后在洛阳营建宫室的材料。不久，昔日繁华的长安城就只剩下一片残垣断壁。

相较而言，历史上漕运的繁荣与否间接反映出了历代王朝的兴衰。907年，朱温代唐自立，建立后梁，唐朝灭亡，历史进入五代十国的割据时期。这一时期，统治者已不再选择建都关中，而是随着国家经济重心的东移南迁，都城也迁至洛阳、开封等地，这使得关中漕运不可避免地陷入整体性衰落。直到后周重新统一北方时，情况才有所好转。

待到北宋建都开封以后，全国的漕运中心已发生转移，分设在各路的转运使都执掌漕运，负责将各地的钱粮物资源源不断地输送到都城开封。出于营建宫室的需要，北宋自开国以后就在秦、陇等地设置采木务。这些采木务具体负责木材采伐、搬运出山及林区防护等工作，所采伐的"岐陇之木"通过渭河、黄河顺流漂浮而下；这时，每年的春秋两季都有成批运往渭河岸边的巨木被编成木筏漂流而下，沿渭河、黄河一线，过砥柱，直至开封城下。由于这种方式极大地提高了运输效率，又不误农时，从而减轻了木料运输的人工成本，形成一条向开封等地输送木料的新航道。

但是，从长远来看，这种大规模的采木必然使西北地区的森林资源遭到严重破坏，加之达官权贵操纵、牟利，更是让当地百姓饱受其苦，故而难以长期维持下去。

此后，宋元时期的战乱破坏，使整个西北地区的漕运一蹶不振，加之生态环境的变化，漕运早已难以维持，渭河之上很难再看见漕船往来的繁忙景象。

第四节
长安漕运航道与
其他城市、国家的关系

西安对外的文化交流虽然一直都存在，但鼎盛期毫无疑问是在汉、唐两朝，这两朝是中华文明的鼎盛时期，而长安作为两朝的首都，地位重要。汉唐时期西安的对外交流分为长安与其他城市、长安与其他国家之间的交流。

首先，汉代以后重视水运漕渠的开凿和建设，将长安与东部、北部的周边省份连接起来。与长安漕运航道联系较为密切的城市有洛阳、三门峡、开封、商丘等。长安与这些城市的交流最早出于战争战略以及政治救灾的需要，基本限于运输战略物资、木材、救灾粮食。随着长安漕渠进一步的整修和扩建，长安与洛阳、山西、吴越之地的商贸往来也逐渐兴盛。

其次，隋唐航运的进一步开发与恢复，也为外国人士通过水路来到长安提供了便利。长安作为东亚文明中心及丝绸之路的起点，像一块巨大的磁石吸引着世界各国人士，无论西从波斯、中亚过来，还是东从朝鲜、日本而来，渭水流域都是他们的必经之路。大量从西边过来的人带来了他们的植物种子，如西瓜、棉花，大大丰富了中国人的物质生活，而他们同时将先进的文化引入自己的国家。日本的大量留学生进入唐代最高学府国子监，学习中国文化，阿倍仲麻吕、吉备真备、大和长冈等都是其中的佼佼者，这些人归国之后对日本进行改革，大大推动了日本社会的进步和经济的发展。

在长安通过漕运航道与周边城市和周边国家的频繁交流中，唐代广运潭上的盛会最令人瞩目。

广运潭的修建是为了解决关中漕运粮食船只的停泊问题。从咸亨三年（672）开始，关中地区陆续爆发大规模的饥荒，以至于唐高宗李治和皇后武则天频繁地往来于东、西两京之间，不时地到东都洛阳去就食，形成了"逐粮天子"的奇怪局面。

天宝元年（742）三月，韦坚被提拔为陕郡太守、水陆转运使，开始专门负责漕运事务。韦坚提出了重疏漕渠的设想：即在咸阳附近拦截渭水，再建造一座兴城堰，将渭河水流导入前代漕渠故道，向东再把浐河、灞河的水流也拦截进来，沿着漕渠渠道与渭河并行东流，这样一来，就完全可以抵达潼关以西的永丰仓下，与渭河汇流。

结合实际来看，这套方案在一定程度上修改了原有的漕渠线路，具有一定的可行性。疏通前代的漕渠故道不难，关键是解决引水水源的问题。环绕长安的"八水"之中，只有邻近的浐河、灞河可以引用。为了能够充分蓄流浐、灞之水，在隋代修筑的堤堰基础上，韦坚让人不断加固、筑高坝体。经过两年的施工，在长安以东9里的长乐坡下积水成潭，由于浐河、灞河的水流也在此交汇，不久就形成一处"数里连樯"的宽阔水域。

为了做好成果汇报，韦坚预先从汴（今河南开封）、宋（今河南商丘）等地抽调了两三百艘小斛底船停泊在潭面两侧，并且每艘船上都竖起一块精心装饰的牌子作为标示。如：标示为"广陵郡"的船只，上面装有今扬州一带所生产的锦绣、绫缎、铜器；标示为"丹阳郡"的船只，上面装有今镇江一带所生产的绫衫段；标示为"晋陵郡"的船只，上面装有今常州一带所生产的官端绫绣；标示为"会稽郡"的船只，上面装有东吴地区的特产绫罗与绛纱；标示为"南海郡"的船只，上面装有来自广州一带的特产玳瑁、珍珠、象牙、沉香；标示为"豫章郡"的船只，上面装着今江西生产的名瓷、酒器、茶釜、茶铛、茶碗等器皿；标示为"宣城郡"的船只，上面装着今宣城一带的特产空青石等；标示为"始安郡"的船只，则装有今桂林一带的特产蕉葛、蚺蛇胆、翡翠等。

每艘船里面都载有大批粮食，尤其是标示为"吴郡"的那艘船上，专

门展列出了三破糯米、方丈绫。还有几十艘来自南方各地的船只，专门让驾船的工人戴上大笠子，穿上宽袖衫、芒屦，一律依循吴、楚等地的风俗习惯。如此一来，广运潭上相当于举办了一场盛大的物产博览会，几乎展示了整个盛唐时代全国各地的丰饶物产，同时也反映了漕渠运输职能的扩大。

民间戏有歌词云："得丁纥反体都董反纥那也，纥囊得体耶？潭里船车闹，扬州铜器多。三郎当殿坐，看唱《得体歌》。"开元二十九年（741），有一个名叫田同秀的人上书说自己遇见了玄元皇帝（即道家老子李耳）。老子对他说有一张宝符留在了陕州桃林县古关，不久，他在函谷关令尹喜的宅院里找到了这件宝物。唐玄宗认为这是天大的祥瑞，遂将桃林县改为灵宝县。

等到韦坚这次开凿水潭时，想起此事的陕县县尉崔成甫找来两县的官员，重新翻出了这段歌词，加以改编，又让一群妇女即兴演唱，歌词云："得宝弘农野，弘农得宝耶！潭里船车闹，扬州铜器多。三郎当殿坐，看唱《得宝歌》。"成甫又写作了10余首歌词，白衣缺胯绿衫，锦半臂，偏袒膊，红

罗抹额，在第一艘船上做号头领唱，后面还有 100 多个衣着靓丽的女子一起应声和唱，旁边还有各式乐器吹拉伴奏。其余的船只依次开进潭面，一路绵延直至禁苑东面的望春楼下，连樯有数里之长，引得整座长安城万人空巷，不论是达官显贵还是平民百姓，都争相赶来围观，一时间观者如云。

由以上可知，广运潭的开通加强了长安与周边城市和周边国家的经济文化交流往来。唐朝的长安人民已经能够看到来自全国各地的丰富物产，比如东吴地区出产的铜器、罗、吴绫、绛纱等，南海运送来的玳瑁、珍珠、象牙等。广运潭的这场盛会也成为唐代长安与其他城市和国家交流的重要标志。

汉唐时期，以长安为中心的中外文化交流内容是多方面的。物质文明方面，中国传入西域的主要是丝绸、铜器、漆器、纸张、农作物等，异域传入中国的主要是一些植物，如金桃、银桃、郁金香、水仙、菩提树、莲花等。同时，良种马匹也是主要引进的物产。物产的相互交流有利于丰富双方的物质生活，提高人民的生活质量。而精神文明方面以中国向外国的文化输出为主，中国先进的制度文明、城池建设、漕渠开凿技术、科技发明等通过不同的方式传入其他国家，促进他国历史文明进程，如纸张、指南针等向西不断传播，对于西方文明的近代化转型有重大的影响。

第三编·政治和文化

　　西安在封建社会相当长的时期内是我国的首都，并且是封建王朝的政治、经济、文化中心。所以在历史上，尤其是唐朝以前，很多著名的军事战争、文化典故都与西安有关。本编主要介绍灞渭三角洲及西安城市的文化样态，以灞渭三角洲一带的政策变化、军事外患和文化发展为核心，辐射整个西安的政治和文化，这也是本书的重点。本编共分六章，分别是：政治变革与漕运、灞渭沿线城镇兴衰、文化艺术、商帮文化、民俗文化、科技文化。通过对这些方面的阐述，以期读者对灞渭三角洲地区的政治和文化有更详细的了解。

第一章

【政治变革与漕运】

灞河自南向北流入渭河。灞河形成了西安东部的天然屏障，所以灞河沿岸地区是西安东部的门户。在历史上，凡是自东部方向争夺西安的军事力量必经这一地区，而且历史上军事战争多『事发于东南』，灞河沿岸地区的得失关系到西安和咸阳的安危，所以历来是兵家必争之地。

第一节
军事外患

公元前1046年，武王伐商，联合庸、蜀、羌、髳、微、卢、彭、濮等部落的"八百诸侯"，率戎车300乘，虎贲3000人，甲士45000人，由镐京出发。行至霸上，商人伯夷、叔齐"叩马而谏"，劝武王不要伐商。武王没有采纳二人的建议，于是他们便"耻食周粟"，躲在首阳山采薇而食，后来饿死于此，成为中国古代守节之佳话。今白鹿原有伯夷坊村，村中有伯夷庙、伯夷墓、伯夷泉、伯夷亭等遗迹。

公元前623年，秦改滋水（谷水）为霸水，并于其旁筑霸宫。秦昭襄王时更名为芷阳宫。

公元前224年，秦欲伐楚。在出兵前，秦王嬴政亲自到频阳（今陕西富平），要老将军王翦统兵征伐。秦王见到王翦后说："寡人以不用将军计，李信果辱秦军。今闻荆兵日进而西，将军虽病，独忍弃寡人乎！"王翦谢曰："老臣罢病悖乱，唯大王更择贤将。"始皇谢曰："已矣，将军勿复言！"王翦曰："大王必不得已用臣，非六十万人不可。"始皇曰："为听将军计耳。"（《史记》卷73《白起王翦列传》，中华书局，1959年，第2340页）于是王翦将兵60万人，秦王亲自送至霸上。后王翦大破楚军，杀其将领项燕，俘虏楚王负刍还师，秦王迎至霸上。

公元前 207 年，刘邦率军队二十万破武关，绕峣关，逾蒉山至霸上。"秦王子婴素车白马，系颈以组，封皇帝玺符节，降轵道旁。"刘邦身旁的将领建议杀掉秦王，刘邦却说："始怀王遣我，固以能宽容，且人已服降，又杀之，不祥。"于是刘邦向西进入咸阳，原计划宿于秦宫，后在樊哙、张良等人的建议下，将秦府库封存，还军霸上，并与秦民约法三章："杀人者死，伤人及盗抵罪，余悉除去秦法。"同时向秦民说明他之所以还军霸上，就是怕打扰当地百姓。刘邦又派兵镇守函谷关，等候项羽前来，因为之前楚怀王承诺先入关中者为王。不几日，项羽破函谷关进入关中，率军 40 万屯于鸿门（今陕西西安临潼区东南）准备进击刘邦。刘邦在项伯的劝说下，主动赴鸿门与项羽言和，项羽设宴招待，史称"鸿门宴"。项羽的谋士范增多次用玉玦示意项羽借机杀死刘邦，项羽没有理会，范增又指使项庄借舞剑之机刺杀刘邦。此意图被张良看出，在紧急关头，樊哙带剑盾闯入帐中，带刘邦逃脱，由便道直奔霸上。（《史记》卷 8《高祖本纪第八》，中华书局，1959 年，第 364 页）

刘邦进军霸上，子婴出降，说明霸上对咸阳的安危举足轻重。汉兴建长安城，霸上的地位益加重要。霸上位于灞桥东端，为东方各地出入长安之门户。

在西汉王朝反击匈奴入侵的战争中，霸上具有重要的战略地位。公元前 158 年，匈奴在上郡和云中各屯兵 3 万人，汉文帝以中大夫令勉为车骑将军，驻军于飞狐（上党）；故楚相苏意为将军，驻军于句注（雁门）；将军张武屯军于北地；河内守周亚夫为将军，军细柳；宗正刘礼为将军，军霸上。（《史记》卷 10《孝文本纪第十》，中华书局，1959 年，第 431—432 页）

汉景帝三年（前 154）正月，"七国之乱"爆发，汉景帝遣大将军窦婴、太尉周亚夫将兵诛之，（《史记》卷 11《孝景帝本纪第十一》，中华书局，1959 年，第 440 页）由霸上发兵，平息叛乱。

晋惠帝永兴三年（306），东海王司马越部将祁弘率鲜卑大军大败司马颙军于灞水，大肆掠夺，杀死 2 万人。司马颙逃往太白山。

建兴四年（316），"刘曜逼京师，内外断绝，镇西将军焦嵩、平东将军宋哲、始平太守竺恢等同赴国难"，麹允与公卿死守长安。散骑常侍华辑监京兆、冯翊、弘农、上洛四郡兵屯于霸上，企图控制霸上重地，保卫京城长安，终因寡不敌众，长安失守。愍帝"使侍中宋敞送笺于曜，帝乘羊车，肉袒衔壁，舆榇出降"，西晋亡。（《晋书》卷5《帝纪第五·孝愍帝》，中华书局，1974年，第130页）

永和十年（354），桓温军先在蓝田辋川筑城储备军需，大败。后桓温北伐军至霸上，关中郡县皆投降。五月，东晋军与前秦丞相东海王苻雄等于白鹿原激战。晋军屡战不利，死数万人。六月，桓温遣关中三千余户东归。（《晋书》卷8《帝纪第八·孝宗穆帝》，中华书局，1974年，第200页）

义熙十四年（418），赫连勃勃战胜刘裕守将朱龄石，率军进入长安城。进城后，身边的臣子力劝赫连勃勃登帝位，赫连勃勃先是谦让说："朕无拔乱之才，不能弘济兆庶，自枕戈寝甲，十有二年，而四海未同，遗寇尚炽，不知何以谢责当年，垂之来叶！将明扬仄陋，以王位让之，然后归老朔方，琴书卒岁。皇帝之号，岂薄德所膺？"群臣固请，乃许之。于是大夏王赫连勃勃设坛于霸上，在霸上即皇帝位，改元昌武。（《晋书》卷130《载记第三十·赫连勃勃》，中华书局，1974年，第3209页）

灞桥在隋初曾迁徙重建，霸上的位置也随之有所变化。隋在汉长安城南营建大兴城，旧日的灞桥及通往汉长安城的道路均已无法适应新的需要。开皇三年（583），大兴城建成，城东道路随城址南移，灞桥徙至今灞桥稍北重建，霸上之名也随之南迁。

隋仁寿四年（604），文帝死后，汉王杨谅起兵并州，有人献策直取长安，声称要"直入蒲津""顿于霸上"，（《隋书》卷45《庶人谅传》）李渊起兵太原，进军长安，亦取蒲关道经霸上而入；（《大唐创业起居注》卷3）可见蒲关道依然须经霸上至长安。隋开皇十六年（596）在霸上置滋水驿（又名霸桥驿），（《长安志》卷11《万年县》引《两京道里记》）唐人诗文中常常沿用汉代故事而称其为霸亭。唐代武关、函谷、蒲津关三条驿路即在霸上的滋水驿并为一路，西入长安。

"唐肃宗乾元元年，上皇李隆基自华清宫返长安，肃宗曾迎于霸上。"（《旧唐书》卷10《肃宗纪》）黄巢由潼关入长安，唐金吾大将军张直方等也至霸上迎接。（《旧唐书》卷200下《黄巢传》）此时函谷道已改至新建灞桥，自汉新丰城西转趋西南，原霸上、灞桥均西临禁苑，无路可通，霸上显然已随灞桥南移。南移后的霸上仍在灞桥东端，（《续玄怪录》卷1"辛公平上仙"条）武关、函谷、蒲津关三路依旧在此相交，霸上的交通地位一如既往。黄巢入长安后遣朱温攻南阳，朱温回师时黄巢曾至霸上相迎。（《旧五代史》卷1《梁书·太祖纪一》）朱温归经蓝桥，乃取道武关，（《旧唐书》卷184《杨复光传》）说明函谷、武关两道仍交于霸上。

881年，黄巢率领的农民起义军占领长安，建立大齐政权。唐朝为了收复长安，在僖宗李儇入蜀时，任命凤翔节度使郑畋为京城四面诸军行营都统，泾原节度使程宗楚为副都统，令天下藩镇率兵进入关中，进而围困长安城中的起义军。各藩镇节度使率军进入，分别屯兵于武功、周至、沙苑、渭桥，包围长安。在此情况下，黄巢顿觉不利，主动撤出长安，改屯霸上。由于各藩镇节度使进入长安后烧杀抢掠，一片混乱，黄巢依据形势制定了

分化瓦解的策略，由霸上分兵出击，从长安西门突袭唐朝军队。唐朝军队猝不及防，被俘杀者十之八九，程宗楚和唐弘夫被起义军杀死，剩余兵丁仓皇撤退出城，黄巢军收复长安。

"五代以后，国都东移，长安失去了政治中心地位，交通地位随之下降。于是，霸上变为一个普通的交叉路口，在史籍中湮没无闻了。"〔参见辛德勇：《论霸上的位置及其交通地位》，《陕西师范大学学报》（哲学社会科学版）1985年第1期，第127—128页〕

金正大八年（1231），凤翔府被蒙古军攻下，金朝将领完颜庆山奴退守蓝田。为支援战争，鹰扬都尉大娄室将兵器运送到白鹿原，不料在此遭遇蒙古军，双方展开激战，大娄室战死。

元至正十七年（1357），反元起义军红巾军出襄樊，攻陷商州，直趋长安，至霸上后兵分两路，攻同州、华州等州，使关中震动。

明永乐十八年（1420）所定的宴飨乐舞中有一首《表正万邦舞曲》，曲中有"赫怒吾皇，亲征霸上，指天戈，敌皆降"的词句，说明明朝建国初期曾在霸上有过军事行动。明朝末年，

陕西发生了农民起义。以澄城首义为标志，农民起义掀起了第一次高潮。此次农民起义最初主要发生在陕西中北部，后遭到洪承畴的镇压，转到中原地区，之后进入陕南。李自成也曾在灞桥两岸与明朝军队激战，后转战于多地。崇祯十七年（1644）一月，李自成在西安称帝，以李继迁为太祖，建国号"大顺"，改西安为西京，封功臣以五等爵。

清同治年间的回民起义，曾在浐灞地区发生多次战争。同治元年（1862），陕西回民起义爆发，大荔、华州、华阴、渭南首义，接下来临潼、高陵、富平、蒲城、泾阳、三原、耀州、长安、咸宁、鄠县、蓝田等地回民也纷纷起义。西安府的战役最为激烈。五月中旬，西安郊区形势紧张，仅有孔广顺一军防守，总计不过3000人，分驻四关，巡抚瑛棨一面"安抚"城内回民，一面指示地主团练屠杀城外回民。五月十五日，回民起义军与地主团练在新庄交战。十六日，东流村回民被团练杀尽。"灞桥河一带及米家崖、新庄、水窑、阎家市各处回村，俱被团练烧杀。"（《秦难见闻记》，《陕西回民起义资料》）六月十三日，

瑛棨派马德昭带兵往草滩偷运盐炭，遭回民起义军袭击。

清朝政府为挽救危局，命令多隆阿入陕镇压。多隆阿在湖北枣阳一带受到阻击。清廷又派直隶总督成明入陕，接连失利，退居朝邑。成明失败后，钦差大臣胜保率兵8000多人，于八月十日自潼关入陕，十三日在渭南仓头镇遭到回民阻击。十五日又遭零口、临潼、灞桥、西安郊区一带起义回民的阻击，兵勇1000多人被歼。接着胜保军队又在斜口遭回民起义军堵杀。胜保军队退居临潼县（今西安临潼区），后绕道进入西安城。十一月，多隆阿进入陕西，回民起义军遭到重创，向西奔走。

同治五年（1866）十月，西捻军进入陕西华阴。十一月八日，到达西安灞桥镇，驻扎在泄湖等地，逼近西安，并分军进入蓝田、临潼、渭南等地。十七日，西捻军主力分南北两路，自东而西，进入西安城郊，在浐河旁的十里坡埋伏精兵3万。十八日，大败湘军。二十五日，西捻军由泄湖折向东南，与清军周旋。同治六年（1867）二月十九日，回民起义军与西捻军联合，共同抗清。清廷大为震动，任命

左宗棠为陕甘总督前往陕西镇压。直至同治八年（1869），陕西境内的战事才结束。

此次战争造成陕西人口锐减，陕西回民起义前一年，即咸丰十一年（1861），陕西有1197.3万人，光绪十年（1884）降至809.4万人。多数人死于这场罪恶的战争。受战争影响，经济呈现出一片萧条的景象。

第二节
经济发展与漕运建设

历史上灞渭三角洲地区的经济发展基本依靠漕运以及河两岸的商贸。商贸部分在下一章《灞渭沿线城镇兴衰》中有介绍，此不赘述。漕运建设详见第一编第二、三章，本节主要介绍经济发展与漕运。

陕西能够成为中华民族主要的发祥地之一，很大原因是有着便捷的水运条件。历史时期，陕西的航运特别是渭河、黄河的漕运有着辉煌的历程，即所谓"河渭漕挽天下"。远在新石器时代，渭河便有了水上交通运输工具，从西安半坡遗址出土的船形器、宝鸡北首岭遗址出土的船形彩陶壶可见。至夏商时，人们便利用舟船沟通人群间的往来。春秋战国时期，关中农业已很发达，《尚书·禹贡》就记载了当时的土地划分情况，关中地区的土壤为上上，即最高一等。《史记》卷129《货殖列传》云："关中自汧、雍以东至河、华，膏壤沃野千里，自虞夏之贡以为上田。""关中之地，于天下三分之一，而人众不过什三。然量其富，什居其六。"

周、秦、汉、隋、唐等朝都建都于关中，所以渭河水运的作用益发重要。渭河是关中地区最大的河流，且直通黄河，所以又是关中水运的主要河道。但是渭水河道曲折，致使漕运路线较长，航行路线不畅，且渭河含沙量大，用于大型物资运输会出现水量不足的情况，所以汉唐时期为了保证漕运的通畅，先后4次通漕渠。

汉代建都长安，天下税粮皆转运于此。"漕转山东粟，以给中都官，岁不过数十万石。"汉武帝时"官益杂置多，徒奴婢众，而下河漕度四百万石，及官自籴乃足"。元光六年（前129），时任大司农的郑当时向武帝上书曰："异时关东漕粟从渭中上，度六月而罢，而漕水道九百余里，时有难处。引渭穿渠起长安，并南山下，至河三百余里，径，易漕，度可令三月罢；而渠下民田万余顷，又可得以溉田：此损漕省卒，而益肥关中之地，得谷。"汉朝中央政府采纳了他的意见，令水工徐伯率领数万人穿通漕渠，用了 3 年时间。这是见于史籍记载的第一次通漕渠。

开皇四年（584），漕渠第二次开通。此次开通的主要原因还是渭河漕运不能满足关中漕运的需要。隋文帝命宇文恺率工凿渠，3 个月完工。此渠最初命名为广通渠，亦称富民渠，后因避隋炀帝杨广名讳，改名为永通渠。

唐朝初年和隋朝初年一样，也没有从关东各地大量漕运粮食。高宗咸亨三年（672），关中遭遇饥馑，粮食严重匮乏，这才接受监察御史王师顺的建议，通过渭河漕运将河东绛州的粮食输送入京，并在东渭桥头设置渭桥仓，存储通过渭河运来的粮食。（王溥《唐会要》卷87《转运盐铁总叙》，清武英殿聚珍版丛书本）

唐高宗开通渭河漕运以后，运送到关中的粮食比以前有所增多。然而，朝廷的财政开支和粮食需求也在大幅度增长，由于三门峡险段河道对黄河水运的阻碍，以及渭河水运的艰难，粮食还是供不应求。

开元十八年（730），宣州刺史裴耀卿提出在整个漕路上根据南北东西水道各自的特点，令当地水工分段转运；在各转运地点，沿水路设置码头和粮仓；河道水量丰盛时则行舟启运，水浅受阻时则藏粮于仓。裴耀卿任宰相后，其漕运改革方案才得以实行。他的方案中意义最大、最为关键的地方，是在三门峡附近开辟 18 里山路，并在这条道路的东、西两端沿河设置粮仓，使河运避开动辄覆舟的三门峡险段，改用陆运转输。裴耀卿这一方案施行 3 年，漕运到关中共 700 万石粮食，即平均每年漕运 230 多万石，就是因为较好地解决了河运中这个棘手问题。

裴耀卿罢任之后，每年漕运到京城的粮食仍维持在 100 万~180 万石之间，比起唐初 20 万石的数额来说，已经增加了许多。对于这样的高额运输量，渭河航运是很难长久承负的。于是，天宝元年（742），唐玄宗又任用韦坚开挖漕渠，试图用漕渠替代渭河水运，以缓解粮食运输的困难局面。广运潭是漕渠最大的码头，在漕渠开通的庆典上，一次便有二三百只船舶停泊在这里，（《旧唐书》卷105《韦坚传》）是为唐代漕运最盛时期。大江南北的谷米先集运于扬州，然后循汴河、黄河、渭河北上西折，年漕运谷米最高达600万石，使长安附近诸仓皆满。东渭桥仓附近曾出现"秦地有吴舟，千樯渭曲头"的盛况。〔辛德勇：《隋唐时期陕西航运之地理研究》，《陕西师范大学学报》（哲学社会科学版）2008年第6期，第77-88页〕

因陕西地区处于季风区，夏季降水量大而集中，容易导致河流流量增加，流速增快，渭、灞河水暴涨。漕渠必然会受到洪水的严重冲击，水退以后则又淤下许多泥沙，使航运受阻。

天宝十五载（756），安史之乱爆发，整个河淮地区都被乱军占据或冲荡，关东的漕粮已经无法西运，江淮的贡赋租粟都改由汉江西运，漕渠的航运亦随之停顿。战乱平定之后，代宗广德二年（764），刘晏着手整顿漕运。这时，他重新采取裴耀卿的节级转运办法，规定"江船不入汴，汴船不入河，河船不入渭"，令"河船之运积渭口，渭口之运入太仓"，此时已经不再使用漕渠，而是改为利用渭河航路。（《新唐书》卷53《食货志三》）

重新启用渭河水道漕运关东、江淮等地的租粟等物资，这也是漕渠湮塞废毁后不得已而采取的办法，渭河水运仍然十分艰难。虽然在刘晏整顿漕运的当时，每年漕运至京城的粮食达到了110万石，（《新唐书》卷53《食货志三》）可是在此后，每年运输到京城的粮食只有40万石，而且其中还含有一部分陆运的份额，（《新唐书》卷53《食货志三》）渭河的航运能力已明显感到不足，京城的粮食供应益见紧张。〔辛德勇：《隋唐时期陕西航运之地理研究》，《陕西师范大学学报》（哲学社会科学版）2008年第6期，第77-88页〕

德宗贞元初，京城周围的关辅地区驻扎有大量军队，需要耗费很多军粮。由于粮食供应不足，米价暴涨，以至每斗米价高达千钱，太仓中留供皇宫食用的粮食已经不敷支用10天，宫禁中不敢再用粮食酿酒。于是朝廷整顿漕运，由浙江东西道观察使韩滉和淮南节度使杜亚负责，使得运输到东渭桥仓的粮食数额竟然又达到了130万石，一时明显提高了渭河的航运能力。只是好景不长，这样的运输效果并没有维持多久，而更多的漕运记录仍只有年40万石左右。

第四次开通漕运是在唐文宗大和初年。此次仅是对旧渠道进行疏通，工期较短，所以使用期很短，只使用了20年左右。宣宗大中年间（847—860）又改由渭河漕运了。

四次开通的漕渠西段都经浐灞地区，且与浐水、灞水密切关联。漕渠的开通在一定程度上改善了浐灞地区的水运条件，便利了此地大型货物的转运，且因为广运潭的开凿，该地一度成为关中漕运的中心。但兴办漕运也对农业造成了不利的影响，因为需要占用大量耕牛来驾车转运粮食，这些用来运输的耕牛一般只能从关中就地征集，对当地农业生产造成一定影响是不言而喻的。

漕运以运粮为主。除了粮食运输以外，渭河河道上还有木材运输。开元、天宝年间，长安城附近由于缺乏建筑用木材，朝廷派人到岚州和胜州一带去采伐购买。唐高宗咸亨三年（672），在陈仓东南引渭水入升原渠后，渠道中就曾有"船木伐"通行，由岐州直抵汉长安故城。至武则天垂拱（685—688）初年，又有记载由升原渠运输岐陇木材到京城长安。（《新唐书》卷37《地理志一》"凤翔府虢县"条下记作"运岐、陇水入京城"，此据《玉海》卷22《地理志·河渠》"唐升原渠、高泉渠"条，"水"当为"木"字形讹）到了开元年间，京兆府和岐、陇二州每年固定征募役夫7000人，每人各向京城输送木橦80根，于春、秋两季送到。（毛凤枝：《南山谷口考》，陕西通志馆，1934年，第31页）直到北宋时，还通过渭河向东都开封大量输送岐、陇一带的木材，"以春秋二时联巨筏，自渭达河，历砥柱以集于京。期岁之间，良材山积"。〔辛德勇：《隋唐时期陕西航运之地理研究》，《陕西师范大学学报》（哲学社会科学版）2008年第6期，第77-78页〕

五代以后，国都东移，长安告别了首都的身份，以首都为中心的漕运体系随之衰落。宋代曾利用渭河、黄河航道，通过放竹木排筏的方式将物品运送至汴梁城（今河南开封）；明清时期虽利用黄河、渭河及汉江、丹江等河流，并采取雇佣商船、民船的办法，向关中运输粮食和金属原料等，但与汉、唐的漕运规模相比，可谓天壤之别，不能同日而语。民国时期，陕西境内的诸多江河虽盛行商运、民运，但又远远逊于明清。

明清时期的漕运仍然以粮食为主。据《河渠纪闻》，洪武元年（1368）、洪武七年（1374）和洪武十七年（1384）"尝由开封运粟，溯河达渭，以给陕西"，说明当时向陕西运输粮食就曾利用渭河航道。康熙三十一年（1692）西安、凤翔二府发生饥荒，朝廷下令割吴楚储漕，"溯黄河，遵伊洛，船辇入关"，使用黄河航道运粮30万石。康熙五十九年（1720），陕西遭旱灾，漕运总督施世纶题准，由黄河挽粮入秦。粮食由河南府陆路车转305里，至陕州黄河边太阳渡上船，然后由渭河水道运到西安党家码头，起旱路转20里入西安府仓。其中太阳渡到党家码头一段"河水平稳，船只通行，水运为便"。乾隆四十一年（1776）四月，河南干旱，朝廷令陕西巡抚毕沅拨西安常平仓10万石粮食运往河南。同年夏季，京师粮价上涨，再拨西安常平仓5万石粮食运往京师。年底，再拨西安常平仓5万石粮食运往京师。三批粮食均使用渭河—黄河水道，"雇觅车脚运赴水次，由渭入河，分起押解，

衔尾前进"。

除此之外，还运输煤炭和盐，"逆渭而上之货，则炭、盐两宗最为秦中所利赖"。（民国《续修陕西通志稿》卷35《征榷二·厘金》，民国二十三年铅印本）煤炭多来自山西，"石炭，龙门内上峪口皆有，荒山绝壑，穿穴以出，负担驴骡，络绎于道，每数十百舸连尾上下浮于河。由韩而郃而朝而同华，自河达渭，以及长安、周至之西，载以易粟，岁以为常"。（雍正《陕西通志》卷43《物产》）据《鄠县乡土志·商务志》，山西石炭"由水运至咸阳，由咸阳陆运至鄠"，在鄠县境内"每年约销四五万斤"。明清时期韩城所产煤炭多入黄河运至潼关三河口，再溯渭河而上，运至西安、鄠县一带销售。乾隆《韩城县志》载，龙门煤炭"每数十百舸连尾上下，自渭至长安、周、鄠以西，载以易粟"。明清西安府地区均食用花马池盐和潞盐，民国《续修陕西通志稿·盐法》载，清政府规定"水陆并运"的方式，其中咸宁县计程570里，自运城40里至黄河口上船，100里至三河口，290里至草滩，陆路30里至咸宁县。此外还将秦岭的木材自周至黑河转入渭河，

而后东运。

还有其他货物。山西的碱"由山西闻喜水运至河口经渭陆路运至鄠"，每年约销6万斤。产于涝峪的松柏枋块"由涝水运至咸阳分路，陆路运至甘肃，水陆运至山西"。山西的铁铧和镤土"由山西河津樊村镇水运至咸阳，有咸阳陆运至鄠"，在鄠县境内"每年共销十余万叶"。

煤炭、木材、粮食等货物运输以渭河航道最为廉价、便利。从历史上看，西安漕运时有兴衰，但是漕运对于经济发展的作用是巨大的，有力地促进了灞渭沿线乃至西安社会经济的发展。（参见吴宏歧：《西安历史地理研究》，西安地图出版社，2006年）

第三节
漕运制度

漕运中的转般法和仓储制度相互配合，由来已久。如西汉时在今华阴市渭河入黄河处置京师仓，储存由黄河运来的粮食，然后视渭水水情，转运至京师，就开了仓储与转般的先河。隋朝以前，由于漕事比较简易，故转般法与仓储制度很不完善。开皇三年（583），为漕转关东谷粟，《隋书·食货志》载，隋文帝"诏于蒲、陕、虢、熊、伊、洛、郑、怀、邵、卫、汴、许、汝等水次十三州，置募运米丁。又于卫州置黎阳仓，洛州置河阳仓，陕州置常平仓，华州置广通仓，转相灌注。漕关东及汾、晋之粟，以给京师"。使转般法和仓储制度相配合，初见成效。唐朝初年，除继续使用隋代的仓储外，又修复和扩建了洛阳的含嘉仓和长安的太仓；新置龙门仓、临渭仓等。其中，长安太仓设署，置太仓令3人、丞6人。

开元二十一年（733），裴耀卿首议改革。他向唐玄宗建议：于河、汴之交设置仓储，江南漕船抵于此后，纳粟于仓即去，中间载以牛车。再由河入渭，转般太仓。这样，既免于江南漕船在河、汴之间稽迟停留，又可省陆运之费。唐玄宗接受了这个建议，结果大大提高了运输效率。

安史之乱后，刘晏主持漕事时，又"缘水置仓，转相受给"。随着仓储点的增加和转般法的完善，舟车装载日益繁重，特别是"控两京水陆之运"的陕州，舟车辐辏，装卸工作劳民特甚。为了改进装卸技术，提高装卸能力，早在开元初年，陕州刺史姜师度就曾于太原仓前凿地数十丈，仓中粟米，"自上注之，便至水次，所省万计"。其后，这种沿水置仓、宽恤民力的转般法和仓储制度日益完善、普及，成为当时一套颇具匠心的先进办法。

唐代在建立、健全漕运法规制度的同时，还先后制定了一系列有关水道、水运的法令，如保存在《唐六典》中的《营缮令》，保存在《唐律疏义》中的《厩库令》，以及在敦煌石室中发现的《开元水部式》（残卷）的有关条文。《开元水部式》是中国迄今为止发现最早、最为完备的航运法典。

唐代还制定了一些关于治河修堤的法令。如《唐六典·营缮令》："开元二十五年，诸近河及大水有堤防之处，刺史、县令以时检校。若须修理，每秋收讫，量功多少，差人夫修理。若暴水泛溢，损坏堤防，交为人患者，

先即修营，不拘时限。"为了保证船只的航行安全，《唐律疏义》卷27对公私船只船身的安全检查、宿止港口的选择、宿止时标帜的安置、航行中来往船只的回避等均有具体规定。

对于桥梁的管理制定有《桥梁法》。长安东侧的灞桥由兵部散官按季分番检校，其看守及工作者人数及资格为："取当县残疾及中男分番守当"，每番次5人。凡没有建桥的重要渡口，皆由官设渡船济渡。《唐六典·水部郎中》有具体规定："其大津无梁（桥），皆给船人，量其大小难易，以定其差等。"军事险要渡口的船，有官检校，有兵巡逻防守。

唐代的漕运法令和其他封建立法一样，完全是封建统治阶级意志的体现。但是，唐代漕运法令中某些积极因素确实对当时的漕运起到了促进作用，亦对后世产生了重大影响。

第二章

【灞渭沿线城镇兴衰】

城镇是区域社会发展的地理实体。历史上城镇兴起的重要因素是自然环境。由于人类寻求相对舒适的生存环境，多会把聚落选择在相对平坦的沿河地带。所以关中平原上的渭、浐、灞等地较早地出现了人类的活动。灞河边著名的半坡遗址就是有力的见证。随着聚落的发展，便出现了城镇。历史上的城镇多具备军事防御功能，随着人口增加和经济发展，集市与城镇功能交融，出现市镇。通过对文献的梳理，历史时期西安渭、灞沿线的城镇起着转输漕粮、交通运输、商品交易等作用。因为城镇在河流沿岸发展，有些城镇也具备港口的功能。

第一节
城镇兴衰

早在西周以丰、镐为都时，西安周边就得到了开发，这里农业发达、商贸活跃，为市镇的形成奠定了良好的基础。

灞桥镇一直是灞河流域最主要的城镇，因灞桥而得名。关于灞桥镇的起源以及灞桥的设立，乾隆《西安府志》卷10《建置志中·镇堡关津》有所记载，可以略知其史：

灞桥镇 《长安志》：在县东二十里。《陕西通志》：明置递运所于此。又王曲镇在县南三十五里，又高桥镇在县东南二十五里，又东南五里为三赵镇、杜曲镇，又东南十五里为引驾回镇。

鸣犊镇 《长安志》：镇西原下有鸣犊泉，故名。武宗猎于太白原，即镇西原也。《陕西通志》：在两川口有汉武鸣犊泉。又新住镇，《陕西通志》：在县东北三十里，亦曰新筑镇。

…………

霸桥 《陕西通志》：在府城东北二十五里，跨霸水上。《水经注》：霸水有桥，谓之霸桥。《初学记》：汉作霸桥，以石为梁。《汉书·王莽传》：地皇三年，霸桥灾，莽恶之，更名长存桥。《三辅黄图》：霸桥……跨水作桥，汉人送客至此桥，折柳赠别。《雍录》：隋时以石为之。《元和郡县志》：开皇三年造。《长安志》：唐景龙二年，仍旧所为南北两桥。《开元遗事》：霸陵有桥，来迎去送，至此黯然，故人呼"销魂桥"。《贾志》：汉霸桥在长安城东二十里，霸店南北两桥，以通新丰道。唐灞陵桥在京兆通化门东二十五里，元时山东唐邑人刘斌修筑。凡一十五虹，长八十余步，阔二十四尺，中分三轨，旁翼两栏，筑堤五里，栽柳万株。《县志》：宋时桥圮，韩缜重修。元季复修。明成化六年，布政使余子俊增修。今桥已断，遗址仅存。

宋代长安有六镇，其中长安县（今西安长安区）有子午镇，万年县有城东、城南、鸣犊、义谷、霸桥5镇。早期所设镇具有军事功能，商贸功能较弱。从明后期开始，随着社会经济发展，镇作为一定区域内商贸交流中心的功能逐渐增强。

雍正《陕西通志》卷16《关梁一》中所载咸宁县八镇中，位于灞渭地区的是灞桥和新筑二镇。

新筑镇，汉时称"新住镇"。相传西周末年，周幽王偕同宠妃褒姒到渭河狩猎，流连忘返。该镇地处西安至韩城的交通要道上，四周有八堡、四围墙将此镇团团围住，有"长安十八镇首镇"之说。清代末期，受陕甘回民起义影响，西安城郊市镇有所减少，从雍正时的十九镇减为十五镇。据光绪《陕西全省舆地图》（光绪二十五年石印本）中《咸宁县图》注记来看，咸宁县有九镇，分别是韦曲、三兆、杜曲、王曲、引驾回、鸣犊、魏家寨、草店、新筑。不知为何没有灞桥镇。民国《咸宁长安两县续志》中，西安有二十镇，其中咸宁县有十二镇，分别为：灞桥、高桥、三兆、杜曲、新筑、王曲、狄寨、引驾回、鸣犊、魏家寨、草滩、韦曲。其中位于灞河附近或者说是今西安国际港务区附近的为灞桥和新筑二镇。

我们从现有地方志中可以看出城镇的兴衰。现存地方志以明清时期为主，此时期的城镇也经历了较大的变迁。"明清西安城郊市镇数量的增减和兴衰变迁除与商贸、行政、人口等因素相关外，战乱对其影响最大。"对西安地区影响最大的战乱有两次：一为明末农民起义，一为清末陕甘回民起义。战火使得人口减少、村庄被毁、农田荒芜、商贸停滞，市镇也在兵燹之后多有毁弃，"流匪作乱，镇集废焉"。（［清］严鉴于源撰：《创修关圣帝君庙碑》，刘兆鹤、吴敏霞：《户县碑刻》，三秦出版社，2005年，第532—533页）西安"为晋、豫诸省入蜀孔道，九市开场，货别隧分。……绂冕所兴，冠盖如云……唯自粤匪窜扰，回民构乱，镇大半焚毁"。（［清］吴焘：《游蜀日记》，《小方壶斋舆地丛钞》第7帙）人口的减少和战乱的毁坏使得市场的发展受到极大的影响。

据陕西师范大学史红帅副研究员研究，明清时期西安城镇有3个特点：筑墙为堡、以街为市、多村相连。雍正《陕西通志》卷6《咸宁长安疆域图》中，两县14座市镇中13座为城堡形制，而且还开有城门，如新筑镇就有东、西、南、北四门。市镇所开城门的数量既与市镇规模、交通路线有关，也反映了军事、商贸地位的不同。同治年间，市镇城堡形制更为完备。市镇堡墙以内成为相对独立的社区，不仅在宏观形态上呈现出城池的面貌，在内部格局上也往往与府、县城有相似之处。如新筑镇4条大街中心筑有钟楼，与西安城、鄠县县城有相似之处。〔西安市地名委员会、西安市民政局编：《陕西省西安市地名志》（内部资料），1986年〕

明清西安城郊市镇多依托规模较大的村落或多个相连的村落而形成，商贸活动以镇区主干街道展开，沿街两侧布设店铺。规模较大的市镇由镇中心向外辐射4条大街，各街形成不同的行业集聚地；规模较小的市镇仅有一两条商业街市。市镇往往由多个毗邻村落组合而成，兼具村落和城镇双重景观。比如新筑镇，该镇以镇十字为中心，南北街长500米，东西街长200米，周围有北街、仁义巷、文昌街、杨贺堡、西关、北吴、南吴、北里、东里、西里、南园子、仓门、永兴堡、西坡等14个自然村相连，泛称新筑镇。〔灞桥区地名志编纂办公室编：《西安市灞桥区地名志》（内部资料），1990年，第74页〕街中心原有钟楼，1966年拆除。新筑镇有八堡和四围墙，八堡即杨贺、永兴、文昌、万安、万顺、唐刘、仓后、杏园；四围墙即杏园王、蓝家、乾元寺、兴庆。〔灞桥区地名志编纂办公室编：《西安市灞桥区地名志》（内部资料），1990年，第32页〕

西安城郊市镇的商贸活动呈现两

个特点：一是空间上以小区域内商贸流通为主，二是时间上以固定日期市集为主。一些市镇卖土特产品，如新筑镇"出产棉花，每逢棉花上市，各商纷集，贸易频繁"，"商贾辐辏，每岁四会期，百货毕集"（民国《咸宁长安两县续志》卷4《地理考上》）灞桥镇集中蓝田、商县的木料、山货，临潼的木器门窗，狄寨等地的竹编、扫帚等。〔西安市灞桥区政协征集组：《灞桥古镇》，《灞桥文史资料》第3辑，1989年〕

市镇商贸还具有时间性。灞桥镇向以双日为集，农历每月二、四、六、八、十日，周边农民来此交易。夏、秋二季清淡，冬、春农闲时集市繁荣。新筑镇四月八时，临潼、高陵、泾阳、三原、商洛等地的骡、马、牛客商云集于此，鳌屋、鄠县、长安、蓝田等地的土产也来此交易。这一天是新筑镇的盛大节日，人称"西安小东关"。许多集市时间错开，最大程度上促进了区域商贸的发展，形成了完整的商贸体系。（以上内容参见史红帅：《明清时期西安城市地理研究》第6章《明清西安商贸空间的发展变迁》，中国社会科学出版社，2008年，第339—351页）

第二节
港口发展

西安沿河港口鼎盛期为西汉、隋、唐，复苏期为明、清，衰败于民国。历史时期西安的水运主要依靠渭河，其码头主要有以下几座：

太仓码头

仓廪制度施行后，秦代有霸上仓、栎阳仓、咸阳仓，《汉书·高祖本纪》记七年造太仓。太仓之北有嘉仓。《三辅黄图》卷19有太仓署之设。历代的太仓均为朝廷正仓，汉、隋、唐大兴漕运时，漕粮多储纳于太仓。漕船停泊卸粮之处必有港口码头。据史书记载，西汉在便桥西北滨渭处有细柳仓；曹魏在横门置邸阁屯粮，附近有渭运码头。唐于中渭桥南、禁苑西北处置仓。

东渭桥仓码头

渭水在泾水、灞水汇入处以上河段水量较小，不利于大型粮船直接驶进太仓，所以，唐高宗咸亨三年（672）于泾水汇入渭水处附近置东渭桥仓。开元二十一年（733），关中遭雨涝灾害，曾一次出太仓米200万石赈饥。文宗时太仓有粟250万石。当长安城北一段渭河因水浅沙深行船困难时，漕粮则先存于东渭桥仓，然后西输太仓。沈亚之《东渭桥给纳使新厅记》中说，渭水三桥中，"天虞居最东，内（纳）江、淮之粟，而群曹百卫于是仰给"（《全唐文》卷736）。东渭桥仓实际是太仓的分仓。据《通典》卷12天宝八载（749）"诸色仓粮"统计，太仓存粮71270石，而东渭桥仓（又称北仓）储粮6616840石，数额远远超过太仓。东渭桥仓贮粮如此之多，漕船往返肯定非常频繁，为船舶装卸服务的港口、码头的规模也相当宏大，常常舟楫弥望，时人有"千樯渭曲头"之叹。至北宋，东渭桥仓仍然存在，宋真宗大中祥符六年（1013）三月颁诏："黄河自河阳已上至三门并峡路，河水峻急，系山河，并依旧条外，……自黄河已上，并三门已上至渭桥仓……"，（《宋会要辑稿》第142册《漕运》）船舶停靠于渭桥仓码头。嘉靖《高陵县志》、康熙《陕西通志》、乾隆《西安府志》谓东渭桥渡为渭桥渡。

广运潭码头

唐时的军政费用主要来自江淮、江南。玄宗天宝二年（743）陕郡太守、水陆转运使韦坚主持重开漕渠，"又于长乐坡濒苑墙凿潭于望春楼下，以聚漕舟。……众艘以次辖楼下，天子望见大悦，赐其潭名曰广运潭"。（《新唐书》卷54《食货志》）广运潭既为"聚漕舟"处，则码头不止一座。韦坚曾调集东京、汴、宋等地运船二三百艘于潭侧，各船署牌标明郡属，各载当地特产，共计数十郡，特产百余种。开元年间，裴耀卿改进漕运方式后，最多时一年漕运粮食250万石。而韦坚开通漕渠、凿广运潭之后，每年漕粮可达到400万石。（《新唐书》卷54《食货志》，第2086页）故唐玄宗开元、天宝年间是关中漕运的鼎盛时期。

但是由于自然条件的限制和自身的缺陷，随着漕渠的壅塞，广运潭也失去了其漕运码头的地位。"浐、灞二水沙泥冲壅，潭不可漕，付司农掌之，为捕鱼之所。"（《雍录》卷9《望春亭》）唐王朝灭亡之后，广运潭的地位也一落千丈。

但是，在当时而言，浐灞及渭河地区是长安以东陆路交通的要冲，广运潭的兴建使得这一地区成为关中水路交通的核心和咽喉、区域经济活动的重要连接点，也突显了浐灞地区的经济地位。时至今日，广运潭仍是浐灞渭河地区的文化品牌。

草滩港

草滩港位于长安城北侧，渭河下游衔接处。长期以来，它是渭河下游的终点港口。当渭河处于丰水时期，其中游亦有小木船和排筏行驶，转运各类物资。草滩港是承上转下的货物集散地。秦汉至晚清，由长安城北去的驿路，皆经由草滩附近的中渭桥或渭渡。所以，草滩港是一个交通繁盛的水旱码头。

草滩港的形成与它居于水陆交通要道有密切关系。秦都咸阳在草滩镇北侧渭河对岸，相距咫尺。秦汉渭桥在其附近。西汉的太仓在汉长安城东南，当时通过渭水或漕渠驶来的漕船，在草滩港附近的码头卸货，再转入太仓。隋初开凿的广通渠从大兴城北侧流过，漕船在草滩码头停泊卸货。唐代长安城以北辟为禁苑，一般行人虽不便于经过中渭桥，但长安城北、渭水南侧设置京仓数处，均位于草滩附近，此处有码头是必然之事。元、明、清时期由长安通往延安的官驿大道，皆经由中渭渡先至三原。所以，草滩渡口在古代一直位居冲要。

明洪武年间在渭河南岸设官渡，运输同官（今铜川）煤炭，附近聚居住户称草店村。清顺治时期，在草店设"草甸炭码头镇"。乾隆时设集市于此，嘉庆时趋于兴盛。为进行物资交换，规定每旬三、六、九日或二、五、八日各开集一次。每逢开集之日，有官员驻集市收税。除正式集日外，每天早晨还有露水集，即日出开市，早饭后散市，以解决码头、渡口工人买菜、买粮问题。此处还曾设有人市，即劳动市场，凡以出卖劳动力为生的贫民，每日上市，被急需劳力的商号、店铺、货栈雇用。集市区开设旅店5家，专门接待过往客商和出差官员。另有为陆运车马服务的骡马店和大车店及专为骆驼队歇宿的骆驼场。1900年，由于草滩集市繁荣，税务量越来越大，长安县衙于此设立分县衙门，管理行政事宜。民国初年又改设为镇。

清同治元年（1862）陕甘回民起义，清政府派多隆阿率军进行镇压。战火纷飞中，草滩镇的商号、铺户房舍被焚毁，草滩的港口航运业随之停止。待左宗棠率湘兵向新疆进军时，由于转运军事物资的需要，渭河航运又逐渐恢复，草滩港口再次复苏。一直到辛亥革命前后，草滩镇重新成为规模颇大的水旱码头，为关中地区重要的物资集散地之一。

进入民国以后，在水路未停、公路未改线前，草滩经济仍兴旺发达。镇内新建一些庙堂、戏院。另有货栈、行店10余家，还有金银首饰店、棺材店、绫罗绸缎布匹店、杂货铺、租赁书店等共计30多家，旅客日流量达10万人之多。所有这些充分反映了草滩经济、文化、交通的繁盛。抗日战争爆发后，黄河航运受阻，山西被日军占领，盐、煤运量锐减。加上民国中期咸榆公路（西安—咸阳—榆林）和咸铜铁路（咸阳—铜川）皆绕经咸阳，草滩港的航运业、渡口业、商业、服务业便一蹶不振。从此，草滩作为港口便成为历史了。

当然，史书中还记载了很多渡口，曾起着木船运输的港口码头作用。历史时期，长安附近的渭河及其支流上津渡也很多，见于史志文献记载的有草滩渡、清化坊渡、段留渡、万安渡、沣渡、秦渡、光泰门渡、安渡、孟渡、上张渡、下张渡、黄家渡、黑水河渡、睦成渡、船头渡、渭津关渡、鸿渡等等，它们在不同时期发挥着便利行人往来的作用。〔以上参见杨朝霞：《渭河沿流港口码头津渡的兴衰》，《陕西师范大学学报》（哲学社会科学版）1997年第4期，第93-98页〕

改革开放以来，灞渭三角洲地区的经济形势大好。2008年西安国际港务区正式成立；同年7月1日，西安铁路集装箱中心站竣工。2013年11月28日，首列"长安号"国际货运班列开行。2014年12月19日，"西安港"国际代码（CNXAG）、国内代码（61900100）正式启用。一系列的建设与发展措施，使得西安国际港务区以现有铁路、公路等运输手段为依托，以与沿海国际港口合作为基础，在内陆腹地形成海陆联运的聚集地和结合点，逐渐成为以普通物流园区为基本功能，兼具保税、仓储、海关、边检、商检、检疫、结汇银行、保险公司、船务市场及船运代理等多种功能的国际港口，是西北内陆地区第一大港。

第三节
历史遗存

半坡遗址

1953年春，灞桥火力发电厂在施工中发现彩陶遗存，中央考古训练班又在浐河东岸半坡村附近发现一处古文化遗址。在河岸台地的剖面上，有灰土层、红烧土层、红烧土、灶坑和灰坑，以及夹杂在灰土层中的骨质斧、锛、刀、笄、针等各种工具，随后又挖出一个完整的小型陶罐与一个完整的骨笄。同年9月，中国科学院考古研究所陕西省调查发掘团对半坡遗址进行了调查。1954—1957年对该遗址进行了5次较大规模发掘，共清理出房屋遗迹46座、圈栏2处、窖穴200多处、陶窑6座、各类墓葬250座，出土的石器、陶器与骨器上万件。

遗址大致分为3个区，即居住区、墓葬区和制陶作坊区。居住区在聚落的中心，周围有一条人工挖掘的宽6~8米、深5~6米的大壕沟围绕，中间又有一条宽2米、深1.5米的小沟将居住区一分为二。据研究，此聚落是两个氏族的部落住地。半坡居民的经济生活为农业和渔猎并重，出土大量刀、锄、铲、斧、磨盘、磨棒等石制农具及矛、镞、鱼钩、网坠等渔猎工具，还发现了粟的遗存和蔬菜籽粒，以及家畜和野生动物骨骼。常见陶器有粗砂罐、小口尖底瓶和钵。彩陶制作工艺十分高超，红地黑彩，花纹简练朴素，绘人面、鱼、鹿、植物枝叶及几何形纹样。从陶器上发现22种刻画符号。大壕沟外北边是公共墓地，成人死后埋入公共墓地，随葬有陶器及骨珠等装饰品。还发现两座同性合葬墓，分别埋着2个男性和4个女性，此为母系氏族社会的葬俗。夭折儿童多采用瓮棺葬。东边是制陶作坊窑址群。

半坡类型的房屋有圆形、方形和长方形3种形状，其中以圆形房屋最多。有半地穴式和地面建筑两种形式。每座房子在门道和居室之间都有泥土堆砌的门槛，房子中心有圆形或瓢形灶坑，周围有1~6个不等的柱洞。居住面和墙壁都用草拌泥涂抹，既美观又坚固。圆形房子直径一般在4~6米，墙壁是用密集的篱笆编成并涂以草拌泥。方形或长方形房子面积小的12~20平方米，中型的30~40平方米，最大的复原面积达160平方米。储藏东西的窖穴分布于各房子之间，形状多为口小底大圆袋状。1961年，西安半坡遗址被评为全国重点文物保护单位。1996年，半坡博物馆被确定为第一批全国一百个爱国主义教育示范基地（共100个）之一。〔参见西安市灞桥区志编纂委员会：《灞桥区志》，三秦出版社，2003年〕

米家崖遗址

西安米家崖遗址位于灞桥区十里铺乡米家崖村东北600米处高地上。

东西长约 600 米，南北宽约 850 米，属新石器时代仰韶文化和陕西龙山文化（亦称客省庄二期文化）遗址。1951—1956 年，中国科学院考古研究所的陕西省调查团和西安半坡工作队先后调查发掘。文化层厚 1.5~2 米，最厚达 4 米。共发掘仰韶文化的窑址 1 座、窖穴 1 个，龙山文化的房屋 3 座、灶坑 2 处。之后，陕西省考古研究所对该遗址进行发掘，出土陶器、骨器、石器、玉器等 300 余件，发掘面积 2000 余平方米。

米家崖遗址主要的出土物为陶器、骨器、石器及少量的玉器、牙器等。陶器以夹砂灰陶为主，另外有夹砂红陶、泥质灰陶、泥质红陶以及少量的黑陶、白陶等。各类陶器的烧制温度较高，质地较为坚硬。器型主要有盆、盘、豆盘、漏斗、鬲、斝、罐、双耳罐、三耳罐、澄滤器、器盖、陶拍、网坠等。骨器的制作技术极为发达，磨制精细，出土数量多。骨器主要有骨锥、骨镞、骨笄、骨针等。石器制作较为粗糙，主要有石球、石斧、石锛、石凿、石笄、石环、网坠等。玉器有少量发现并多数残损。

米家崖遗址是黄河中游一处重要的古文化遗址，1957 年由陕西省人民委员会公布为第二批省级重点文物保护单位。

霸陵

霸陵是汉孝文帝刘恒陵寝，有时写作灞陵。灞，即灞河，因霸陵靠近灞河而得名。位于西安东郊白鹿原东北角，即今灞桥区席王街办毛窑院村，当地人称为"凤凰嘴"。据记载，汉文帝为自己选择墓地的时候，提出"以石为椁"，故在此遵其嘱开山作陵。汉文帝崇尚黄老之术，实行无为而治、休养生息政策，因此后人认为，汉文帝以山为陵是出于节俭。晋人挚虞曾作诗加以赞扬："汉之光大，实惟孝文。体仁尚俭，克己为君。按辔细柳，抑尊成军。营兆南原，陵不崇坟。"此外，防盗是以山为陵的墓地考虑的一个很重要的原因。霸陵是中国历史上第一个依山凿穴为玄宫的帝陵，对六朝及唐代依山为陵的建制影响极大。

灞桥

灞桥雄踞于灞河之上，是我国历史上最著名的桥梁之一。春秋时期，秦穆公称霸西戎，将滋水改为灞水并修桥，故称"灞桥"。唐时灞桥就号称"天下四大石柱桥之一"，素有"关内之胜，于此为最""晋、豫、陇、蜀驿路要津"等美誉。《雍录》卷7《霸水杂名一》云："此地最为长安冲要，凡自西东两方而入出崤、潼两关者，路必由之。"唐朝的王昌龄在其《灞桥赋》中也说："惟于灞，惟灞于源，当秦地之冲口，束东衢之走辕，拖偃蹇以横曳，若长虹之未翻。"王莽地皇三年（22），灞桥水灾，王莽认为不是吉祥之兆，便将桥改为"长存桥"。2004年10月1日被大水冲刷出的灞桥遗址为隋桥，建成于开皇三年（583），因在原灞桥桥址以南，故称为"南桥"，并在桥两边广植杨柳。到唐朝时，灞桥上设立驿站，凡送别亲人好友东去，一般都要送到灞桥后才分手，并折下桥头柳枝相赠。久而久之，"灞桥折柳赠别"便成了特有的习俗，故又称为销魂桥。

宋代南北二桥全圮，韩缜重修。元代刘斌亦尝修建，桥15孔，长80余步，筑堤5里，栽柳万株，"灞柳风雪"成为长安一景。成化六年（1470）布政使余子俊增修。后因沙壅东徙，桥遂废。康熙三十九年（1700）、乾隆二十九年（1764）及四十六年（1781）由总督席文达、毕沅等人多次重修，

终因河流浸刷、沙石填涨，未久复倾。此时冬春则架浮桥，夏秋水涨则设船渡。道光十四年（1834），陕西巡抚杨名飚饬清军同知白维清、按察司经历汪平均等依隋南桥故址新建木桥。长134丈，宽4丈，竖480根砥柱，纵横架木，中筑灰土，边砌栏杆，宽2.8丈，辕高1.6丈。两岸加筑灰堤150丈。用银103600余两，并移咸宁县丞驻桥西，以专守护。同治十三年（1874）布政使谭钟麟檄咸宁知县易润芝改建为石桥，旁设石栏，长150丈，阔3丈，水洞72个，石栋林立，亘若长虹。桥之南题"轨通西域"四字，遂成为西安城东面东西交通要冲。《咸宁长安两县续志·地理考上·灞桥》注云："石路宽平，规制宏阔，似较芦沟为壮。盖灞自蓝田谷北行，以迄白鹿原，翕受辋川、刘谷、轻谷、洪庆河、沙河诸水。于是南至秦岭，西南至风凉原，东南至胡窦山，群流所经二百余里，皆会于是以入渭，而此桥适跨其上，沙沫飞雨，水花溅云，电掣虹腰，雷轰邓首，关中之胜此为称首。"此桥坚固耐久，历120年，至1955年为现代钢筋混凝土桥梁所取代。

现存为清代所建石桥，位于西安

城东 20 里灞河上。灞河上原有南北二桥。最早为汉霸桥,在今桥西北 10 余里,为汉长安城东面宣平门东去大道的渡灞之桥。作为历史时期关中交通、水利体系中最为重要的基础设施之一,灞桥修建向来受到朝廷、地方官府和民间的重视,亦是中国古桥建筑史上的重要代表。

安西王府(宫)

元安西王宫城,又称达王殿或斡耳朵。至元九年(1272)十月,忽必烈封皇子忙哥刺(又称"忙阿刺")为安西王,赐金印螭纽,出镇长安,以京兆为封地,驻六盘山。次年诏安西王益封秦王,赐金印兽纽,其府在长安者为安西,在六盘者为开城,皆听为宫邸。京兆路总管兼府尹赵炳奉命访问耆旧,搜寻典故,主持修建,选城址于京兆城东北七里处浐河之西。巉殿中峙,卫士环列,车间容车,帐间容帐,包原络野,周四十里,中为牙门。宫殿很大很华丽,房屋皆油漆绘画,用金叶和无数的大理石来装饰。两年后马可·波罗至此,称其建筑极佳,元末宫城仍完整无损。

安西王府(宫)城垣的四角为外突的半圆形,这与元奉元城"圆角方城"

形制之间有着紧密的联系。自唐末五代以来,咸宁、长安两县县城分布在长安城外东、西两侧,与大城构成"子母互卫"形制,既能在军事防御上与长安城相互呼应,又使两县各有驻防城池,彼此拥有独立城市辖区。至元代,奉元城东北部安西王府城建成后,形成了"一大三小"的"四城联合体",即以奉元城为核心,周边分布有咸宁县、长安县和安西王宫 3 座小城,各自独立但又属于同一整体,其相互呼应、共同防御的军事功能较宋金时期大为增强;从权力空间格局而言,在安西王前后承继的 30 余年间,安西王府成了西安城的另一军政中心。

1956—1957 年,考古工作者对遗址进行了保护性勘测。城呈长方形,周 2282 米,墙基宽 8.2 ~ 10 米。东西城墙各长 603 米,南墙 542 米,北墙 534 米,方向北偏西 3 度。城四角向外突出,有角楼之类建筑。城有东、南、西三面城门,南门为宫城正门。宫殿位于宫城中央,殿基东西长约 90 米,南北 185 米,台基以土和瓦砾分层夯打而成,厚 5 米上下,起加固防潮作用。

该遗址发现有线雕石刻残片、石

础、板瓦、黄釉、琉璃瓦和黄釉龙纹瓦当等建筑材料；还发现了5块铸有阿拉伯数字的幻方，长、宽各14.2厘米，厚1.5厘米，纵横斜向总数相等，均为111厘米。南门为正门，又称前院门，后称田家街，遥望京兆城，是王室官员出入之所。东南为东交门，供常人通行。城外街巷为车、帐构成，后形成居民村庄。北为辛家庙、午门社，东北为沙谷堆、李家堡、新庄、周家集、老人仓、杜家街；东为米家崖、庄城，东南为韩森寨、杨家湾、十里堡、何家街、李家街，南为张家庄、胡家街（庙）、尹家街、田家街、孟家街，西为李家村、杨家村、三府凹、石家街、秦家街，均包括在"周四十里"范围之内。元亡以后，宫邸遂毁。清代学者顾炎武在《肇域志》中记"安西王城"，称"在府城东北二十里，元世祖以子忙阿刺为安西王，开府京兆，镇秦、陇、蜀、凉之地，置城。今俗名斡耳朵，故址尚存"。

新寺遗址

新寺遗址位于灞桥区新筑镇新寺村。明朝洪武年间修弥勒寺，弥勒寺又称新寺，村庄因而得名新寺村。嘉庆《咸宁县志》记为新寺堡。1993年4月20日，陕西省人民政府将"新寺遗址"列入陕西省第三批文物保护单位。因2011年世界园艺博览会在西安国际港务区召开，2010年6月，西安市文物保护考古所对新寺遗址进行了文物勘探，除被叠压在新寺村居民宅下的遗址外，对其他区域都进行了较为全面的勘探。勘探面积约24万平方米，并完成了《新寺遗址考古勘探报告书》，为新寺遗址的文物保护工作奠定了良好的基础。

新寺遗址区域地势呈东西向鱼脊状，中间高，南北两侧低，中部区域海拔约为378米；北部为早年农民取土后所形成的坑，海拔约为376米；3个部分交界处均有明显的高度落差。遗址中部区域的地表长满荒草和灌木，北部和东南部种植有小麦、玉米等农作物和部分林地，西南部的部分区域地表有石子、土堆和临建房。

在1988年和2009年的文物普查中，初步认定新寺遗址核心面积约为6万平方米，文化层约为1米，暴露夯土基址厚0.8米，夯层厚6.5厘米。采集有外饰粗细绳纹、内为布纹或菱形方格纹的筒瓦、板瓦，菱形方格纹铺地砖，陶五角形管道，二层台方形柱础石，云纹瓦当，"长乐未央""天下无敌""满院生辉"瓦当以及陶盆、罐、瓮等残片。其中"长乐未央"瓦当面径22厘米，较为少见。

在保护遗址的前提下，新寺遗址公园在2011年4月28日西安世界园艺博览会开幕之际开园，向群众全面展示出遗址所蕴藏的丰富历史人文内涵。

芷阳县遗址

芷阳县遗址位于韩峪乡油王村、邵平店村附近。秦时属内史。西汉高帝二年（前205）属渭南郡，九年复属内史。景帝二年（前155）属右内史。景帝九年（前146）于此筑霸陵，并改县名为霸陵。《长安图》记："自骊山以西皆芷阳县地。盖秦时芷阳甚广，不止霸上也。"由此可确定，骊山西麓一带为古芷阳县地。"沛公从骊山道芷阳间行归霸上"即指刘邦由鸿门宴逃回霸上时曾经过此处。在骊山西麓距华清池3里处有芷阳沟（古芷阳河），20世纪60年代在此建芷阳水库，现已将水库开辟为芷阳湖风景区。如今在芷阳湖、芷阳村周围还流传着刘邦在芷阳歇息的故事，并有后人为纪念刘邦而建的高祖庙等遗址。

考古工作者认为："霸城就是芷阳，即在今临潼县韩峪乡油王村、地窑村附近，即汉代的霸城。"〔张海云：《芷阳遗址调查简报》，《文博》1985年第3期，第5-13页〕后来秦所建霸宫，也就是汉代的芷阳宫所在地。不过目前关于芷阳、霸城、霸陵县城的确切地址尚有不同说法，有认为芷阳城在今灞河西的席王，亦有谓此三城并非一地，有待考证。

第四节
桥梁建筑

东汉时期的文字学家许慎在《说文解字》中对桥的解释为："桥，水梁也。从木，乔声，高而曲也。""梁，用木跨水也，则今之桥也。"可见在中国古代，"桥梁"本不是一个词，而是异名同义的两个字。从《说文解字》中还可以看出，在东汉之前，桥梁多为木制。清代段玉裁在《段式说文解字注》中有言："水阔者，必木与木相接，一其际也。"

早在原始社会就有了桥梁。但最早的桥梁并非人为，而是自然界天然形成的，如坍塌形成的天然石梁、河

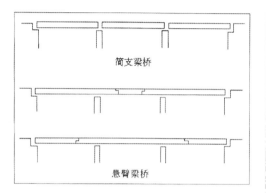

流两岸的树木横架、藤萝跨悬等。这些天然形成的桥梁给了人类很大的启发，在此基础上，人类便开始了不断地效仿与创新。

1954年，陕西西安发掘的半坡遗址内有建筑居址四五十座，在遗址四周挖有深、宽五六米的大围沟。考古学家推测这种围沟中原本可能有水，主要是起防御作用。以数根木棍进行捆绑制成简易木排，当部落成员外出狩猎时，将制成的木排驾于壕沟之上，以便于通行。

随着历史的进步，从原始社会最早的木排充当桥梁，到封建社会因地势地形形成四大类桥梁：浮桥、梁桥、拱桥、索桥。关中地区主要以梁桥为主。

梁桥，是以梁作为桥跨的承载构造，在竖向荷载作用下，梁的支撑处仅产生竖向反力而无水平反力。一般情况下，梁水平安置，因此古时又称梁桥为平桥。因其结构简单、容易建造，使得梁桥成为我国古代最为普遍，也是最早出现的桥梁形式（如下图）。

从梁桥的种类来看，主要是以材质来区分，以石头和木材为主要建筑材料，而后才是施工工艺的区别。选择木料修建桥梁主要有两个原因：第

一是木材容易获得；第二则是木材相较于石材等其他材料更易进行加工，使得修建桥梁更为便利。说到木梁木柱桥，历史上最具代表性的当属秦汉时期的渭河三桥，即东渭桥、中渭桥

以及西渭桥。《唐六典》载"天下木柱之梁三，皆渭水：便门桥，中渭桥，东渭桥"。可见这3座桥的影响力之大。而同样位于关中的灞桥，在清代重修之后就成了木梁石墩桥的代表，其特殊的结构以及施工工艺为后人津津乐道。下文就详细叙述以中渭桥和灞桥为代表的梁桥的特点。

中渭桥是渭河上最早出现的桥梁，相传为秦昭王时期所建。《三辅旧事》载："咸阳宫在渭北，兴乐宫在渭南，秦昭王通两宫之间，作渭桥。"按秦昭王在位时间来看，此渭桥大抵建于公元前306年到公元前251年。而到

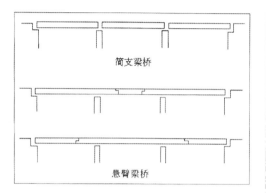

秦始皇时期，曾对中渭桥进行过修缮和扩建，故《三辅旧事》中记载："始皇帝即位，在渭南作兴乐宫，桥通二宫间。"

中渭桥为渭河三桥中修建最早，也是最早记载其具体规模的桥梁，但各书记载有所差异。《三辅黄图》载："桥广六丈，南北三百八十步，六十八间，七百五十柱，百二十二梁。桥之南北堤，激立石柱。"按秦制，6尺为步，10尺为丈，每尺约合0.23米，所以推断该桥长、宽应分别达到524.4米和13.8米。桥有"六十八间"，意为此桥68孔，按桥长计算，每跨大约7.7米。中渭桥已有考古发掘实物出土证明是木梁木柱桥。

西汉时还为此桥专门设置都管，在横桥之柱南、柱北各设都水令，各领1500人，负责护桥、护堤、治水。足见此桥的重要性。然事有突变，东汉末年，董卓焚毁此桥，使得这座长500余米、宽10余米的桥梁毁于一旦。虽曹魏时重修，但规模已经不及之前，宽度缩为3.6丈。十六国时曾再次修缮，但不久就毁弃。至唐代时，亦多次对中渭桥进行修缮，且于农闲之时亦常对中渭桥进行维护，直至唐末。〔参

见段磊：《秦至清关中地区桥梁技术研究》，陕西师范大学2012年硕士学位论文〕

灞桥雄踞于灞河之上，为我国历史上最著名的桥梁之一。灞桥是以石材作为桥基而建成的石梁桥。以下主要以清代整修灞桥的建筑技术为例，介绍清代灞桥的整修情况。

至清时，灞桥作为东西方向官道上的重要节点，先后经历过5次重大建修工程和3次重建规划。以道光十四年（1834），陕西巡抚杨名飚饬清军同知白维清、按察司经历汪平均等依隋南桥故址新建木桥为例。桥梁基础施工的第一步是打地基。此桥以石盘做底。石盘要想在湍急的河水中稳稳支撑桥柱，必须要固定。将11根直径15~22厘米、长约4米的头部削尖的柏木以梅花桩式打入地下，以固定柱石基础。柏木用粗且直的柏木，色白而绵，且须冬天砍伐为佳，削去枝节，趁湿带皮使用，则柏木不燥裂，这样能提高柏木的使用年限。再在桥墩处打入中心的椿，打椿之前，先以引椿打孔，这样能保证椿打足够深，且保护柏木椿。在主椿上套入均匀打有孔11的木制圆盘，然后分别用"碱

铁"打入其余木椿。对于打椿，官员"顺时刻监察，非打破毛头，不准截锯，以防匠工偷减暗据"。安装石碾盘，先将梅花椿按水平锯齐，但留迎水面最前端的穿透碾盘。若碾盘不平整，则将木椿与碾盘空隙处用热铁片塞垫，使得根根都能顶到碾盘，以求稳固。再在碾盘周围打入8根木棒，稳定整个基础。石碾盘固定好，开始建筑桥墩。由于灞桥桥墩是组合式桥墩，并非通常所见由石块以筑墙方式砌筑而成，所以桥墩也是由下至上分段进行施工。

这里体现出灞桥较为特殊的桥墩设计（如下图）。无论其外观造型还是施工技巧，在古今中外桥梁中都不多见。此处较为经典的设计是在石头桥柱与石头桥面之间以木材作为支撑。因灞桥采用的是石梁桥的设计方案，所以无法像常见砌筑石拱桥那样达成一体化，它的这种设计需要有材料做力的缓冲与分散，当然这种材料不是石材，若以石材直接接触，长久之后桥面必然会发生断裂。最后一步为桥面的建设，当然，建设桥面是在整座桥梁基础全部完成之后进行的最后一步工作。为了保护桥梁以及周围居民，还对两岸堤坝进行了重修。

同治十三年（1874）布政使谭钟麟檄咸宁知县易润芝改建为石桥，旁设石栏，长150丈，阔3丈，水洞72个，石栋林立，亘若长虹。桥南坊题"轨通西域"，遂成为西安城东面东西交通要冲。《咸宁长安两县续志·地理考上·灞桥》注云："石路宽平，规制宏阔，似较芦沟为壮。盖灞自蓝田谷北行，以迄白鹿原，翕受辋川、刘谷、

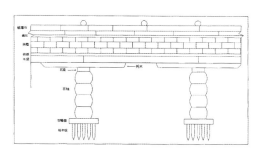

轻谷、洪庆河、沙河诸水。于是南至秦岭，西南至风凉原，东南至胡窦山，群流所经二百余里，皆会于是以入渭，而此桥适跨其上，沙沫飞雨，水花溅云，电掣虹腰，雷轰邓首，关中之胜此为称首。"此木石新桥坚固耐久，历120余年，至1955年为现代钢筋混凝土桥梁所取代。

古人的桥梁施工有着相当严格的一套程序，以今天的眼光来看，古人的这套技术十分科学实用。如修桥前期的准备工作，包括桥址的选择、施

工桥式的选择以及施工组织。桥址的选择主要根据地势、水势缜密思考，以当时所具备的技术进行施工。桥式的选择主要考虑的是建桥所在地区周边选材的便利性、材料的运输条件以及匠师水平等。而施工组织主要包括修桥人员的组成及制定施工时间，一般多选择枯水期进行修建。修桥费用的预算，这主要涉及百姓捐助或请求官方拨款等。〔参见段磊：《秦至清关中地区桥梁技术研究》，陕西师范大学 2012 年硕士论文〕

第三章

【文化艺术】

本章对于灞渭沿线文化艺术的描述主要通过文学、关学、秦腔、书画艺术及对外交流来体现。灞渭沿线紧倚长安，而长安作为中国古都，长期以来是中国的文化中心，甚至是整个东亚的文化中心，文化辐射范围广阔，历史上产生于此处的文学艺术有着自己独特的风格，这既是古都西安恢宏气度的反映，也体现了长安人的自强与朴实。

第一节
文 学

灞渭沿线地区是我国古代文明的发祥地之一，很早就有人类居住并创造了灿烂的文化。史前时期虽没有文学作品传世，但通过考古发现，在距今100多万年前，渭河流域就已经有人类居住了，新石器时代已有较发达的半坡文化，而在半坡文化遗存中，彩陶是其典型代表，故又称之为"彩陶文化"。而中华民族的始祖炎、黄二帝都曾率领部落沿渭水自西而东发展；仓颉造字也有一段与渭河相关的故事；周朝更是直接在渭水流域发展壮大，创造了灿烂的周文化，"周公作周礼"成为中华民族传统文化的源头，且西周时期的钟鼎文也是现今汉字的源头，中国文化影响之大不言而喻。

春秋战国时期，《诗经》中的《豳风》与《秦风》收录的就是关中地区的民歌，自然也包括灞渭流域的民间文学。这些诗歌风格朴实，不仅奠定了我国古代诗歌的现实主义基础，对后世文学特别是诗歌的发展产生了极为深刻的影响，至今《诗经》的某些篇章仍是学生必须学习的内容。

战国时期的秦国，丞相吕不韦在关中组织了一批门客，编纂了《吕氏春秋》一书，规模宏大，其政治主张对以后的封建王朝影响巨大。渭河流域是中华民族最古老的栖息地，也是中华文化最早的发祥地，其文明发展无论是对当时还是后世都影响深远。

秦祚短暂，且秦始皇时"焚书坑儒"，对文化的传承和发展破坏巨大，因而当时文人、文学作品很少。

西汉时在灞渭沿线有司马谈父子，东汉有田邑，人数虽少，但对两汉文学以及中国文学史都有重要的影响。司马谈流传到今天的作品仅有《祠后土议》《立太畤坛议》《论六家要旨》3篇，前两篇是论述祭祀之事，后一篇则是单纯的学术著作。其子司马迁流传后世的作品则散文、赋皆有，如中国第一部纪传体通史——《史记》，书信体《报任安书》《与挚伯陵书》，论说文《素王妙论》和赋《悲士不遇赋》。田邑的作品有《报冯衍书》《劝鲍永书》两篇书信体散文。今天对司马谈的《论六家要旨》和司马迁的《史记》进行研究的人非常多，特别是司马迁的《史记》，更是备受文史学界推崇。其采用史家笔法，记述了上自黄帝时期，下至汉武帝时期长达3000多年的历史。其体例丰富，包括十二本纪、三十世家、七十列传、十表、八书，分别记述历代帝王政绩、诸侯兴亡、

重要人物的言行事迹、大事年表、典章制度等等。内容广泛，以信史著称，班固赞其"不虚美、不隐恶"。《史记》具有极大的文学价值和史料价值，对后世的史学、文学都有巨大的影响，且开创了我国纪传体史书体裁的先河。鲁迅曾称《史记》是"史家之绝唱，无韵之离骚"。

田邑的《报冯衍书》《劝鲍永书》写于西汉名存实亡、新朝初立的时候。文章所表达的思想皆是对故朝灭亡的痛心，以及自己对汉王朝矢志不渝的忠心，蕴含着既悲且忠的情意。这些文章在当时都有较大的影响。总体来说，灞渭三角洲地区的文学样态以散文和史学为主，其中以史学的成就为最大，仅《史记》一书就包罗万象，包括了政治、经济、军事与思想文化等诸多方面，对后世影响也最为深远。其文学作品又篇篇是佳作，田邑的《报冯衍书》亦可谓抒情散文。

当时文人对于灞渭河流水系的文学描述虽多是一种印象式的概括，但整体表现出来的风格却朴素大气。如冯衍在《显志赋》中表现对旧都关中的深深眷恋时说道："南望郦山，北属经、渭，东瞰河华、龙门之阳，三

晋之路，西顾丰镐、周秦之丘，宫观之墟，通视千里，览见旧都，遂定茔焉。"班固在《西都赋》中介绍关中地貌的时候也是如此。综观两汉关中文人在作品中对关中河流的描述，基本都以渭水作为典型的代表。这些赋在当时备受推崇。

隋唐时期，在购买或自建的园林别业中，与友人相聚一起喝酒吟诗是一种社会风尚，上至皇室成员及百官，下至普通文人，都在这一风气带动下，投身其中。韦嗣立在骊山修建了园林别墅，中宗亲临并赐名曰"逍遥谷"。太平公主在长安城南也购置了别业，名曰"南庄"。她经常在此庄园举行宴饮，邀请了大量文人参加。唐代别业大多背靠山脉，如长安城南的终南山、洛阳附近的嵩山；也有部分临水，洛阳附近的淇水和长安附近的渭水便有文人别业，如白居易的渭村、渭南王公别业、王建的渭南庄、王藻的渭上别业、马嵬驿的池亭等都是在渭水旁建造的。将渭水闲居贯彻得最彻底的便是白居易、王维这二位在唐代声名赫赫的大诗人，其组织的文人活动必不在少数。两人曾作有《渭川田家》《渭上偶钓》《渭村退居，寄礼部崔侍郎、

翰林钱舍人诗一百韵》《内乡村路作》《渭村雨归》等有关渭水的诗作，这些诗或写实或抒情，格调清丽，寄情深远，算得上优秀唐诗的代表。

灞柳风雪更是频频出现在诗人笔下，如戴叔伦的《赋得长亭柳》、杨巨源的《赋得灞岸柳留辞郑员外》、刘复的《送刘秀才南归》，可见当时文人墨客对灞柳美景的青睐。正是由于诗歌的渲染，灞柳美景为更多人知晓，灞柳风雪也因此成为关中最为著名的景致之一。

明代的关中文学以"前七子"为代表。康海、王九思、边贡等人陆续来到长安，相聚讲论，倡导文必秦汉、诗必盛唐，称为"诗文复古运动"。这项运动对明代的文学领域产生了极大的冲击。代表作品有《渼陂集》，杂剧《沽酒游春》《中山狼》（一折）及散曲集《碧山乐府》等，其文学影响力一直沿续至清代及近代。

寓居江南的关中文人还有张晋、李楷、张恂、雷士俊、韩诗、东云雏、王弘撰、杜恒灿及张谦等人。孙枝蔚曾经和李楷、韩诗、潘陆等人在镇江结"丁酉诗社"。雷士俊与王岩、郑廷直等人在扬州建有"直社"。雷士

俊"初善举子业，与同里诸子结社，皆一时杰出，制义称雄直社，刊版行世"，引起巨大的反响。这些诗社讲论时文，砥砺气节，将秦风古韵带入江南，对江南向为柔弱的诗坛产生了一定的冲击力，为江南文人认识和理解关中士人及其诗作风格提供了平台。

清代关中的文人群体大致可分为两部分：一是以"关中三李"（李颙、李柏、李因笃）为代表的士人阶层，他们长期在家乡讲学，并恢复了关中书院，他们的文学活动与思想在全国范围内都有影响；一是以"青门七子"及其子弟为代表的明朝宗室成员后代，比较具有代表性的是王弘撰、孙枝蔚以及顾炎武在关中结交的朱树滋和王建常等人。他们的活动范围并不仅仅局限于关中一地，还在全国范围内讲学，形成了"新关学"，实际上也扩大了关学的影响。从现存诗作及当时影响来看，关中遗民影响最大的是王弘撰、李柏和孙枝蔚，其作品诗、散文皆有，具有代表性的有《砥堂集》《二曲集》等。

民国时期，关中文学代表是于右任。他是中国近现代政治家、教育家、书法家，中国近现代高等教育奠基人之一，民国四大书法家之一，被誉为"当代草圣""近代书圣"。其代表作有《右任诗存》《右任文存》《右任墨存》《标准草书》，时人对其评价颇高。

第二节
关 学

在宋代儒学复兴过程中，形成了濂、洛、关、闽四分天下的格局。"关"指关学，是在关中地区形成的学派。关学的创始人是张载。张载（1020—1077），字子厚，北宋思想家、教育家、理学创始人之一，尊称张子。由于他的家乡在陕西关中郿县（今陕西眉县）的横渠镇，并且他长期在这里讲学，因而又被称为横渠先生，关学也被称作横渠之学。他在中国哲学史上第一次建立了比较完整的气一元论哲学体系，开辟了朴素唯物主义哲学的新阶段，是中国哲学史上第一个从思维与存在关系的哲学理论高度批判佛教唯心主义的哲学家。张载的哲学思想内容十分丰富，对中国哲学史和关中思想文化史的贡献是多方面的，在中国学术思想发展史上占有突出的地位，并对 11 世纪后哲学思想的发展产生了积极的影响。首先，横渠之学主张学贵有用，注重对天文、地理、兵法、医学等实际问题的研究和解决；其次，主张躬行礼教，崇尚古代礼学；最后，关学崇尚气节，淡泊名利。北宋中期，对儒学的发扬最著名的即张载所代表的关学、王安石所代表的荆公新学及"二程"所代表的洛学。这三派加上朱熹的闽学，共同构成了宋代儒学的主流。张载曾在洛阳与"二程"论学。其代表作品有《崇文集》《正蒙》《横渠易说》。

张载死后，关学曾一度沉寂，而他的门人吕大钧、吕大临、苏昞、范育、李复等人，秉承关学"躬行礼教""学贵于有用"的经世致用的学风，对于关学的传承和发展起到了极其重要的作用。其中吕大临为这一时期成就最高者。吕大临是灞河流域蓝田人，其代表作有《考古图》《易章句》《大学说》《中庸说》《礼记传》《论语解》《孟子讲义》《玉溪先生集》，又与其兄吕大防合著《家祭仪》。南宋时理学大师朱熹曾说在程颐的弟子中，他最尊崇吕大临，并把他与程颢相比而论。

金代的灞渭地区最有影响的是关学的传承者杨天德（1180—1258）。杨天德字君美，高陵人，兴定二年（1218）进士，先后在陕西、庆阳、安化任官，金代末年返回长安。杨氏早年在科举上花费了巨大精力，而于思想学术却少有研究。他晚年的时候，随着中国南北文化交流的增多，朱熹的思想、著作传到北方，杨氏当时已经风烛残年，但仍然被朱熹的经义所吸引。因其年老，目不能识，就让他的儿子为他诵读，未曾有一天的懈怠，最终在伊洛、程朱遗著的影响下，开创了高陵之学，成为金元之际关学的中流砥柱。杨天德的努力、坚持以及对经学的热爱与躬身实践对其子杨恭懿的学术门径和儒学修为起到了直接的影响和熏陶作用。据研究，金代关学传人最具代表性的人物即是高陵杨天德，且仅有此一人，其学术对关中乃至全国都影响巨大。

元初时，忽必烈就藩陕西，重视文化事业，召理学大师许衡来管理并发展关中的儒学，此举对元代陕西关学的发展起了巨大的推动作用。

以杨天德、杨恭懿、杨寅祖孙三代为代表的高陵之学在元代继续发展。高陵之学自杨天德创始，经其子杨恭懿发展并成为元代关学的标杆。杨恭懿（1224—1294），字元甫，号潜斋，杨天德之子。金末，蒙金战争使其流离失所，食不果腹，但他仍努力学习，未尝有一刻松懈，对《礼》《易》《春秋》都有深刻的认识和见解。他不停地学习思考并躬身实践，以期发挥关学的要旨。杨恭懿秉承父亲的志向，埋首穷经，最终学而功成，成为乡里的模范。随着杨恭懿将其父之学发扬光大而声名日著，来追随他学习的人越来越多，因而使高陵之学盛极一时。

明成化以后，由王恕、王承裕父子创始，经过马理、韩邦奇、杨爵等人发扬，关学中的三原学派开始名震关中，甚至在全国都有一定的影响。总体来说，该学派一方面不再一味地推崇朱熹的思想，而是试图重新阐释《易》，回归到张载的思想；另一方面，吸收了当时流行的王阳明心学思想，最终使三原学派在一定程度上摆脱了闽学的影响。略晚于三原学派的是"关中之学"，这一学派以薛敬之、吕柟

为代表，其学术大旨皆是秉承程朱理学，其论述紧密围绕着理学中理、气、性等重要的哲学范畴展开，具有较强的哲学思辨倾向。明代关学代表作品有《王端毅公奏议》《历代名臣谏议录》《进修笔录》《太极动静图说》等，都为时人所称道。

明代中后期，关学的代表人物是冯从吾。冯从吾（1557—1627），字仲好，号少墟，西安府长安（今陕西西安人），万历十七年（1589）进士，著名学者及思想家、教育家。冯从吾是明代关学把程朱理学和陆王心学融合的集大成者，又是东林党在西北的领袖，创办了关中书院，人称"关西夫子"。关中书院从建立之初就有很大的影响，关中一些著名的学者相继在这里学习或授学，对于关学的传播与发展起到了重要的作用。他的代表作品有《冯少墟集》《元儒考略》《冯子节要》。

清代的关学以"青门七子"及其子弟为代表，比较具有代表性的是王弘撰、孙枝蔚以及顾炎武在关中结交的朱树滋和王建常等人。他们活动范围并不仅仅局限于关中一地，还在全

国范围内讲学，形成了"新关学"，实际上也扩大了关学的影响。

第三节
秦腔艺术

秦腔是我国丰富多彩的民间戏曲艺术中最古老的剧种之一。它历史悠久，源远流长，传播面广，影响深远，许多著名的艺人都认为中国的戏曲源头来自秦腔。关于秦腔的起源，学者看法不尽相同，有说源于盛唐者，有说源于金元者，有说源于明代者。作为一个剧种，一般认为，秦腔从宋元时期开始形成，到明代趋于成熟，至清代传向全国。

元代中国戏曲艺术发展到一个新的阶段，而今天秦腔的声腔系统此时已臻成熟，当时叫作西调，带有鲜明的陕西地方色彩。著名戏曲作家马致远曾在关中生活了十余年，写下3本杂剧。据流传至今的西调杂剧剧本来看，当时的西调剧本分回，乐器中重打击乐，已经形成板腔体程式。

明代，秦腔走向鼎盛，著名的秦腔剧作家有康海、王九思等。

康海、王九思二人在秦腔的发展史上留下了不可磨灭的印迹。特别是

他们广泛采集，汲取盩厔、鄠县、扶风、郿县一带的民间音乐小调，融入秦腔，共同创造了秦腔声调中的"康王调"，开创了秦腔流派中"周至腔"和"武功腔"的先声。明代中后期的秦腔，板腔体已经定型并且广泛应用。到了明末清初，秦腔不仅成为一个成熟的剧种，而且随着商人经商以及李自成起义军的足迹传向其他地方，对其他地方戏曲产生了一定的影响。

清朝初期，秦腔在关中蓬勃发展，十分昌盛。康乾年间，仅西安就有秦腔班社36个，还不算那些私人家班，当时的陕西巡抚毕沅就有一个秦腔家班。这一时期在关中农村广泛存在的庙会，便是以唱戏为主，昼夜演戏，此起彼落，极大地推动了秦腔的繁荣。西安出现了大批有影响的秦腔艺人，其中出名的有申祥麟、樊云官、姚朱，人称"三绝"。后期又有李十三的后裔李桂芳，《白玉钿》《火焰驹》是其代表作。到了晚清，在陕西形成了五路秦腔争奇斗艳的局面，其中东路秦腔即在今渭河流域中下游。

20世纪初，政治腐败不堪，国力衰竭，百业凋敝，民不聊生，当时的李桐轩、孙仁玉深感痛心，立志以自己有限的力量去改良社会。于是他们"寓教育于戏曲中"，经过艰辛的努

力建立易俗伶学社（简称易俗社）。一个新型秦腔艺术团体诞生了，秦腔艺术进入新的发展时期。易俗社从创办之日起，就制定了明确的剧目标准和编剧方针，以古今中外政治之利弊及个人行为之善恶为取材标准，从而使人们引以为戒，蕴含教育意义，启迪人心向善。在秦腔的发展历史上，易俗社的作用至关重要，它集戏曲研究、表演与教育为一体，是我国第一个戏剧艺术团体。李桐轩、王绍猷、孙仁玉、冯杰三、李约祉、范紫东、高培支、卢缙青、李仪祉、王伯明、李干臣、胡文卿、吕仲南、王辅丞、封至模、樊仰山等都应邀创作、改编大小剧本 500 余本（另有资料显示为 800 多本），不少已成为优秀保留剧目，如《吕四娘》《三滴血》《火焰驹》《柜中缘》等。这些大家喜欢的剧目对秦腔的发展传播起到了积极的推动作用。

第四节
书画艺术

　　灞渭地区自古人才辈出，涉及文学艺术等各个方面，且西安长期作为封建王朝的都城，文人会聚，对附近的艺术文化也产生了巨大的推动力量。

书法方面，颜真卿是其中的代表人物，他是京兆万年（今陕西西安东部一带）人。他对"二王"、褚遂良等人书法都进行深入研究，吸取他们的长处。他的楷书一反初唐书风，行以篆籀之笔，化瘦硬为丰腴雄浑，结体宽博而气势恢宏，骨力遒劲而气概凛然，这种风格也体现了大唐帝国繁盛的风度，并与他高尚的人格契合，是书法美与人格美完美结合的典例。他的书体被称为"颜体"，与柳公权并称"颜柳"，有"颜筋柳骨"之誉。他的行草遒劲有力，真情流露，结构沉着，点画飞扬，在王派之后为行草书开一生面。著有《吴兴集》《卢州集》《临川集》。颜真卿一生书写碑石极多，流传至今的有：《多宝塔碑》，结构端庄整密，秀媚多姿；《东方朔画赞碑》，风格清远雄浑；《谒金天王神祠题记》，端庄遒劲；《臧怀恪碑》，雄伟健劲；《郭家庙碑》雍容朗畅；《麻姑仙坛记》，浑厚庄严，结构精悍，饶有韵味；《大唐中兴颂》，是摩崖刻石，为颜真卿最大的楷书，书法方正平稳，不露筋骨；《宋暻碑》，又名《宋广平碑》，书法开阔雄浑；《八关斋会报德记》，气象森严；《元结碑》，雄健深厚；《干禄字书》，持重舒和；《李玄靖碑》，书法遒劲，但笔画细瘦和其他碑刻不大一样；《颜氏家庙碑》（全称《唐故通议大夫行薛王友柱国赠秘书少监国子祭酒太子少保颜君碑铭》），书法筋力丰厚，是他晚年的得意作品之一，与其早年的作品相比更加浑厚大气，乃晚年之代表作。

绘画方面，则以著名画家阎立本为代表。他亦京兆万年人，在绘画、建筑方面都有很高造诣。其兄阎立德亦长书画、工艺及建筑工程。阎立本的人物画形象、逼真、传神，时人誉之为"丹青神化"。其画作多取材于历史事件和人物，用以鉴戒贤愚、弘扬治国安邦大业。其线描刚劲圆润，画衣物简练粗重，设色也较前代更浓重，多用朱砂、石绿，有时还用金银等贵重矿物质颜料。他的绘画作品在《历代名画记》《唐朝名画录》《宣和画谱》中著录的就有六七十件，最著名的有《太宗真容》《秦府十八学士图》《凌烟阁功臣二十四人图》。

第四章

【商帮文化】

关中地区是中华民族的发祥地，亦是中国古代经济的发祥地之一，曾经创造出震惊世界的「汉唐盛世」的核心地带。

即使到了明清时期，关中地区经济依然处在发展之中，在全国处于中上水平。

第一节
先秦萌芽

关中为古雍州之地，山川衍沃，厥土黄壤，是中华民族发祥之地和中国经济的起源地之一。在母系氏族社会时期，半坡的先民就因地制宜，形成了农牧并重、渔猎兼得的多元化经济结构。由于早期脆弱的种植性农业尚不足以满足人类的需求，故以渔猎作为补充，社会经济呈现出多元化面貌。炎黄时期，神农氏"教民稼穑"，促进农业发展、民族融合，在此过程中，商品经济得以产生、发展。至周代时，"工商食官"制度的形成，将商业和商人纳入规范化管理的轨道，对后世的商业产生了深远的影响，故有言："古者言善政，莫不颂于三代。"

春秋战国时期，随着商品经济的发展，"工商食官"体制逐渐瓦解，市场朝着自由贸易的方向发展。商鞅变法后，建立了土地私有制度，随之私有制观念深入人心，为商品经济的发展提供了物质驱动力。秦王嬴政即位后，"奋六世之余烈，振长策而御宇内"，建立了统一王朝，以关中为根基，立都咸阳。这里"黄壤千里，沃野弥望，华实纷敷，桑麻条畅"，得天独厚的经济社会条件决定了关中"上溯文丰武镐，下逮杨隋李唐，十朝建都，推为极选"，且"阻三面而守，独以一面东制诸侯。……所谓金城千里，天府之国也"（《史记》卷55《留侯世家》，中华书局，1959年）。得关中者得天下，关中为历代帝王建国之基。秦统一六国后，修驰道、直道，加强全国市场之间的联系，为市场联络成网提供了基础。此外还加强市场建设与管理，在咸阳城内设全国最大的市——咸阳市，加之秦统一货币、统一度量衡、统一车辙、统一文字等政策，使得商品经济持续发展。

秦亡后，汉承秦制，商品经济没有因改朝换代而中断，相反，在秦代的基础上又有发展。首先，汉王朝建立之初迁徙而来的六国贵族定居于咸阳和周边地区，使陕西商人的力量因六国贵族、商人的加入而获得了极大增长，培植了陕西商人的社会基础，致使长安"五方杂厝，风俗不纯，其世家则好礼文，富人则商贾为利"。其次，西汉定都长安，使"长安商人"站在国际舞台之上。长安城规模庞大，人物殷富，商业繁华，成为当时世界上著名的大都市和全国商贸中心。班固称其"内则街衢洞达，闾阎且千，九市开场，货别隧分，人不得顾，车不得旋，阗城溢郭，旁流百廛。红尘四合，烟云相连"。

第二节
汉唐鼎盛

汉长安城在秦的基础上进一步"开关梁，弛山泽之禁"，形成以长安为中心的全国道路网络，便于商品流转。因此，商品交易量很大，动辄以千万计，其中以人民饮食、养生送死之具居多。汉代的长安市场又具有开放性，"自京师东西南北，历山川，经郡国，诸殷富大都，无非街衢互通，商贾之所臻，万物之所殖者也"，形成陕西商品经济和商业发展的第一个高潮。

因西汉长安城的兴起，又使渭河航运进入一个新的历史阶段；同时因漕运兴盛，可以反哺长安，两者相互促进，共同繁荣。汉长安城是当时世界上最大的城市，人口众多，经济文化发达，对粮食的需求量巨大。渭河航运应运而生，成为联系关东的主要水路通道。汉武帝元光六年（前129），大司农郑当时建议从长安城的西北引渭水，开凿一条与渭水并行而东的漕渠，漕船溯渭而上。因渭水流路长，从长安到黄河达900余里，而且时有难处，故每年漕运时间需要六个月；若开凿一条漕渠，只需300里，时间亦可节省一半。汉武帝采纳了他的意见，令"齐人水工徐伯"勘察线路，"发卒数十万穿漕渠，三岁而通"。漕渠修成后，漕粮的供应状况迅速得到改善，在桑弘羊做大司农时，"山东漕益岁六百万石，一岁之中，太仓、甘泉仓满"。在渠口附近修建了规模宏大的京师仓，亦称华仓。这条漕渠维持了多长时间，史无明文。大约在宣帝以后，漕粮又由渭河西运。这次开凿的漕渠大约使用了七八十年。

汉代开凿漕渠后，东部的粮食、商品源源不断地输入关中，极大地促进了长安的商业发展。全国各地的货物得以大量流通，交易之风兴盛，以致有人说："以贫求富，农不如工，工不如商，刺绣文不如倚市门。"在这样的时代背景之下，农民或出卖剩余产品，或逃离农业走进手工业与商业，形成了"天下熙熙，皆为利来；天下攘攘，皆为利往"的商业兴盛之气象。班固在《西都赋》中叹曰："九市开场，货别隧分。人不得顾，车不得旋，阗城溢郭，旁流百廛。红尘四合，烟云相连。于是既庶且富，娱乐无疆。都人士女，殊异乎五方。游士拟于公侯，列肆侈于姬姜。"之后张衡又在《西京赋》中提及："尔乃廓开九市，通阛带阓。旗亭五重，俯察百隧。周制大胥，今也惟尉。……何必昏于作劳，邪赢优而足恃。彼肆人之男女，丽美奢乎许史。"生动地再现了当时人流量的庞大、交易市场的繁华、街道货物的丰富以及买卖场面的热闹。

由于汉长安城商业贸易繁荣，消费市场广大，《三辅黄图》记载："长安市有九，各方二百六十六步。六市在道西，三市在道东。凡四里为一市。致九州之人在突门。夹横桥大道，市楼皆重屋。"在经济空前发展的繁荣景象下，娱乐生活也显得异常活跃。长安城内流行的娱乐活动包括音乐歌舞、羽猎和杂技百戏等。帝王的兴趣与市民的爱好趋同，促使娱乐形式与程度有所变化，并有平民化倾向，二者仅是气场略有差异。《西都赋》中记载："故令斯人扬乐和之声，作画一之歌。功德著乎祖宗，膏泽洽乎黎庶。……櫂女讴，鼓吹震，声激越，謍厉天，鸟群翔，鱼窥渊。"用音乐歌颂游玩时的愉悦心情。同时在羽猎和猎余方面写道："尔乃盛娱游之壮观，奋泰武乎上囿。……抚鸿罿，御矰缴，方舟并骛，俯仰极乐。"以此表现"盛娱游之壮观"。又有张衡的《西京赋》提到了长安城内的杂技百戏，展现了当时丰富多彩的城市广场文艺活动："临迥望之广场，程角觚之妙戏。乌获扛鼎，都卢寻橦。冲狭鸞濯，胸突铦锋。跳丸剑之挥霍，走索上而相逢。……巨兽百寻，是为曼延。神山崔巍，欻从背见。熊虎升而挐攫，猿狖超而高援。怪兽陆梁，大雀踆踆。白象行孕，垂鼻磷囷。海鳞变而成龙，状婉婉以蝹蝹。舍利颬颬，化为仙车，骊驾四鹿，芝盖九葩。蟾蜍与龟，水人弄蛇……挟邪作蛊，于是不售。尔乃建戏车，树修旃。侲僮程材，上下翩翻。突倒投而跟絓，譬陨绝而复联。百马同辔，骋足并驰。橦末之技，态不可弥。弯弓射乎西羌，又顾发乎鲜卑。"

表演项目众多，形式活跃，显示出长安城内杂技表演等娱乐活动的高超水平及表演的纯熟、精湛、绝妙，充分展示了汉时杂技艺术的无穷魅力。从两赋中亦可看出娱乐活动从宫廷走向民间，成为市民生活的一部分，丰富了城市文化。

此外，在漕渠开凿之后，汉朝于公元前127年、公元前121年和公元前119年展开三次大规模征伐匈奴的战争，而漕运则是战争物资准备的重要条件。尤其是公元前119年，名将卫青、霍去病各率骑兵5万人，随军私马4万匹，步兵、辎重兵数十万人，把匈奴一直赶到了漠北地区。太初元年（前104），汉武帝在长安城西修建了规模宏大的建章宫，它是长安三大宫中最为辉煌壮丽的一座宫殿，号称"千门万户"。显然，漕渠开凿后，漕粮供应充分，才能够大兴土木。

第二个高潮是隋唐时期。魏晋南北朝的战乱，随着隋的统一而告终，中国商品经济进入一个新的恢复和发展时期。隋炀帝开凿大运河，使其成为沟通南北、物质交流的大动脉。运河又与黄河相连，溯渭河而上，粮食、商品源源不断地输入长安，有力地保证了长安的物质供应。隋时运河贩运量极大，仁寿四年（603）隋文帝派人到蒲州黄河岸边"收商贾船得数百艘"。唐代，经太宗、高宗、武后等的励精图治，至开元时期出现盛世之局面，"忆昔开元全盛日，小邑犹藏万家室。稻米流脂粟米白，公私仓廪俱丰实"，社会经济的发展呈现出一派盛唐气象。

而在这种盛唐气象的背后，是以渭河、漕渠构成的水运系统做出的不可磨灭的贡献。隋开皇四年（584）、唐天宝三载（744）、唐文宗大和（827—835）初年三次开凿漕渠，为唐代长安城达到极盛提供了保障。

盛世之下，长安东、西二市内有大量的"肆"，如帛肆、衣肆、酒肆、书肆、鞋肆、饼锣肆、药肆、凶肆、饼肆、鱼肆等。茶肆是长安城各种店肆中最多者之一。封演的《封氏闻见记》卷6称："渐至京邑，城市多开店铺煎茶卖之，不问道俗，投钱取饮。"可知长安城中的茶肆非常多。肆有时可称为市，如酒肆即可称为酒市。除大量的肆、市之外，还有不计其数的"店"散布于东、西二市的大街小巷。来长安经商的各地商人空前增多，也从一个侧面反映了长安商业市场的繁荣。长安作为国都，是富商大贾及周边各少数民族商人和外国商人的聚集之地。东市"四面立邸，四方珍奇，皆所积集"，说明来此经商的各地商人很多，以至于将全国四面八方的珍奇货物都贩运到了长安。西市的商人比东市更多，由于"公卿以下居止多在朱雀街东，第宅所占甚多，由是商贾所凑，多归西市"，西市之内，"浮寄流寓，不可胜计"。

唐长安城不仅商店众多，商贾云集，商品品种也较前代大为增加。据文献记载，东市内有"货财二百二十行，四面立邸"。"行"为经营同一类物品的集中区域，"邸"为商人存放货物的货栈。而西市内亦"店肆如东市之制"。即两市经营的商品至少有220个种类，以此可见两市商业贸易规模之一斑。当时长安市场上的商品大致可分为粮食、食品、纺织品、衣服、皮革、蔬菜花果、水产品、肉品、生活用品、生产用具、牲畜、文化用品、丧葬用品等20多个种类，进入两市，映入眼帘的是一派琳琅满目的繁盛景象。

随着商品经济的发展，金融业亦开始快速发展，出现了各种各样的金融机构，如经营存款及放贷业务的柜坊、提供抵押借贷的质库，尤其是出现了我国最早的汇兑事业——飞钱。此外，在信用借贷方面，不仅有大量的私人经营者，还有唐中央政府各部门及京兆府等各级政府放贷牟利，使得长安的信用关系和金融业发展到一个前所未有的高度。

安史之乱的爆发是长安历史上的一个重要转折，它不仅改变了唐王朝的政治走向，使其由强盛走向衰落，也改变了唐王朝的经济区域布局，自此，国家经济重心逐渐由北方移至南方。长安城市发展开始从兴盛走向衰落，从都城向重镇转型。

第三节
明清崛起

明清之际，随着陕西商帮的兴起，关中的经济发展日趋繁荣。两宋以来，随着政治经济中心的南移，秦地遂为边关重地。明代为了护卫中原，明政府以陕西作为边防建设的重点地区加以高度重视。"明边重西北"，故在陕西实行了一系列培植经济、奖励垦殖的休养生息政策。受陕西自然特点的影响，明代陕西督抚常在陕西兴修水利、浚通渠堰，以增加粮食生产。洪武八年（1375）"浚泾阳县洪渠堰"。天顺八年（1464）"浚泾阳县瓠口郑、白二渠"。天顺年间项忠为陕西按察使，大力倡导水利，"疏郑、白二渠，以溉泾阳、三原、礼泉、高陵、临潼五县田七万顷"。成化初余子俊抚陕，"于泾阳凿山引水，灌田千余顷"，后陕西巡抚娄谦又修"利民渠"。这些农田基本建设工程对农业生产的发展起了积极作用。

此外又用"开中法"，使得陕商将粮食、商品运至边关，促进商品流通。入清后，清廷总结明亡教训，实行招抚流亡的休养生息政策，并着力开发秦巴山区，加之高产农作物的传入，使陕西农业生产获得了继续发展的新动力，为商业的繁荣发展提供条件。

陕西商帮是利用明代初年政府对陕西实行的"食盐开中""茶马交易"等特殊政策，乘势而起的以关中地区商人为主体，以陕西乡土亲缘关系为纽带，以各地的陕西会馆为办事机构和标志性建筑的商人集团，是明清时期十大商帮之一。他们头戴瓜皮帽，肩背钱褡子，在扬州为自己开辟第一块商业天地，形成"邗上梆子声不断，秦声惊动广陵潮"的经营局面。他们每年在西南茶马古道上交易上万斤的茶叶，在四川刮起商品经济的"西北风"，制造出"川省正经字号皆属陕客"的奇迹。他们每年将万斤川南"五属道茶"贩运到青海、西藏，被当地人誉为"豆腐老陕狗，走遍天下有"。他们在甘肃五泉山下种植水烟叶，拉回陕西泾阳炮制成"西口水烟"，贩向全国。

明清时期，陕西商人活动的范围涵盖甘、宁、青、新、蒙、藏在内的广大西部地区。明时这一地区仍人烟稀少，天苍野茫，高山巨涧，羊肠鸟道，人们视之为畏途。但陕西商人扬鞭走马，载货擎重，以"骏马快刀英雄胆"的风貌艰难地开发着西部经济，可以说他们是中国历史上开发西部的第一批"西部牛仔"。

明清时期，陕西涌现出的众多商帮，无论是经营范围还是经济实力，都取得了长足发展。他们在木、盐、茶、布、烟、药、皮、杂、金融等诸多行业都有了蓬勃发展，经营地域不断扩大，北到乌鲁木齐、伊犁，南到佛山、上海等地，并且摆脱了明代从属政府需求的被动局面，真正把自身发展安放在了顺应商品经济发展的坚实基础上，达到了其发展的鼎盛阶段。随着陕西商人的不断成功，大量货币资本流回陕西，直接推动了陕西本土商品经济的发展。

以木材商帮为例。秦巴山区是祖国西部的主要林区。满山生长着云杉、冷杉、铁杉、落叶松、油松、柏类、杨类等商用林木，被称为"陆海"。

清代实行"放垦秦巴"的垦殖政策，使秦巴老林进入全面开发时期，这便为陕西木商在清代的崛起提供了历史机遇。

自明代以来，关中渭北、关西凤岐各处多有商人外出经商逐利，手中积淀了相当数量的货币资本，当清廷开放老林"募商开厂"时，他们很自然地将手中的资本转化为林业投资，形成陕西木商的市场新军。

西安城南的秦岭素有"林木之利取之不穷"的说法，入清之后采伐规模仍然较大，尤以盩厔县境的深山区为最。乾隆十一年（1746），陕西巡抚陈弘谋记盩厔采伐木料的景况称："西安府之盩厔县南山出产木植，每当三、四月间水发，木方出口。有黑峪、黄峪地方，木客人等在彼雇人运木，人烟凑集。"嘉庆、道光年间曾任汉中知府、陕西按察使的严如熤在调查后指出："盩厔之黄柏园、佛爷坪、太白河等处大木厂，所伐老林已深入二百余里"，而"开厂出资本商人，住西安、盩厔、汉中城"。采伐的木料汇聚于黑龙潭后，经由盩厔第一大河黑河漂流入渭河，再漂流至关中木材集散市场咸阳或西安北郊的草滩镇。

至于林木采伐的内部运行，根据严如熤《三省边防备览》记载，一般木商多采取设木店募工匠的采、运、销一体化经营方式。设厂伐木须先"租山"，因土著风气不开，租山往往采取"手指脚踏"的粗放方式，"往往有数两契价买地数里十数里者"。但给地主数贯，亦可赁种数沟数岭。租山后，木商就地设厂，雇工采伐，"木厂为大木厂，分圆木、枋板、猴柴、器具各项，而圆木为大圆木，猴材必近水次为便，器具则虽不近水次，美材所产，工匠可就造作贩卖"。由于当时林木采伐多用人力，内部又分工细密，一般木厂的雇工规模都很大，"一厂恒多数百人，少亦数十人"，加之水陆挽运之人"不下三五千人"，若再算上小负贩往来其间者，"常川一二万人"。由于佣工数量庞大，木厂内部有细密的管理组织，"开厂出资本商人住西安、盩厔、汉中城，其总理总管之人曰掌柜，经营包揽承凭字据曰书办，水运揽工头人曰领岸，水陆领夫之人曰包头"。他们的职能是："商人厚资本，坐筹操奇赢；当家司会计，领岸度工程；书办记簿记，包头伙弟兄。"这套佣工制度和经营

管理模式，成为清代秦巴山区商品市场经济萌芽的主要代表，促使陕西木材产业资本主义萌芽的迸发。其中盩厔木料长期"自黑水谷出，入渭浮河，经豫、晋，越山左，达淮、徐，供数省梁栋"，亦令陕人无比自豪。

第四节
陕商精神

陕西人身上拥有十三朝帝都的基因，具有立足关陕、鸟瞰东部的气场。是故，陕西人是能够创造历史的人群。明清时期，陕西商人在其经营的诸领域之内，以陕西人特有的"天行健，君子以自强不息"的精神，发挥主观能动性，创造了陕西商业史上的奇迹。

明清时期，陕西商帮是中国众多商帮中最早登上历史舞台的。明初，陕西靠近边关地区，为保证边疆安全，明廷在陕西沿长城一线驻扎了大量的边军，拱卫京师。为解决边军的后勤供应和满足游牧民族对茶叶的需求，明政府针对陕西的实际情况，专门对陕西实行了"食盐开中"与"茶马交易"两项特殊经济政策，有力地促进了陕

西商帮的产生与发展。加之无论是粮食还是茶叶，贩运量都极大，又路途遥远，贩运如此巨量的商品到边关，个体商人皆感有心无力、难以完成，商人只好互相联引，动员亲戚、乡党的力量，共同走上贩盐和贩茶的道路，也自然而然地产生了以乡土亲缘关系为纽带的地缘性商人集团，即商帮。因此，陕西商帮是利用明政府的"食盐开中"和"茶马交易"的政策机遇乘势而起的。他们最早登上了历史的舞台，而其他诸如晋商、徽商则稍晚产生，苏商、浙商、闽商、粤商、鲁商等皆为清时才产生。

陕西商帮开创了中国历史上第一条茶马古道即"陕甘茶马古道"。明初，陕西境外生活着蒙古族、藏族等大量少数民族，他们以游牧为生，逐水草而居。为了抵御高原的寒冷，需要摄取大量高脂肪食品，因此形成了吃牛羊肉喝奶酪的生活方式。而其如此的饮食方式需饮茶去腻，靠近边疆之地仅有陕西秦巴地区为传统茶叶产地，加之明政府有马匹需求，故在洪武四年（1371），明廷命令将陕西秦巴茶区所产茶叶贩运到边疆草原换取战马。陕西商民在这一国家政策的引导下，

将茶叶从汉中贩运到甘肃、青海换取少数民族的战马，这就开创出我国历史上第一条茶马古道——陕甘茶马古道。这条茶马古道从明朝初年到1949年以后一直存在，为保证边疆安全和民族团结做出了不可磨灭的贡献。

陕西商帮亦开创了中国历史上第一条"盐马古道"——定边盐马古道。明清时期，陕西定边、靖边的盐池，号称"老池"，是西北最大的食盐生产基地。按照明清政府食盐划区销售的制度，定边盐池生产的食盐主要供应陕甘地区。自明代中叶起政府即在长城沿线设立"马市"，进行大规模的盐马交易。明政府号召陕西定边、靖边的商民背盐到草原换取良马，并以老碗计量。此时期陕西商人背负定、靖盐池的盐，深入伊蒙草原换取马匹，遂开创了中国历史上第一条盐马古道。这条盐马古道不仅满足了少数民族对食盐的需求，还从草原换回大量的良马。受此影响，定靖的老盐池改名为"花马池"，一直存在到今天。

总结和宣传陕西商人的历史功绩和商业精神，为促进陕西商人开拓事业提供了历史支撑。陕西人是能够创造也是可以创造历史的人群。陕西人

不仅开创了周、秦、汉、唐的历史盛世，宋元以后也并没有淡出历史舞台，而是继续在中华民族的历史舞台上扮演着重要角色。明清以来的陕西商帮，以其大无畏的开拓精神创造历史，在祖国东西部的贸易联系中，不畏艰险，长途跋涉，沟通产需，调剂余缺，为西部经济的初步开发立下了汗马功劳。而在新时期，在国家"一带一路"政策号召之下，陕西商人必能继承先人之精神，拼搏开拓，再创辉煌。〔以上参见刘扬：《明清时期陕西商帮历史贡献及其现实意义探析》，西北大学 2015 年硕士学位论文〕

第五章

【民俗文化】

陕西是中华民族发祥地之一，被称为『炎黄故里』。周、秦、汉、唐等十三个王朝在这里建都。典籍丰富，文化遗存很多，许多风俗习惯具有可供追寻的历史渊源。地域上，东面黄河，西望关陇，北临塞外草原，南接巴蜀盆地，又区分为陕北高原、渭水盆地和秦巴山区三大自然区域。民风民俗既源远流长、根深叶茂，又争奇斗艳、异彩纷呈，为人们所喜闻乐见。

第一节
民俗发展

关中地区受地理特点、历史地位、早期经营及周秦至西汉时期尚农遗风的影响，司马迁在《史记·货殖列传》中说："关中自汧雍以东至河、华，膏壤沃野千里，自虞夏之《贡》以为上田。而公刘适邠，大王、王季在岐，文王作丰，武王治镐，故其民犹有先王遗风：好稼穑，殖五谷……"

对于岐周和秦地风气，当时及后世人们一直推崇有加，且颇多记述。《毛氏诗传》说："虞、芮之君相与朝周。入其境，耕者让畔，行者让路；入其邑，男女异途，斑白不提挈；入其朝，士让为大夫，大夫让为卿。"可见周是个有口皆碑的礼仪之邦！

关于秦地风气，薛敬之在《思庵野录》中说："读《秦风》喜得其无淫奔之诗，见得秦俗好。"显现出秦风对岐周良好风习传承的地理、历史渊源。

至秦亡汉兴，汉高祖刘邦破武关，军霸上，西入咸阳，南封汉中，回击三秦，建都长安，关内外风习汇合，使民风民俗的发展进入了一个新的历史时期。班固在《汉书·地理志》中说："汉兴立都长安，徙齐诸田、楚昭、屈、景及功臣家于长陵。后世徙吏二千石、高訾富人及豪杰兼并之家于诸陵，盖亦以强干弱支，非独为奉山园也。是故五方杂厝，风俗不纯。"民间风俗在交流中融合、传承，同时亦因地制宜地、发展、演变。因此，风俗的地域特点也随着历史发展而形成，这在秦、汉风俗发展轨迹上已表露出来。

关中地区，在秦德公时创设"三伏"：每伏十天；初伏由立夏后第三个庚日算起，令四民防暑。汉承秦制，沿袭了这一防暑的历制、习俗。但汉中则"令自择伏"，不强求划一。关于这一点，东汉著名学者应劭在其著作《风俗通义》中说，汉中"其地温暑，草木早生晚落，气异中国（中原），故令自择伏日"。这是因地制宜、有利于风习自然发展的明证之一。

汉、魏、两晋历史发展过程中，因方士游侠及道教、佛教活动先后活跃于社会舞台，故对民俗文化产生相应影响，使社会生活不同程度上增添了新的因素，习俗也有了相应变化。至汉时，有些方士游侠已渐与民间游艺融合或以民间游艺形式出现，在都市已颇为多见。晋葛洪辑抄汉代刘歆的《西京杂记》说："东海人黄公，少时为术，能制蛇御虎。佩赤金刀，以绛缯束发，立兴云雾，坐成山河……三辅人俗用以为戏，汉帝亦取以为角

抵之戏焉！"

《隋书·地理志》说："汉中之人，质朴无文，不甚趋利。性嗜口腹，多事田渔，虽蓬室柴门，食必兼肉。好祀鬼神，尤多忌讳，家人有死，辄离其故宅。崇重道教，犹有张鲁遗风焉！"当地习俗的特色是浓厚的，道教的影响也是广泛而深远的。

关于佛教的影响，《晋书·姚兴载记》记：后秦建都长安，第二代国君"姚兴托意佛道，公卿以下，莫不钦附沙门，自远而至者五千余人。起浮图于永贵里，立般若台于中宫，沙门坐禅者恒有千数。州郡化之，事佛者十室有九矣"。影响之大，可以想见。

由汉至隋唐及其后，陕西民俗发展的基本趋势、特点，地方志也多有记述。《中华全国风俗志》辑录《咸宁县志》的记述说："汉都长安五方杂处，风俗不纯，自隋唐都以来，争华兢丽，侈僭相仍，去汉抑又远矣。历宋元明，渐趋朴素。"这反映了社会风气发展变迁的历史规律，也是与经济发展的波浪式递进趋势有着相应联系的。

汉后经历了魏晋南北朝时期数百年的战乱，至隋统一全国，至唐建立了巩固的中央政权，经济有了很大的

发展，民俗文化也有了很大变化，全国呈现出一派欣欣向荣的新局面。

唐王朝建立后，民俗与官府的关系也甚为密切。《秦中岁时记》说："唐上巳日，赐宴曲江，都人于江头禊饮，践踏青草，谓之'踏青'。"《辇下岁时记》说："长安每岁诸陵，常以寒食荐汤饼鸡毬等，又荐雷子车；至清明上食，内园官小儿于殿前钻火，先得火者进，上赐绢三匹、金碗一口。都人并在延兴门看内人出城洒扫，车马喧嚣。新进士则于月灯阁置打毬之宴，或赐宰臣以酴醾酒，即重酿酒也。"

当然，京城平时管理还是很严的，不是节日，人们相互不会那么接近；一到节日，京城常开宵禁，"与民同乐"。《开元天宝遗事》说："京城街道，有执金吾，晓冥传呼，以禁夜行。惟正月十五日夜，敕许弛禁，前后各一日，谓之'放夜'。"让市民过灯节，看焰火。皇家从帝、妃到亲贵，也常登五凤楼赏灯、看焰火，有"火树银花不夜天"的盛况。

盛唐时，物阜年丰，丝绸之路畅通，长安商贾云集，八方荟萃。饭店、酒肆林立，汉、番共处，食具百味。在繁荣的饮食市场，胡风烹调，胡姬市酒，也颇增风采，蔚为民俗大观。李白《少年行》抒写当时情况说："五陵年少金市东，银鞍白马度春风。落花踏尽游何处？笑入胡姬酒肆中。"当时，胡姬学习用面做的有本民族特点的胡饼也闻名全国，白居易就有"胡姬饼样学京都"的诗句。据考，现在的芝麻烧饼即由当时的胡饼演变而来，而面食则是陕西人自古以来的传统主食，这同陕西的农业生产也是有密切关联的。

民俗是传统文化主要的表现形式，灞渭地区深受关中文化滋润，因而产生了自身独有、不同于关中别地的风俗文化。〔以上参见陕西省地方志编纂委员会编：《陕西省志·民俗志》，三秦出版社，2000 年〕

第二节
祓禊文化

祓禊是我国古代一种重要的风俗，又称祓除、修禊。应劭在《风俗通义》中记载："祓，除恶祭也；禊者，洁也，故于水上盥洁之也。"最初是人们为了祓疾除恶而举行的洗浴活动，《周礼注疏·女巫》中已有记载，故祓禊早在西周时期可能就已经产生，可能当时的祓禊还带有明显的宗教色彩。东汉时期的郑玄作注云："岁时祓除，如今三月上巳如水上之类。衅浴，谓以香薰草药沐浴。"

春秋战国时期，祓禊风俗依然盛行，《韩诗》曰："郑俗，二月桃花水出时，会于溱、洧水上，以自祓除。"祓禊多于春季举行，地点多选在都城郊外的水畔。

西汉时期，祓禊习俗进一步发展，并深受统治者的重视。长安作为西汉都城，势必成为统治者进行祓禊的重要地点。虽然长安周围河流遍布，但汉朝以东为尊，加之灞水水量充沛，故多于灞水之滨举行祓禊仪式。《汉书·五行志》中记载高后八年（前180）三月祓于霸上，《史记·外戚世家》记载武帝也曾于霸上举行祓禊。之后平帝时，王太后曾率皇后、列侯夫人等"遵霸水而祓除"。

东汉都城迁至洛阳后，皇族所主持的祓禊活动大多在洛水之畔举行。与西汉相比，这一时期的祓禊更为普遍，官民均可参与。灞水则还是长安地区人们进行祓禊的重要场所。据东

汉杜笃的《祓禊赋》描述，这一时期祓禊的形式更加多样，除了洗浴之外，还有饮酒、浮麦、谈诗书、歌唱等，其娱乐性明显增强。

至魏晋南北朝时，祓禊习俗依旧久盛不衰。曹魏时期，祓禊之俗不限于上巳一日，而延续至三日，洛阳城中官民皆于洛水之滨祓禊。这一时期描写祓禊的辞赋也比较多，较为生动地描写了当时祓禊的场景。

隋唐时期举行祓禊的水域呈现多元化，渭水之滨、曲江池、乐游原等地都成为祓禊的重要场所，但灞水之滨依然是祓禊胜地。《隋书·文学传》中有"祓除临灞岸，供帐出东郊"的记载。同时祓禊也成为唐诗的题材，例如张九龄、崔国辅、王维等人的诗篇中均有关于祓禊场景的描述。这一时期祓禊活动的形式较之前更为丰富，洗浴更趋简单化，娱乐休闲性则更为明显，郊游踏青、饮食宴乐、曲水流觞、泛舟嬉戏、吟诗作赋这些形式备受当时人青睐。

宋元以后，祓禊习俗还在延续，欧阳修、辛弃疾、范成大等人的词中都曾提及祓禊之俗，《辽史》中也有记载："王鼎……适上巳，与同志祓

禊水滨，酌酒赋诗。"清代王夫之还曾作过《被禊赋》。但是与隋唐时期相比，这一时期被禊习俗明显衰落，史籍中对其描述都较为简略。

被禊作为一种最古老、延续时间非常长的民间习俗，自产生以来，其形式不断丰富，一直寄托着人们对自然和生命的渴望、对美好生活的向往，从而形成了一种极具特色的文化。而灞渭地区的灞水之滨作为历史最为悠久的被禊之地，具有自身的地理优势和特点，在被禊文化的形成和发展中起到了十分重要的作用，而被禊文化也在一定程度上丰富了灞渭地区的文化内涵。

第三节
灞柳文化

历史上灞水两岸广植柳树，石桥流水、柳条依依、柳絮纷飞，形成一道美丽的景观——灞柳风雪，成为著名的"关中八景"之一，也是灞渭地区最具盛名的自然景观。同时，其所处的特殊地理位置、独特的意境，使其与"折柳送别"的民俗逐渐结合，受到古代文人墨客的青睐，从而又成为一道具有丰富文化内涵的人文景观。

汉时灞水两岸已广植柳树，到了春天，水波荡漾，柳枝飞舞，柳絮轻荡，风光秀丽。至东晋时，谢道韫一句"未若柳絮因风起"，以柳絮喻风雪，被传为千古佳话。自此之后，诸多文人都将柳与雪意境相连，灞水之柳也随之逐渐意化为灞柳风雪。

隋唐时期，灞柳风雪更是频频出现在诗人笔下。戴叔伦《赋得长亭柳》中"濯濯长亭柳，阴连灞水流。雨搓金缕细，烟裹翠丝柔"描写了秋日的灞柳景色与悠远意境。诸如此类的诗句还有很多，可见这一时期的文人墨客对灞柳美景的青睐。宋代都城东迁，隋唐古桥几经损毁，灞柳风光也遭到破坏，直到元代灞柳才重获生机。明清时期，灞桥几经修缮，灞柳风雪之景亦风姿不减。明人朱集义所刻画的《关中八景图》中的《灞柳风雪图》，形象而生动地展现了当时灞柳风雪的美景。正是由于这幅《灞桥风雪图》对灞柳景色的咏叹和渲染，灞柳风雪更具盛名。清人武林也曾画过一幅《灞柳风雪图》，此画采取工笔画法，其风格与朱集义之画不同，选取的只是灞桥西端的一角，但仍不失灞柳风雪的风采。

折柳送别是中国古代的一种行旅习俗。柳因其特殊的性质和意象而承载了人们的离愁别绪。送别是古代文学作品中极为常见的题材，其中有关折柳送别的诗歌也不在少数。除了前文提及的《诗经·小雅·采薇》以外，南北朝的乐府诗中也有此类诗篇，如北朝乐府的《折杨柳歌辞》："上马不捉鞭，反折杨柳枝。蹀座吹长笛，愁杀行客儿。"还有《折杨柳枝歌》《折杨柳行》等篇章均是对折柳送别时离愁别绪的抒发。

唐诗中有关折柳送别的诗篇更为多见，《全唐诗》中咏柳的诗大抵有四百首，其中多数皆为抒发离愁别绪。如李白《劳劳亭》："天下伤心处，劳劳送客亭。春风知别苦，不遣柳条青。"以此述说离别之苦。此外，白居易、王之涣、刘禹锡、王维、李商隐等人也都有这一题材的名诗佳句，由此可见当时折柳送别习俗十分盛行。宋元时期文学作品中柳的意象还比较常见，但写折柳的却不多。至明清时期，有关折柳送别的诗词更趋少见。

灞桥是古代长安城东最为重要的迎宾、送别场所，历史在这里上演了无数场的送迎别离。古人之所以选定灞桥作为送别之地，与这里特殊的地理位置是分不开的。首先，灞水是长安以东的天然屏障，跨过灞桥就出了长安范围，"盖出都而野，此其始也"，送至这里便是送至长安边界。其次，东出长安的道路在灞桥以东分为函谷道、武关道、蒲津关道三条，行人跨过灞桥以后就走向了不同的方向，踏上了行旅远途。再次，历史上灞桥两岸一直设有驿站，行人至这里可稍作休息，送行之人也可以在此与行人依依话别。灞桥是古人送别的重要场所，这里又广植柳树，自然与折柳送别的风俗有着密切联系。灞柳送别使得灞柳文化除了灞柳风雪的自然美景外，又具有了浓厚的人文色彩。

灞柳送别也是古代送别文学题材中重要的组成部分，如李白的《忆秦娥》，其中的"年年柳色，霸陵伤别"明确写出了唐人在灞桥折柳送别的场景。时至今日，也不乏追忆灞桥折柳的诗词。众多的灞柳送别诗词使得灞桥折柳送别的风俗更具影响力，也得到更为广泛的传播，同时灞柳送别诗也在一定程度上丰富了灞柳文化的内涵。〔以上参见石维娜：《浐灞地区

历史地理研究》，西北大学 2012 年硕士学位论文〕

第四节
庙会文化

庙会是我国传统的节日形式，反映了民众心理和习惯。其渊源可以上溯到古老的社祭。就庙会的活动内容来说，明清之前偏重于祭神赛会，在民间商业贸易方面相对薄弱。到明清以至于近代，庙会才真正定型、完善。集市贸易是庙会的重要形式。"熙熙攘攘人如云，适用百货两边分。呼儿唤女上街去，农村庙会闹似春。城乡发展和谐劲，新风处处耳边闻。亲朋好友一堂聚，明年今日还相寻。"这首诗描绘的就是逛庙会时的热闹场景。

新筑镇的传统古会于每年农历四月初八举行。相传此会远在清代即已形成，其规模声势闻名于周围各县。每逢会期，临潼、高陵、渭南、周至、户县等地的骡马客商和商洛地区各县的贩牛客商，络绎不绝前来交易。鼎盛时，市场可汇集牲畜千匹以上，为周围各镇所不及。渭南、商洛、长安、蓝田等地的土产山货、日用农具，沿山各地的竹器、扫帚等囤积于镇周围的场地，摆摊设点。全镇街巷，人流如潮，摩肩接踵，参会群众多至数万。四月八日正会这一天，多达五六万人前来参会，商号售货应接不暇，销货数量居全年之冠。一年一度的四月八日古会后，紧接着夏收来临时一次大规模的物资交流会，也是新筑镇商号的盛大节日。1949 年以后的新筑镇四月八日古会，物资交流的范围更为广泛，集市规模较前更大。每年逢会，定例演戏助兴，聘请西安有名剧团，在街道南北两端戏楼对台演出，因名流迭出，观众人山人海，许多人为看戏也纷纷上台助兴，外地的马戏、魔术等团体亦争相前来献技。因此四月八日古会又是新筑地区的文化教育、民间艺术表演和娱乐大会，成了新筑一带农民一年之中的盛事。

狄寨镇的清明节古会历史悠久，规模较大，影响波及省内外多个地区。原来，鲍旗寨村西有个小庙，实为一座寺院。寺院庙门前有一座 5 丈高的铁塔，气势雄伟，因而此寺又被称为铁塔寺。此寺占地 20 多亩，房舍成排，前后殿高大，再加上树木葱郁、古柏参天，远处看去犹如一个村庄，故老百姓称此寺为小村庙。小村庙西北是汉文帝之母薄太后墓，清代朝廷府州县衙年年派人前来祭祀。清明节前后官道上、田野里扫墓祭祖的儿女晚辈、郊野春游踏青的男男女女络绎不绝，并且逐渐演变成麦收大忙前农具、家具、骡马牛羊等牲畜、家禽及农副产品的交流会。届时蓝田、长安、临潼、高陵及商洛等地的客商也前来赶会交易。再加上到寺院烧香许愿、看戏耍社火的人群，清明节古会成了人的海洋，显得十分繁华热闹。民国时期铁塔寺原址改建为小学。1949 年以后，又在附近兴建了西安市第六十二中学。古庙宇虽不复存在，但清明节古会延续至今。每年清明节照例如期举行物资交流大会，规模比过去更大，人比过去更多，气氛更为浓烈。近年来，狄寨镇政府在铁塔寺西 300 米的地方建起了一座 10 米多的高塔，上塑白云石及不锈钢制作的狄寨原标志——白鹿。

第六章

【科技文化】

本章主要通过造船与铸模、航运与漕渠来反映灞渭沿线的科技文化。陕西造船、航运历史皆十分悠久。西安长期作为封建王朝的首都，渭河作为长安连接关东的重要水运交通线，对于造船、航运都十分重视，并且为了解决关中粮食不足的问题，政府主持修建了漕渠，当时无论是造船还是漕渠修建等技术都领先于全国。宋代以后，西安都城地位丧失，灞渭水量减少，关中水运日趋衰落，灞渭地区无论是造船技术还是航运都逐渐不及沿海地区。时至今日，渭河上基本已经没有航运，我们只能通过文献资料才能恢复昔日渭河水运的辉煌。

第一节
造船与铸模

据考古发掘，在河姆渡新石器时代文化遗址上出土了7000 年前的雕花木桨，在陕西宝鸡也有船形陶壶出土，可以推测当时渭水流域已经出现超越独木舟而结构更加复杂的木船。

殷商时代的甲骨文中的"舟"字，象形为纵向和横向构件组成的木板船，说明我国的木板船在距今3000 年前已经产生了。

春秋时期，随着冶铁技术的发展，铁制木工工具的使用以及各国间某些以水战形式出现的兼并战争为传统造船技术的发展奠定了基础。这一时期，舟船制造业逐渐兴起，国家设有制造舟船的专业工厂，称为"船宫"、"舟室"或"石塘"，工厂的造船工人称为"木客"。

战国时期的造船技术又有了进一步发展，可从当时的青铜器船纹窥得一二：战船有甲板，甲板之下划桨，甲板之上作战，并且已经使用铁箍连接船板，借用风帆助力。

秦汉时期，我国古代的造船技术获得了重大发展，出现了中国造船史上第一个高峰。秦始皇在修灵渠时为了解决当时渠道地势高的问题，在比降大的处所建置若干斗门，即今日闸的先导（如图1-1）。当船舶由低水位上溯高水位时，先将船舶后方的斗门关闭，打开船舶前方的斗门，待两个斗门间的水位相平时，船舶即可驶入前方的水域。

汉代造船技术有很大的进步，船体结构普遍采用铁钉连接和榫合方法以及油灰麻线捻缝技术，这远比当时

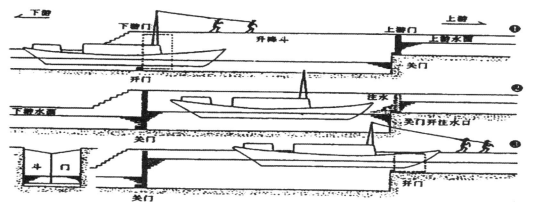

图 1-1

西方的皮索捆扎连接强度大。关中有两个造船基地，一是京兆尹船司空县（渭河、北洛河、黄河交汇处附近），二是长安南侧的昆明池和上林苑。汉朝南征百越及东征朝鲜选用水路船运军需物资，从而也推动了造船技术的进步。《太平御览》引用扬雄《方言》说："舟，自（潼）关而西谓之船，自关而东或谓之舟，或谓之航。"这说明此时已经注意到舟船的地区特点了。又《太平御览》关于豫章大船则载："武帝作大池，周匝四十里，名昆明池。作豫章大船，可载万人，船上起宫室。""豫章大船"是带有多层建筑的楼船，其形制规模当是：甲板之

下为舱，供棹卒划桨之用；舷边设半身高的防护墙，称为女墙，以防敌方的矢石；在甲板上女墙内设置第二层建筑即为庐，庐上的周边再设墙。楼船的图样（如图1-2）。

图 1-2

还有行驶于渭河漕渠上、用于运粮的漕船，其形制为方头平底船，即把两只方头平底船用木板连并成舫，以扩大装载面积。总体来说，汉代的

船上已普遍设有甲板和上层建筑，船首船尾都有向外延伸部分，称为"前出艄"和"后出艄"，可扩大甲板的装载面积。虽然以上所述乃全国之情况，但长安作为秦汉时期的都城，是当时重要的造船场地，灞河、渭河水运又直接与长安相连接，是首都通往全国各地重要的水运通道，其造船技术定不会低于全国水平。

在船具方面，船舶属具是航行中不可缺少的器物，是伴随船舶技术进步而逐步发展的。汉时，各种船舶属具已基本齐备，发明了橹和桨，普遍装有桅杆、舵、长桨、短桨等。桨由桨叶和桨柄两部分构成，桨叶为扁板，桨柄多为圆杆。纤是用来牵引舟船前进的索具，通常用竹篾编成，在汉代关中漕渠中应用广泛。橹是船舶推进工具中带有突破性的重大发明（如图1-3），据史料分析最晚出现在汉代，比桨有更高的效率。因橹是纵向布置，左右摇动橹柄，橹板则在水中以较小的攻角滑动，操作时很省力，却能产生较大的升力推船前进。此时对舵和梢也有了进一步的改造。从出土文物看，汉时的舵应是全世界最早的舵。

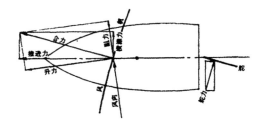

图1-3

晋代农民起义军将领卢循曾于义熙年间（405—468）造八槽舰，即用水密舱壁将船体分割成8个舱的舰船。这种水密舱壁到唐代已经普遍使用。同时期还出现了车轮舟，此舟是将推动工具桨转化为桨轮，连续转动桨轮，则桨叶不断划水，不仅可以连续推进，也可避免用手划桨时造成的虚工，在同一根轴上可因船宽的大小安装很多脚踏板，由很多人同时踏之，不仅大大提高了船速，也提高了船的机动性。

隋唐时期是中国封建社会的鼎盛时期，它的鼎盛体现在社会、经济、科技的每个细节上的发达，造船技术自然也不例外。隋时，先是为了攻打南方的陈朝大造舰船、训练水师，形成了以五牙舰为主力的舟师。《隋书》中对于五牙舰的描述为"上起楼五层，高百余尺，左右前后置六拍竿，高五十尺，容战士八百人"。在此之前，

船上最高只有三层建筑。通过相关历史文献，今人对其做了复原（如图1-4），可窥其壮观样貌。后隋炀帝为更好地

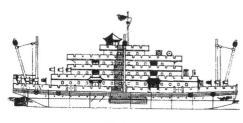

图1-4

控制南方，开凿了举世闻名的大运河，又多次巡幸江都，特造龙舟及各种游船万艘，虽说是腐朽奢靡，但客观上对当时造船技术的发展起到了巨大的推动作用。虽隋代龙舟的形制、式样在现存的文物中尚未发现，但必定比之前有所发展。

唐代的内河航运十分发达，特别是后期为漕运江南的粮食，对渭河、

浐河的利用也较多。安史之乱之后，刘晏担任转运使，他经过实地考察，根据各河道的深浅程度、水流缓急等情况，聚集船匠，建造了多种形制的漕船，如为了应付黄河的急流，建造了"上门填阙船"。为解决渭河水量小、河床淤沙等问题，隋唐时期沿河修仓、实行节级转运。此外，在唐德宗贞元初年，陕虢观察使李泌为改善渭水航运情况，对渭水运船做了一次专门改进。改造后的渭水运船称为"方五板"，其具体形制现已无从考察，经今人研究，大概是以五板相并，制成宽平的平底方头漕船。另有一种在关中航行过的"小斛底船"，平底、斜帮，船头、船尾较平直。从今天出土的唐代木船（如图1-5）可以窥得当时的造船技术。

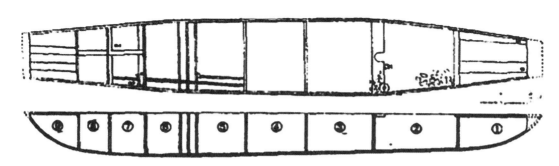

图1-5

此船复原后约长18米，宽2.58米，船深1.6米，船体细长，用三段木料榫

合而成，首部和尾部较狭，船底横断面呈圆弧形。其进步之处是：船分为9

个船舱，各舱既是一个整体又相互隔离；两舷和隔舱板以及船舱盖板均用铁钉钉成，它的两舷共用 7 根长木料上下叠合。这种重叠钉合的办法称为"人字缝"，此种技术在当时世界上无与匹敌。

唐时还发展了各种水战具及车轮战舰。唐人李筌在其《太白阴经》中分别列出了 6 种战术作用不同的舰艇：楼船、艨艟、战船、走舸、游艇、海鹘船。这 6 种战船中前 5 种前朝已经出现过，唯有海鹘船始见于唐代，其性能特点是摇摆幅度小、稳定性强。海鹘船较其他船的优越之处有两点：一是在船型上"头低尾高，前大后小，如鹘之状"；二是在装备上"舷下左右置浮板，形如鹘翅"。而车船通过唐人李皋的改进得到了进一步发展。

唐末五代近百年的割据战争使中国经济遭受了巨大破坏。赵匡胤建立宋王朝后，与辽、金、西夏战争不断，使宋朝与西方联系的陆路交通严重受阻。由于陕西地处内陆，又失掉了政治中心的地位，陕西的航运业（特别是渭水的航运）受到很大的影响，汉唐的漕运高潮再未出现。不过由于经济、军事形势的需要，一些河道的竹木、煤炭、粮食运输仍兴衰不定。这一时期，水路的变化、货物构成及流向均呈现出不同于前代的特点。北宋建都汴梁（今河南开封）后，形成了以此为中心的水路交通网。北宋前期，陕西漕粮皆由渭水、黄河而下，达于汴京。后来因与西夏长期作战，边地用粮增加，又将关东之粟转入陕西，所以北宋对于渭河运道及支流河道相当重视。这一时期，渭河运道及其支流河道所运物资以竹木、薪炭为大宗。

陕西的渭水上游盛产良木，除供造车外，也就地制造船只，其生产规模和工艺技术曾一度领先。船舶的建造顺序，从建造船坞、聚集船材、计算船价、设计模型直到竣工下水都有周密的计划。据记载，各种水运工具有舟船、革船、皮筏、木筏等。

陕西凤翔府的斜谷（眉县）及汉水金州（安康）也是重要的船舶生产地。我们可从当时的一些绘画作品中看当时的造船工艺（如图 1-6），在船型上已有明确的货船与客船的区别。客船与货船最大的不同乃是客船尾部向后延伸（称为虚梢），增加了甲板和舱室的面积；而货船则以拱形顶棚代替甲板的设计，更方便装卸货物。

图 1-6

从古船出土的考古发掘报告来看，船的舷板多用楸木、楠木或槐木，横梁为槐木。民间所制的船主要是就地取材，制作不精，但结构仍有其合理性。船虽未装设横水密舱壁，却设有 12 根较强的横梁（如图 1-7），舱底设有

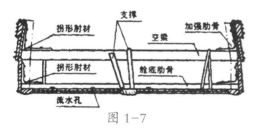

图 1-7

12 根肋骨，这样船底板及舱底肋骨、舷板和空梁就构成封闭的框架，又在每道空梁之间加设一道肋骨，从而保证船的横强度，利于在河中航行。而船舶属具中，发展最快的应是舵。宋代发明了平衡舵，舵叶用竖向板拼接，纵向用木桁材加固，这已与近代舵叶结构无甚区别。车轮舟也在此时得到

了空前发展，其形制规模在陆游的《老学庵笔记》中有过精彩的描述："长三十六丈，广四丈一尺，高七丈二尺五寸。"其规模可见一斑。

元代的海上漕运突破以往任何一个时代，虽然准确微观记载元代船舶的历史资料较难寻获，但考古研究中所挖掘出的实物船仍可使我们了解到元代船舶在设计、构造及施工中的许多精湛之处。目前发现的元代沉船分别有海船、战船及木船一艘。海船即新安船，具有截面为 700 厘米 ×500 厘米的龙骨，呈曲线形，龙骨分中段、尾段和首部，总长 24.6 米。舱壁与外板的交界处设有肋骨并称之为舱壁周边肋骨。以船舶中部最宽处为界，中部以前的舱壁，其肋骨设在舱壁板之后，中部以后的舱壁，其肋骨设在舱壁板之前，这种装配模式可以保证舱

壁不致向前或者向后移位。每个舱壁的最低点附近都有一个方孔，用于排除积水，只要用木塞堵上就可以保证完全水密。且舱壁板的横向板列相互间开有凹凸槽（如图1-8），可避免舱壁板列的相对错位，从而增加舱壁的整体刚性，这是元代造船业取得的巨大进步。外板是鱼鳞式构造并用舌形榫头与壁连接。

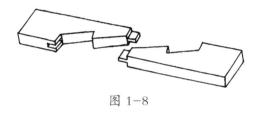

图 1-8

以上船只虽体现了元时造船技术的高超，但渭、灞河等内河航运还是多以木船为主。木船船板多用杉木，皆为11列底板，平底，船中剖面略如盆状，舱口开得较大，便于货物的装卸。船板的连接为齐头错缝平接，梁与舷接合处仅用大钉钉牢，工艺简洁，但仍有其合理性。

明朝是当时亚洲一个强大的国家，前期郑和七次下西洋，开创了当时航海的盛举。然终究是"孤帆远影"，其后航海事业很快衰落，与之密切联系的造船业也相对没落了。与宋元时代相比，明代曾有多种有关船舶、船厂的著作问世，对船舶的形制、法式、生产量、用工用料等都有详细的论述，如《天工开物》《南船记》《龙江船厂志》《漕船志》《筹海图编》等，记载了各种船只类型。而具体的船舶形制、工艺技术通过发掘的古船反映得更加清晰。迄今为止，共发掘有明代古船两艘，一为河船，一为海船。河船是木船，制造年代应当是在洪武初年，其底板、舷板、舱壁板、甲板及货舱开口等构件基本完整，船体用用为松木，底部以9列木板构成，舷侧略高于吃水线处，有以两块木料构成的护舷材，可称为"浮拉"，有利于增加纵向强度。在甲板上由纵桁材、浮拉与船底部的龙骨板、底板组成强有力的纵通构件。在船舶承受纵向弯曲力矩时，这些构件对保证船舶强度非常有效。而板列端接缝的对接采用倒钩式，称钩子同口。钩子同口技术在元末出现过，而如今却在内河船中出现，说明明代的造船技术已经获得了普遍性的提高。海船与郑和宝船虽较之河船工艺应更为先进，但毕竟适用于海上，对处于内陆的渭、灞、浐河地区影响较小，兹不赘述。宣德六年（1431），在郑和最后一次下西洋后，明政府开始采取禁海政策，因而大大限制了造船业的发展。

清政府入主北京后很长一段时间，南方一直存在着此起彼伏的抗清斗争，特别是为征伐台湾，客观上推动了官办造船业的发展。清初严禁民间船只出海，直到康熙二十四年（1685）颁布"展海令"后，内河与沿海造船航海业才逐步复苏。但传统造船技术在这一时期发展缓慢，创新较少。清朝大运河的漕船仍按明制，但也有创新船型"两节头"。这种船总长为100尺，宽11尺，船深为3尺，前进主要是靠撑篙和纤，为此设有高度为60尺的桅杆。"两节头"的特点是在船体的构造上分成两段，用铁铰链连接，在接头处可方便地连接或者脱开。这样的特点使船身过长的船即便是在狭窄的河中回转时，也能方便地将连接的铁铰链脱开而灵活地调头。总之，清代前期造船技术已大大落后于前代与西方。

晚清民国时期，内河航运仍以传统水上运输工具——排筏、木帆船为主，且都是靠船工摇橹搬棹来推动木船前进。在各河上游段，普遍使用竹木排筏，而中下游段是式样繁多的木船。对于木船的修理、制造，在当时的陕西境内并无固定专设的船舶修建工厂，只在各条航道沿线的一些港口有船只的修造点，这些场地所造木船，多数以青冈木做船底，白杨木、楸木做船帮。

第二节
灞渭沿线的航运与漕渠

对于史前水陆交通之具体情况，由于史料的限制，目前所知不多。但根据当时较今温暖湿润的气候及林木、沼泽、湖泊密布的自然环境推断，应该是水上交通更为方便。

西周、春秋及战国时期，陕西的舟楫之事多有记载，渭河以舟渡，"亲迎于渭"及"谁谓河广，一苇杭之"初步说明渭水上有航运。历史上著名的"泛舟之役"，即秦国为解救晋国饥荒"输粟于晋"，通过渭河运输粮食至晋地，亦可反映灞渭的航运历史悠久且事迹辉煌。

由于秦祚短暂，其时是否通过渭河漕运粮食还待进一步考证，但普通民众的渡河活动却一直进行着。西汉时期几乎没有关于陕西境内各河流人员乘船航行的记载，东汉时期则有几次舟船载人航行的记录，大多出于军事原因。渭水在汉代是关中最重要的水路这一点毋庸置疑。楚汉战争中，汉军所需要的粮食给养，全由萧何从关中筹措再通过渭水运往关东。而娄敬在说服刘邦定都关中时也提出"河渭漕挽天下，西给京师"，足以看出渭水河道对汉王朝的重要性。虽然为了使漕运顺畅，在渭水旁另开了漕渠，但漕渠开通后，仍有相当一部分漕粮继续依赖渭水转运。每年夏秋两季，渭河、漕渠上漕船数以万计，可见其盛。

东汉建都洛阳，东方的贡赋都集中到洛阳，不再西运，文献上基本找不到有关渭河及漕渠水运的记载，渭河河道上官方活动大量减少。建安十六年（211）曹操与马超战于潼关，"操潜以舟载兵入渭"，利用过渭水河道。

都于长安的隋唐王朝对渭水、漕渠的大力整修及利用，使得这一时期灞渭地区的航运空前绝后。隋朝开通广通渠之后，广通渠在漕运上发挥了巨大的作用。而唐朝初年虽未整修隋末废弃的漕渠，从关东各地漕运的粮食也很少，但东渭桥设立渭桥仓的地方已然成为一个重要的航运码头。此地在漕运旺季，航舟聚集，颇有江南水乡的气象。裴耀卿实行节级转运法之后，水陆并用，在沿河多置仓库、码头。之后，韦坚开挖漕渠，凿广运潭专门用于船舶停放，漕渠开通举行庆典时，一次就有两三百只船停聚在此处。

安史之乱后刘晏担任转运使，改造漕运制度，并且根据不同河流的水道情况制作不同的舟船。如对渭水运船做了一次专门改进，经改造后的渭水运船称为"方五板"。通过这次改造，渭河航运又兴盛起来。

宋朝定都于汴梁，当时漕运之法分为四路，陕西之粟便是其一，是自三门、白波转黄河入汴至京师，渭河水运包括在其中。但由于航运艰难、运费又贵，到嘉祐四年（1059），渭河便不再漕运粮食了。其后渭河水运仅用于运输秦岭山区之竹木，虽屡次议开漕渠，但都未果。治理河渠的技术成就体现在北宋末年，出现了一种设于河渠岸边测量水位变化和计算河渠水量的度量工具，是当时较为科学的水位观测设备。

金代时也曾调关中之粟以济关东，

是直接用舟船顺流而下，后因战事，也间或利用渭水向东漕运粮食。

元代时，主要依靠大运河及海运转输粮食，只有在陕西出现饥荒灾情时才会由渭水转运外地粮食入关中。这一时期虽官方漕粮活动减少，但民间河运活动则愈来愈多。

明清时期渭水通航河道一般是指咸阳至三河口一段，全长约400千米，可长期通航。不同的河段载重不同，渭水宽浅处可行中等之船，大约载重几万斤至10万斤，上游则只能在大水时期通行较大的船只。而沣河、潏河等渭河南岸支流，由于逼近秦岭，多流程短，河床比降大，水流急，虽水力资源丰富，却难以用于航行。只有黑河水量较丰，清代时顺流"放厢"（秦岭所产木材顺流放下出山）很活跃。

在1934年陇海铁路通至西安以前，由于西潼公路路况较差，关中东、西部的物资转输一大部分都依靠渭河航运。渭河的宝鸡—咸阳一段，由于水量少，平时只能通过木筏，丰水时才能行船；西安北侧草滩镇到潼关一道，河水深，载重可达6万斤，沿途有多处成为盐、皮货、药材等物资集散地。货运航船以山西的方船为最多。

漕渠的修建和使用主要集中在汉唐时期，具体情况前文已有所述，现在仅就技术层面的因素加以说明。

由于关中为天子所居，人口密集，需不断从关东地区漕运粮食。汉武帝初期漕运主要是利用渭水、黄河的天然河道进行的，但由于渭水曲折迂回，水浅沙多，漕运不仅费时费力，运粮损耗也多。于是大司农郑当时建议沿着渭水另开漕渠。武帝元朔三年（前126）渠成，以渭水为主要水源。到元狩三年（前120）汉武帝凿昆明池蓄水，又修渠引水入漕渠，因而昆明池也成为漕渠的水源地。关于漕渠渠首的位置学界还有争议，大部分学者认为在今钓鱼台附近，当地渭河水道狭窄，利于筑堰引水。漕渠东流入灞后会随着灞河下流，但要继续东流，需得将引水口放在灞河下游，这种东西两岸不对齐的方式表明漕渠渡灞时采用的是自流或导游堰引水的方式。

关中尽管号称"沃野千里"，但毕竟狭小，随着隋唐时期长安城人口的增多，粮食供应不足成为重大问题，不得不转关东粮食。当时渭水河道水曲多沙，因此只得循西汉旧例，另开漕渠。三个月后，漕渠修复完工，名"广通渠"。

当时西汉的漕渠虽然废弃不用，但旧迹仍存，故此时只是对西汉的渠道加以整理，但也有些许不同，如在灞河东岸，隋漕渠用的是汉漕渠支线；灞河西岸，隋漕渠路线相应地也向上游推移，并且在越灞河时修了堤堰。

唐初期，并未对漕渠加以整治，高宗武后时期多就食洛阳。开元二十一年（733），唐玄宗用裴耀卿主持漕运，恢复了渭河运道，但并没有解决渭河本身水浅沙多的问题。直到天宝元年（742），韦坚"绝灞浐，并渭而东，至永丰仓与渭合"，即在灞、浐两河交汇处建了滚水堰，横截河水修复了已淤塞的隋代广通渠，并且在灞浐之汇兴修广运潭作为码头，从此步入唐代漕运的新时期。

第四编·图像

　　灞渭三角洲地区在西安城市发展与航运漕运领域占据着重要的地位，也留下了许多珍贵的地图和遗址遗存照片。

第一章

【地图】

通过灞渭三角洲地区和长安「八水」在西安市区的河流走向以及与西安市的关系等图示，可以对该地区形成一个更好的宏观印象。

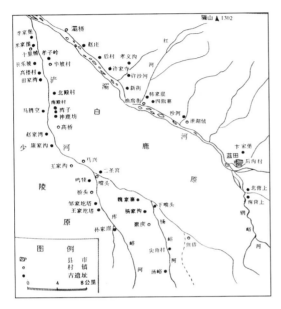

浐、灞两河沿岸古文化遗址分布图（引自《西安古代交通志》第15页）

长安附近仰韶及西周遗址分布图（引自《西安古代交通志》第16页）

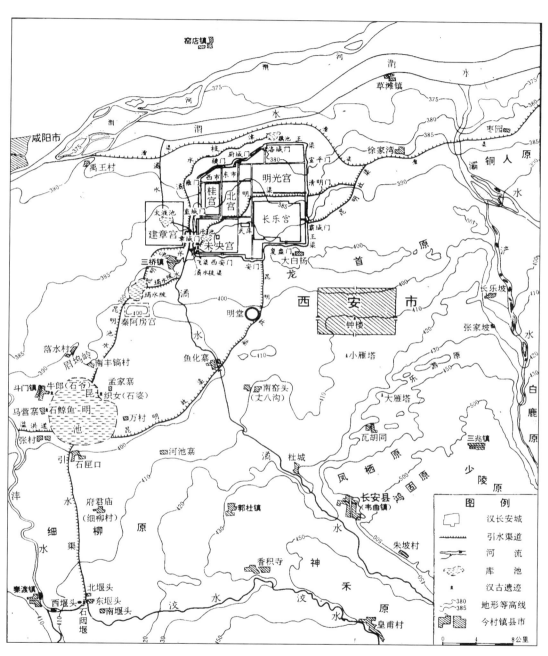

汉长安城附近地势与城市引水示意图（引自史念海《西安历史地图集》，马正林、张慎亮编制，1994 年 5 月）

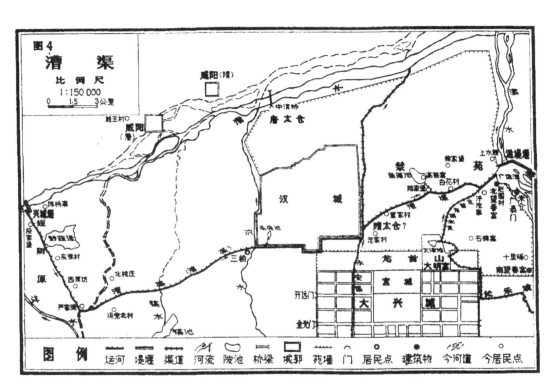

关中漕渠图（引自史念海《西安历史地图集》附图）

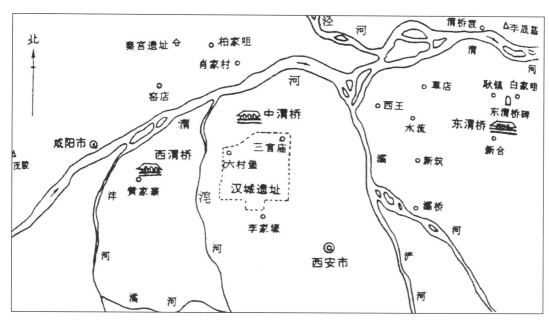

三渭桥古桥址分布示意图（引自张永禄主编《汉代长安词典》第 19 页）

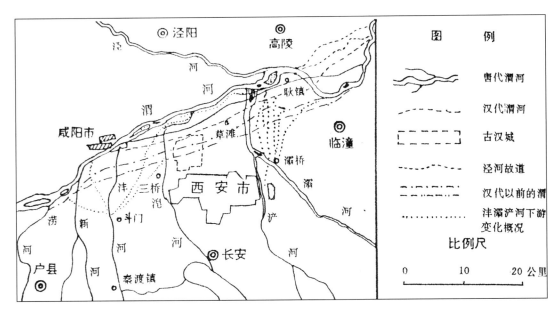

渭河南岸古河道遗迹状况（引自《西安市地理志》）

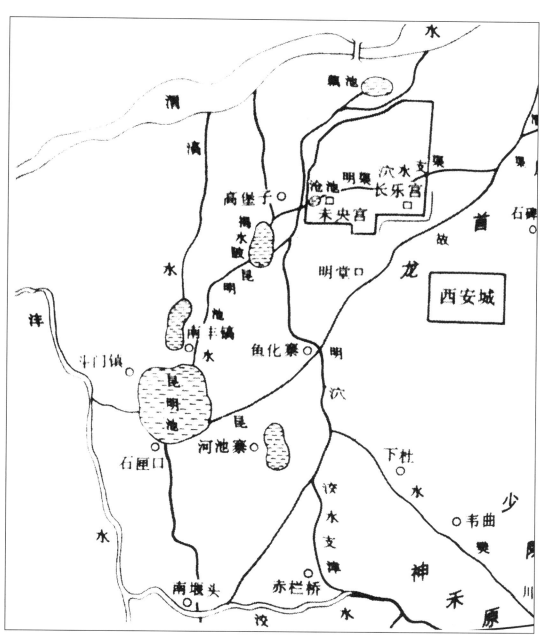

汉长安城附近渠道河流示意图（引自张永禄主编《汉代长安词典》第 92 页）

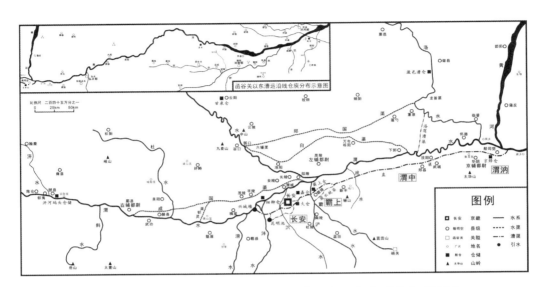

西汉关中漕渠复原图（引自史念海《西安历史地图集》附图）

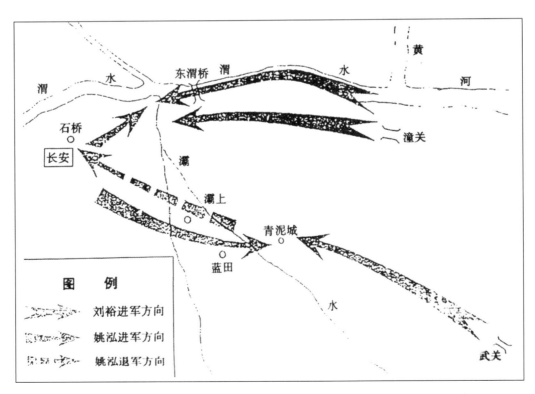

东晋刘裕、姚泓长安之战示意图（引自张永禄主编《唐代长安词典》）

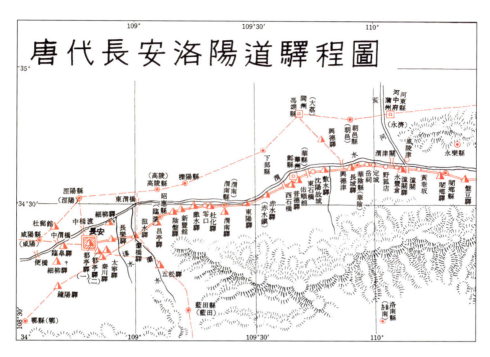

唐代长安洛阳道驿程图（引自史念海《西安历史地图集》附图）

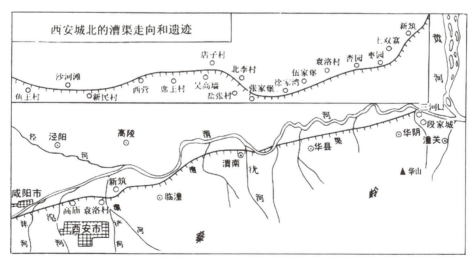

关中漕渠图（引自《陕西师范大学学报》1983年第4期第93页）

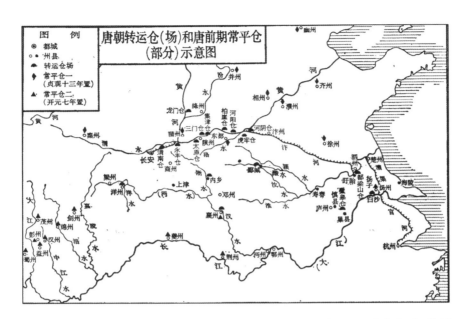

唐朝转运仓和唐前期常平仓（部分）示意图（引自张弓《唐朝仓廪制度初探》第 29 页）

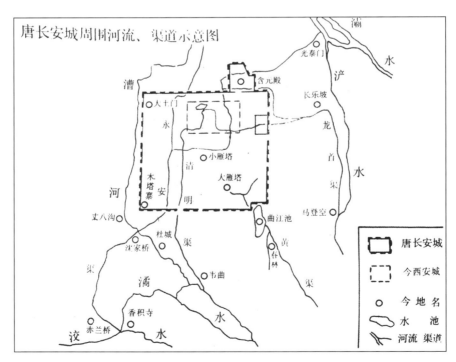

唐长安城周围河流、渠道示意图（引自张永禄主编《唐代长安词典》）

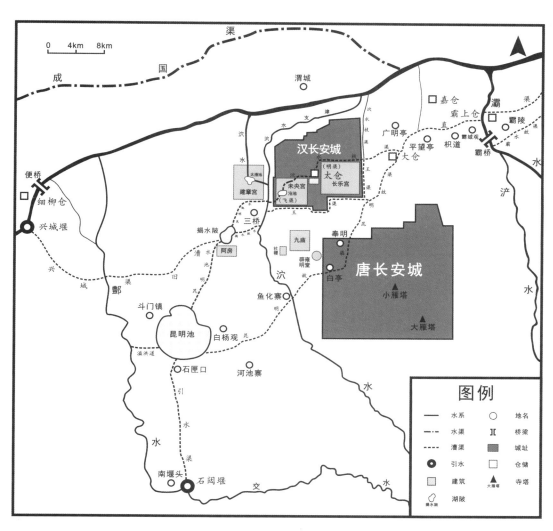

长安段诸渠（引自史念海《西安历史地图集》附图）

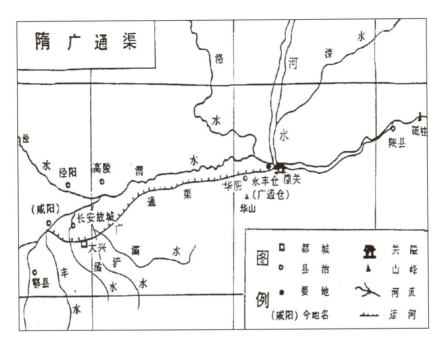

隋广通渠图（引自史念海《中国的运河》第 151 页）

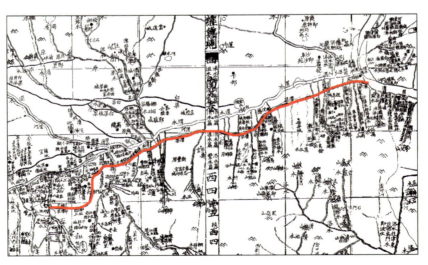

关中漕渠图（引自杨守敬《水经注图》第 169 页）

第二章

【遗址遗存】

通过展示灞渭三角洲地区从上古时期遗留下来的珍贵遗址遗存，更形象地体会该地区的人文概貌。

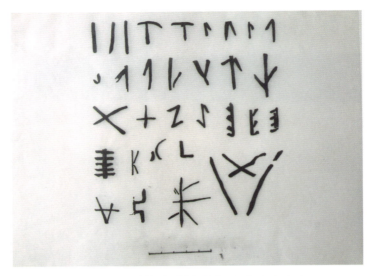

陶器上的刻符（灞桥区半坡遗址出土）

半坡人用的骨鱼钩（灞桥区半坡遗址出土）

半坡遗址的窖穴（灞桥区半坡遗址出土）

葫芦形彩陶瓶（西安姜寨遗址出土）

鸟头形雕塑（灞桥区半坡遗址出土）

刻画符号彩陶钵（灞桥区半坡遗址出土）

灞渭文史宝典

兽形雕塑（灞桥区半坡遗址出土）

人面鱼纹盆（灞桥区半坡遗址出土）

半坡遗址平面布局图
Map of Banpo Site

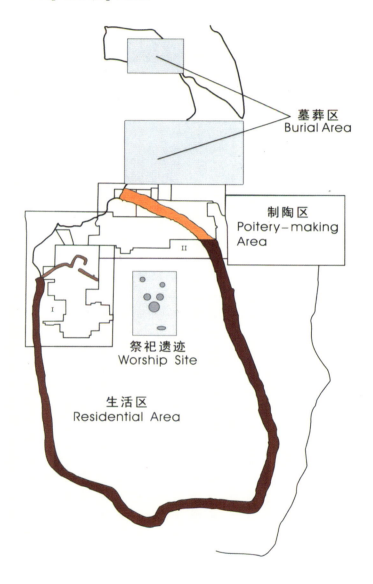

墓葬区
Burial Area

制陶区
Poitery-making
Area

祭祀遗迹
Worship Site

生活区
Residential Area

半坡遗址平面布局图

隋代灞河桥桥墩遗址

东渭桥遗址发掘现场

汉·"长乐未央"瓦当残片（西安新寺遗址出土）

西汉·陶鸿雁（灞桥区浮沱寨汉墓出土）

灞渭文史宝典

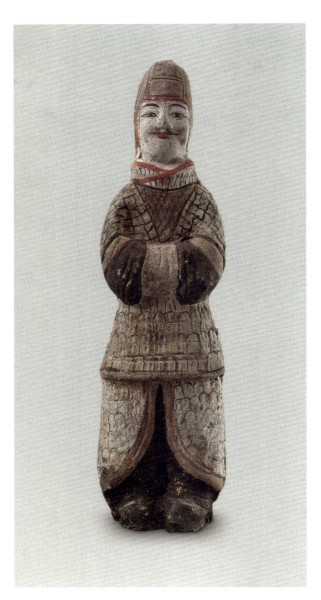

十六国·彩绘白衣铠甲俑（灞桥区洪庆原出土）

十六国·彩绘黑衣铠甲俑（灞桥区洪庆原出土）

隋·大业元年铭魏天得造坐佛像（灞桥区出土）

唐·垂双鬟女立俑（灞桥区新筑乡于家砖厂唐金乡县主墓出土）

唐·抱犬狩猎胡俑（灞桥区新筑乡于家砖厂唐金乡县主墓出土）

唐·陶猪（灞桥区新筑乡于家砖厂唐金乡县主墓出土）

唐·"金筐宝钿"金花饰（灞桥区灞桥镇吕家堡村出土）

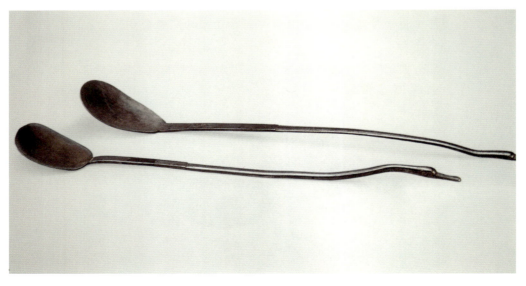

唐·鹅首长柄银匙（灞桥区洪庆镇田王村出土）

唐·花瓣形错金花鸟纹银盘（灞桥区新筑乡枣园村出土）

灞渭文史宝典

唐·金背瑞兽花枝镜（灞桥区马家沟村出土）

唐·金鸾凤（灞桥区红旗乡郭家滩村出土）

唐·素面小银碗（灞桥区洪庆镇田王村出土）

唐·团花纹镏金银唾壶（灞桥区新筑乡枣园村出土）正面

唐·团花纹镏金银唾壶（灞桥区新筑乡枣园村出土）侧面

第五编·诗文曲

　　汉代以来，有无数的诗人、文人游历灞渭三角洲，留下了大量的诗词歌赋。无论隋唐盛世还是明清时代，人们在灞桥迎来送往，折柳送别，吟诗答对。众多的文学作品都反映了作者对于灞渭以及西安怀有的挚爱情怀，有的作品已经成为中国文学史上的名篇。其他的民间传说、戏曲词文等或反映了灞渭三角洲周边的民风民俗，或演绎了文人雅士游赏灞渭的境遇与心境。这些都丰富了灞渭三角洲的人文历史，让这一地区更具人文气息与历史内涵。

第一章

【诗词赋】

灞渭三角洲地处西安市东北，是历代文人雅士迎来送往的一个重要地点，因此形成了『折柳送别』的习俗。反映在诗词之中，就是大量的诗词以缅怀友人、离别伤愁为主题，兼有一小部分描述灞桥、灞柳风景的寄情诗词。

第一节
两汉至魏晋时期

上林赋（节选）

［汉］司马相如

且夫齐楚之事，又乌足道乎！君未睹夫巨丽也，独不闻天子之上林乎？左苍梧，右西极。丹水更其南，紫渊径其北。终始灞浐，出入泾渭；酆镐潦潏，纡馀委蛇，经营乎其内。荡荡乎八川分流，相背而异态。东西南北，驰骛往来，出乎椒丘之阙，行乎洲淤之浦，经乎桂林之中，过乎泱漭之野。汩乎混流，顺阿而下，赴隘狭之口，触穹石，激堆埼，沸乎暴怒，汹涌彭湃。滭弗宓汩，逼侧泌㴸。横流逆折，转腾潎洌，滂濞沆溉。穹隆云桡，宛潬胶盭。逾波趋浥，涖涖下濑。批岩冲拥，奔扬滞沛。临坻注壑，瀺灂霣坠，沈沈隐隐，砰磅訇礚。潏潏淈淈，湁潗鼎沸。驰波跳沫，汩㶁漂疾。悠远长怀，寂漻无声，肆乎永归。然后灏溔潢漾，安翔徐回，翯乎滈滈，东注太湖，衍溢陂池。于是乎蛟龙赤螭，魱鳎渐离，鰅鳙鳙鳋，禺禺鱿鳎，捷鳍掉尾，振鳞奋翼，潜处乎深岩，鱼鳖讙声，万物众伙。明月珠子，的皪江靡。蜀石黄碝，水玉磊砢，磷磷烂烂，采色澔汗，丛积乎其中。鸿鹔鹄鸨，鴐鹅属玉。交精旋目，烦鹜庸渠，箴疵鸃卢，群浮乎其上。泛淫泛滥，随风澹淡，与波摇荡，奄薄水渚，唼喋菁藻，咀嚼菱藕。

西都赋（节选）

[汉] 班固

汉之西都，在于雍州，实曰长安。左据函谷、二崤之阻，表以太华、终南之山。右界褒斜、陇首之险，带以洪河、泾、渭之川。众流之隈，汧涌其西。华实之毛，则九州之上腴焉。防御之阻，则天地之隩区焉。是故横被六合，三成帝畿，周以龙兴，秦以虎视。及至大汉受命而都之也，仰悟东井之精，俯协《河图》之灵。奉春建策，留侯演成。天人合应，以发皇明，乃眷西顾，实惟作京。于是睎秦岭，睋北阜，挟沣灞，据龙首。图皇基于亿载，度宏规而大起。肇自高而终平，世增饰以崇丽。历十二之延祚，故穷泰而极侈。建金城而万雉，呀周池而成渊。披三条之广路，立十二之通门。内则街衢洞达，闾阎且千，九市开场，货别隧分。人不得顾，车不得旋，阗城溢郭，旁流百廛。红尘四合，烟云相连。于是既庶且富，娱乐无疆。都人士女，殊异乎五方。游士拟于公侯，列肆侈于姬姜。乡曲豪举，游侠之雄，节慕原、尝，名亚春、陵。连交合众，骋骛乎其中。

西征赋（节选）

[魏晋] 潘安

倦狭路之迫隘，轨崎岖以低仰；蹈秦郊而始辟，豁爽垲以宏壮。黄壤千里，沃野弥望。华实纷敷，桑麻条畅。邪界褒斜，右滨汧陇，宝鸡前鸣，甘泉后涌；面终南而背云阳，跨平原而连嶓冢。九嵏巀嶭，太一巃嵷；吐清风之飂戾，纳归云之郁蓊。南有玄灞素浐，汤井温谷；北有清渭浊泾，兰池周曲。浸决郑、白之渠，漕引淮海之粟，林茂有鄠之竹，山挺蓝田之玉。班述陆海珍藏，张叙神皋隩区。此西宾所以言于东主，安处所以听于凭虚也，可不谓然乎？

晚登三山还望京邑

[南北朝] 谢朓

灞涘望长安，河阳视京县。
白日丽飞甍，参差皆可见。
余霞散成绮，澄江静如练。
喧鸟覆春洲，杂英满芳甸。
去矣方滞淫，怀哉罢欢宴。
佳期怅何许，泪下如流霰。
有情知望乡，谁能鬒不变？

第二节
隋唐时期

秋日游昆明池诗

〔隋〕薛道衡

霸陵因静退，灵沼暂徘徊。

新船木兰楫，旧宇豫章材。

荷心宜露泫，竹径重风来。

鱼潜疑刻石，沙暗似沈灰。

琴逢鹤欲舞，酒遇菊花开。

羁心与秋兴，陶然寄一杯。

（逯钦立《先秦汉魏晋南北朝诗·隋诗》卷四，中华书局，1983年）

饯中书侍郎来济

〔唐〕李世民

暧暧去尘昏灞岸，飞飞轻盖指河梁。

云峰衣结千重叶，雪岫花开几树妆。

深悲黄鹤孤舟远，独叹青山别路长。

聊将分袂沾巾泪，还用持添离席觞。

（清·彭定求等《全唐诗》第一卷，中华书局，1960年）

初入秦川路逢寒食

〔唐〕李隆基

洛阳芳树映天津，灞岸垂杨窣地新。

直为经过行处乐，不知虚度两京春。

去年余闰今春早，曙色和风著花草。

可怜寒食与清明，光辉并在长安道。

自从关路入秦川，争道何人不戏鞭。

公子途中妨蹴鞠，佳人马上废秋千。

渭水长桥今欲渡，葱葱渐见新丰树。

远看骊岫入云霄，预想汤池起烟雾。

烟雾氛氲水殿开，暂拂香轮归去来。

今岁清明行已晚，明年寒食更相陪。

（《全唐诗》第三卷）

驾幸新丰温泉宫，献诗三首

〔唐〕上官昭容

一

三冬季月景龙年，万乘观风出灞川。

遥看电跃龙为马，回瞩霜原玉作田。

二

鸾旂掣曳拂空回，羽骑骖驔蹑景来。

隐隐骊山云外耸，迢迢御帐日边开。

三

翠幕珠帏敞月营，金罍玉斝泛兰英。

岁岁年年常扈跸，长长久久乐升平。

（《全唐诗》第五卷）

晚渡渭桥寄示京邑游好

〔唐〕卢照邻

我行背城阙，驱马独悠悠。

寥落百年事，裴回万里忧。

途遥日向夕，时晚鬓将秋。

滔滔俯东逝，耿耿泣西浮。

长虹掩钓浦，落雁下星洲。

草变黄山曲，花飞清渭流。

迸水惊愁鹭，腾沙起狎鸥。

一赴清泥道，空思玄灞游。

（《全唐诗》第四二卷）

奉和九日幸临渭亭登高应制得月字

［唐］韦元旦

云物开千里，天行乘九月。

丝言丹凤池，旆转苍龙阙。

灞水欢娱地，秦京游侠窟。

欣承解愠词，圣酒黄花发。

（《全唐诗》第六九卷）

采 桑

［唐］刘希夷

杨柳送行人，青青西入秦。

谁家采桑女，楼上不胜春。

盈盈灞水曲，步步春芳绿。

红脸耀明珠，绛唇含白玉。

回首渭桥东，遥怜春色同。

青丝娇落日，缃绮弄春风。

携笼长叹息，逶迟恋春色。

看花若有情，倚树疑无力。

薄暮思悠悠，使君南陌头。

相逢不相识，归去梦青楼。

（《全唐诗》第八二卷）

九月九日幸临渭亭登高应制得涘字

［唐］岑羲

重九开科历，千龄逢圣纪。

爰豫瞩秦垌，升高临灞涘。

玉醴浮仙菊，琼筵荐芳芷。

一闻帝舜歌，欢娱良未已。

（《全唐诗》第九三卷）

奉和九日幸临渭亭登高应制得亭字

［唐］杨廉

远目瞩秦垌，重阳坐灞亭。

既开黄菊酒，还降紫微星。

箫鼓谐仙曲，山河入画屏。

幸兹陪宴喜，无以效丹青。

（《全唐诗》第一〇四卷）

送熊九赴任安阳

［唐］王维

魏国应刘后，寂寥文雅空。

漳河如旧日，之子继清风。

阡陌铜台下，间阎金虎中。

送车盈灞上，轻骑出关东。

相去千余里，西园明月同。

（唐·王维《王摩诘文集》卷九，北京图书馆出版社，
2003 年）

灞桥赋（第二）

[唐] 王昌龄

圣人以美利利天下，作舟车。禹乃开凿，百川纡馀，舟不可以无水，水不可以通舆。遂各丽於所得，非其安而不居；横浮梁於极浦，会有迹於通墟。借如经纶淮海，陶鼓仁义，藏用於密，动物以智。每因宜以制模，则永代而取寄；伊津梁之不设，信要荒之莫致。思未济于中流，视安危之如戏；故可取于古今，岂徒阅千乘与万骑？惟梁於灞，惟灞於源；当秦地之冲口，束东衢之走辕。拖偃蹇以横曳，若长虹之未翻；隰腾逐而水激，忽须臾而听繁。虽曰其繁，溃而不杂；怀璧拔剑，披离屯合。当游役之嗷嗷，自洪波之纳纳。客有居于东陵者，接行埃之馀氛；薄暮垂钓，平明去耘。傍连古木，远带清濆；昏晓一望，还如阵云。乃临川而叹曰：亡周霸秦，举目遗址；前车后轨，不变流水。叹往事之诚非，得兹桥之信美。皇风不竞，佳气常依。既东幸而清道，每西临以驻旆；连袂挟毂，烟阗雨飞。嗟乎此桥，且悦明盛；徒结网於川隅，视云霞之晖映。聊倚柱以叹息，敢书桥以承命。

（《文苑英华》卷四十六，清文渊阁四库全书本）

灞上闲居

[唐] 王昌龄

鸿都有归客，偃卧滋阳村。
轩冕无枉顾，清川照我门。
空林网夕阳，寒鸟赴荒园。
廓落时得意，怀哉莫与言。
庭前有孤鹤，欲啄常翩翻。
为我衔素书，吊彼颜与原。
二君既不朽，所以慰其魂。

（《全唐诗》第一四一卷）

宿灞上寄侍御玙弟

[唐] 王昌龄

独饮灞上亭，寒山青门外。
长云骤落日，桑枣寂已晦。
古人驱驰者，宿此凡几代。
佐邑由东南，岂不知进退。
吾宗秉全璞，楚得瑃琳最。
茅山就一征，柏署起三载。
道契非物理，神交无留碍。
知我沧溟心，脱略腐儒辈。
孟冬銮舆出，阳谷群臣会。
半夜驰道喧，五侯拥轩盖。
是时燕齐客，献术蓬瀛内。
甚悦我皇心，得与王母对。
贱臣欲干谒，稽首期殒碎。

哲弟感我情，问易穷否泰。

良马足尚踠，宝刀光未淬。

昨闻羽书飞，兵气连朔塞。

诸将多失律，庙堂始追悔。

安能召书生，愿得论要害。

戎夷非草木，侵逐使狼狈。

虽有屠城功，亦有降虏辈。

兵粮如山积，恩泽如雨霈。

羸卒不可兴，碛地无足爱。

若用匹夫策，坐令军围溃。

不费黄金资，宁求白璧赍。

明主忧既远，边事亦可大。

荷宠务推诚，离言深慷慨。

霜摇直指草，烛引明光珮。

公论日夕阻，朝廷蹉跎会。

孤城海门月，万里流光带。

不应百尺松，空老钟山霭。

（《全唐诗》第一四○卷）

灞陵行送别

［唐］李白

送君灞陵亭，灞水流浩浩。

上有无花之古树，下有伤心之春草。

我向秦人问路歧，

云是王粲南登之古道。

古道连绵走西京，紫阙落日浮云生。

正当今夕断肠处，骊歌愁绝不忍听。

（唐·李白《李太白文集》卷四，巴蜀书社，1986 年）

司马将军歌代陇上健儿陈安

［唐］李白

狂风吹古月，窃弄章华台。

北落明星动光彩，南征猛将如云雷。

手中电击倚天剑，直斩长鲸海水开。

我见楼船壮心目，颇似龙骧下三蜀。

扬兵习战张虎旗，江中白浪如银屋。

身居玉帐临河魁，紫髯若戟冠崔嵬。

细柳开营揖天子，始知灞上为婴孩。

羌笛横吹阿亸回，向月楼中吹落梅。

将军自起舞长剑，壮士嗯声动九垓。

功成献凯见明主，丹青画像麒麟台。

（唐·李白《李太白文集》卷四，巴蜀书社，1986 年）

折柳篇

［唐］许景先

春色东来度灞桥，青门垂柳百千条。

长杨西连建章路，汉家林苑纷无数。

萦花始遍合欢枝，游丝半冒相思树。

春楼初日照南隅，柔条垂丝扫金铺。

宝钗新梳倭堕髻，锦带交垂连理襦。

自怜柳塞淹戎幕，银烛长啼愁梦著。

芳树朝催玉管新，春风夜染罗衣薄。

城头杨柳已如丝，今年花落去年时。

折芳远寄相思曲，为惜容华难再持。

（《全唐诗第一一一卷》）

送怀州吴别驾

[唐] 岑参

灞上柳枝黄，垆头酒正香。

春流饮去马，暮雨湿行装。

驿路通函谷，州城接太行。

覃怀人总喜，别驾得王祥。

（唐·岑参著，廖立笺《岑嘉州诗笺注》卷三，中华书局，2004年）

浐水东店送唐子归嵩阳

[唐] 岑参

野店临官路，重城压御堤。

山开灞水北，雨过杜陵西。

归梦秋能作，乡书醉懒题。

桥回忽不见，征马尚闻嘶。

（《岑嘉州诗笺注》卷三中华书局，2004年）

旅次灞亭

[唐] 沈颂

闲琴开旅思，清夜有愁心。

圆月正当户，微风犹在林。

苍茫孤亭上，历乱多秋音。

言念待明发，东山幽意深。

（《全唐诗》第二〇二卷）

送萧颖士赴东府，得还字

[唐] 房白

夫子高世迹，时人不可攀。

今予亦云幸，谬得承温颜。

良策资入幕，遂行从近关。

青春灞亭别，此去何时还。

（《全唐诗》第二〇九卷）

柳 边

[唐] 杜甫

只道梅花发，那知柳亦新。

枝枝总到地，叶叶自开春。

紫燕时翻翼，黄鹂不露身。

汉南应老尽，灞上远愁人。

（唐·杜甫《杜诗详注》卷十一，中华书局，1979年）

怀灞上游

[唐] 杜甫

怅望东陵道，平生灞上游。

春浓停野骑，夜宿敞云楼。

离别人谁在，经过老自休。

眼前今古意，江汉一归舟。

（唐·杜甫《杜诗详注》卷十一，中华书局，1979年）

灞岸别友

[唐] 戴叔伦

车马去迟迟，离言未尽时。

看花一醉别，会面几年期。

樵路高山馆，渔洲楚帝祠。

南登回首处，犹得望京师。

（《全唐诗》第二七三卷）

春日灞亭同苗员外寄皇甫侍御

［唐］卢纶

坐见春云暮，无因报所思。

川平人去远，日暖雁飞迟。

对酒山长在，看花鬓自衰。

谁堪登灞岸，还作旧乡悲。

（《全唐诗》第二八○卷）

送 别

［唐］刘商

灞岸青门有弊庐，昨来闻道半丘墟。

陌头空送长安使，旧里无人可寄书。

（《全唐诗》第三○四卷）

送刘秀才南归（一作陈存诗）

［唐］刘复

鸟啼杨柳垂，此别千万里。

古路入商山，春风生灞水。

停车落日在，罢酒离人起。

蓬户寄龙沙，送归情讵已。

（《全唐诗》第三○五卷）

送严秀才

［唐］武元衡

灞浐别离肠已断，江山迢递信仍稀。

送君偏下临岐泪，家在南州身未归。

（《全唐诗》第三一七卷 ）

赋得灞岸柳留辞郑员外

［唐］杨巨源

杨柳含烟灞岸春，年年攀折为行人。

好风倘借低枝便，莫遣青丝扫路尘。

（《全唐诗》第三三三卷）

诏追赴都二月至灞亭上

［唐］柳宗元

十一年前南渡客，四千里外北归人。

诏书许逐阳和至，驿路开花处处新。

（《全唐诗》第三五一卷）

灞上轻薄行

［唐］孟郊

长安无缓步，况值天景暮。

相逢灞浐间，亲戚不相顾。

自叹方拙身，忽随轻薄伦。

常恐失所避，化为车辙尘。

此中生白发，疾走亦未歇。

（唐·孟郊《孟东野诗集》卷一，上海书店，1987 年）

送施肩吾东归

［唐］张籍

知君本是烟霞客，被荐因来城阙间。

世业偏临七里濑，仙游多在四明山。

早闻诗句传人遍，新得科名到处闲。

惆怅灞亭相送去，云中琪树不同攀。

（《全唐诗》第三八五卷）

长乐亭留别

［唐］白居易

灞浐风烟函谷路，曾经几度别长安。

昔时蹙促为迁客，今日从容自去官。

优诏幸分四皓秩，祖筵惭继二疏欢。

尘缨世网重重缚，回顾方知出得难。

（《全唐诗》第四五〇卷）

劝酒十四首（其一）

［唐］白居易

何处难忘酒？青门送别多。

敛襟收涕泪，簇马听笙歌。

烟树灞陵岸，风尘长乐坡。

此时无一盏，争奈去留何。

（《全唐诗》第四五〇卷）

昆明春水满

［唐］白居易

《汉书·武帝纪》曰："元狩三年秋，发谪吏，穿昆明池。"《西南夷传》曰："越巂昆明国有滇池，方三百里。汉使求身毒国而为昆明所闭，欲伐之，故作昆明池象之，以习水战，在长安西南，周回四十里。"《食货志》曰："时越欲与汉用船战，遂大修昆明池。"《白居易传》曰："贞元中始涨之。"

昆明春，昆明春，春池岸古春流新。

影浸南山青滉漾，波沈西日红奫沦。

往年因旱灵池竭，龟尾曳涂鱼煦沫。

诏开八水注恩波，千介万鳞同日活。

今来净渌水照天，游鱼鱍鱍莲田田。

洲香杜若抽心短，沙暖鸳鸯铺翅眠。

动植飞沉皆遂性，皇泽如春无不被。

鱼者仍丰网罟资，贫人又获菰蒲利。

诏以昆明近帝城，官家不得收其征。

菰蒲无租鱼无税，近水之人感君惠。

感君惠，独何人，

吾闻率土皆王民，远民何疏近何亲。

愿推此惠及天下，无远无近同欣欣。

吴兴山中罢榷茗，鄱阳坑里休封银。

天涯地角无禁利，熙熙同似昆明春。

（郭茂倩编《乐府诗集》卷九十八，人民文学出版社，2010 年）

柳长句

［唐］杜牧

日落水流西复东，春光不尽柳何穷。

巫娥庙里低含雨，宋玉宅前斜带风。

不嫌榆荚共争翠，深与桃花相映红。

灞上汉南千万树，几人游宦别离中。

（唐·杜牧《樊川文集》卷三，中华书局，1962 年）

灞上逢元九处士东归

［唐］许浑

瘦马频嘶灞水寒，灞南高处望长安。

何人更结王生袜，此客虚弹贡氏冠。

江上蟹螯沙渺渺，坞中蜗壳雪漫漫。

旧交已变新知少，却伴渔郎把钓竿。

（《全唐诗》第五三四卷）

灞 岸

［唐］李商隐

山东今岁点行频，几处冤魂哭虏尘。

灞水桥边倚华表，平时二月有东巡。

（唐·李商隐《李义山诗集》卷之五，广陵书社，2011年）

及第东归次灞上却寄同年

［唐］李商隐

芳桂当年各一枝，行期未分压春期。

江鱼朔雁长相忆，秦树嵩云自不知。

下苑经过劳想象，东门送饯又差池。

灞陵柳色无离恨，莫枉长条赠所思。

（唐·李商隐《李义山诗集》卷之五）

柳

［唐］李商隐

江南江北雪初消，漠漠轻黄惹嫩条。

灞岸已攀行客手，楚宫先骋舞姬腰。

清明带雨临官道，晚日含风拂野桥。

如线如丝正牵恨，王孙归路一何遥。

（《全唐诗》第五四一卷）

猎 骑

［唐］薛逢

兵印长封入卫稀，碧空云尽早霜微。

浐川桑落雕初下，渭曲禾收兔正肥。

陌上管弦清似语，草头弓马疾如飞。

岂知万里黄云戍，血迸金疮卧铁衣。

（《全唐诗》第五四八卷）

灞上秋居

［唐］马戴

灞原风雨定，晚见雁行频。

落叶他乡树，寒灯独夜人。

空园白露滴，孤壁野僧邻。

寄卧郊扉久，何门致此身。

（《全唐诗》第五五五卷）

送李溟谒宥州李权使君

［唐］贾岛

英雄典宥州，迢递苦吟游。

风宿骊山下，月斜灞水流。

去时初落叶，回日定非秋。

太守携才子，看鹏百尺楼。

（《全唐诗》第五七二卷）

渚宫晚春寄秦地友人

［唐］温庭筠

风华已眇然，独立思江天。

凫雁野塘水，牛羊春草烟。

秦原晓重叠，灞浪夜潺湲。

今日思归客，愁容在镜悬。

（《全唐诗》第五八一卷）

送友下第游雁门

［唐］刘驾

相别灞水湄，夹水柳依依。

我愿醉如死，不见君去时。

所诣星斗北，直行到犹迟。

况复挈空囊，求人悲路岐。

北门记室贤，爱我学古诗。

待君如待我，此事固不疑。

雁门春色外，四月雁未归。

主人拂金台，延客夜开扉。

舒君郁郁怀，饮彼白玉卮。

若不化女子，功名岂无期。

（《全唐诗》第五八五卷）

送李亿东归

［唐］温庭筠

黄山远隔秦树，紫禁斜通渭城。

别路青青柳弱，前溪漠漠苔生。

和风澹荡归客，落日殷勤早莺。

灞上金樽未饮，宴歌已有余声。

（《全唐诗》卷五七八）

送卢评事东归

［唐］方干

万里杨柳色，出关随故人。

轻烟覆流水，落日照行尘。

积梦江湖阔，忆家兄弟贫。

徘徊灞桥上，不语共伤春。

（唐·方干《玄英集》卷三，商务印书馆，2013年）

第三节
宋元明清时期

奉和子真学士咏雪之什

［宋］蔡戡

千里同云欲曛黑，风掠寒郊声摵摵。

初疑窗外忽增明，俄见阶前已纷积。

晓来戏作漫天飞，腊后喜占平地尺。

回飙凌乱竞穿帘，作态横斜巧投隙。

乾坤浩荡迷俯仰，唯有寒江湛空碧。

扁舟远访漫乘兴，败履徐行间留迹。

向晚渔蓑入画图，清夜鸡窗映文籍。

从教高卧野人庐，未饶低谒王侯宅。

灞桥才子更清绝，强把枯肠苦搜索。

最怜扰扰雪中人，晨突无烟有饥色。

何当三白兆丰年，尽挽八荒归乐国。

不但新春压空瘴，且喜明年饫麰麦。

我家赖有二顷田，老去功名慵转剧。

人生一饱复何求，卒岁优游聊自得。

（宋·蔡戡《定斋集》卷十六，清光绪常州先哲遗书本）

送故人之江东

［宋］释斯植

凤城花气浥旌旗，又见春风上马时。

不是灞桥难话别，垂杨空折去年技。

（宋·陈起《江湖小集》卷三十六，清文渊阁四库全书补配清文津阁四库全书本）

送李寺丞宰蓝田李久闲居

［宋］韩维

君诚岩壑徒，出宰亦山县。

尚喜终南峰，苍翠不去眼。

春风吹征车，千里度灞浐。

到日胜事繁，花光老秦甸。

（《宋诗钞·南阳集钞》，中华书局，2015年）

长安春日

［宋］寇准

淡淡秦云薄似罗，灞桥杨柳拂烟波。

夕阳楼上山重叠，未抵愁春一倍多。

（宋·寇准《寇莱公集》，中华图书馆，1911年）

冬至后雪

［宋］葛立方

客寐失通宵，寒声动沉寥。

云容颓玉宇，雪阵揽层霄。

点点楷灰落，亭亭柳絮飘。

文窗斜击纸，老树巧装条。

堕领筛寒鬓，凌波洒碧绡。

风狂初索索，雨细渐漉漉。

入酒应愁冻，当炉觉易消。

萧森声势密，飘瞥路途遥。

江冷翁仍钓，山迷客罢樵。

裁纫铺缟素，修月屑琨瑶。

市小琼楼合，时和玉烛调。

三章歌瑞景，五夜贺寒朝。

吠犬惊南岭，骑驴忆灞桥。

终南忧压脑，少室衔齐腰。

嗟我星霜老，经时鬓发凋。

摘蔬和冻煮，收叶带苏烧。

路滑难求马，衣单悔贳貂。

煖寒谁扫径，莫负紫金蕉。

（宋·陈思《两宋名贤小集》卷八十二《归愚集》，清文渊阁四库全书本）

酹江月·梦雪

［宋］方岳

问天何事，雪垂垂欲下，又还晴却。春到梅梢香逗也，尽有心情行乐。

刬曲舟回，灞桥诗在，一笑人如昨。
此情分付，暮天寒月残角。

谁道飞梦江南，群山如画，一一
琼瑶琢。中有玉田三万顷，云是幼舆
丘壑。招我归来，和春醉去，休跨扬
州鹤。万花曾约，酒醒当有新作。

（宋·方岳《秋崖集》卷十六）

解连环·柳

［宋］高观国

露条烟叶，惹长亭旧恨，几番风月。
爱细缕、先宰轻黄，渐拂水藏鸦，翠
阴相接。纤软风流，眉黛浅、三眠初歇。
奈年华又晚，萦绊游蜂，絮飞晴雪。

依依灞桥怨别。正千丝万绪，难
禁愁绝。怅岁久、应长新条，念曾系
花骢，屡停兰楫。弄影摇晴，恨闲损、
春风时节。隔邮亭，故人望断，舞腰
瘦怯。

（宋·高观国《竹屋痴语》，明刻宋名家词本）

久客湖海买舟西还

［宋］吴龙翰

万里烟波兴渺然，片心如在灞桥边。

归装诗少不成担，自拗梅花凑满船。

（宋·陈思《两宋名贤小集》卷三百三十七《古梅
吟藳》，清文渊阁四库全书本）

沁园春·三荣横溪阁小宴

［宋］陆游

粉破梅梢，绿动萱丛，春意已深。
渐珠帘低卷，笻枝微步，冰开跃鲤，
林暖鸣禽。荔枝扶疏，竹枝哀怨，浊
酒一尊和泪斟。凭栏久，叹山川冉冉，
岁月骎骎。

当时岂料如今，漫一事无成霜鬓
侵。看故人强半，沙堤黄阁，鱼悬带玉，
貂映蝉金。许国虽坚，朝天无路，万
里凄凉谁寄音。东风里，有灞桥烟柳，
知我归心。

（《陆游词集》，上海古籍出版社，2011 年）

雪意复作

［宋］陆游

前日作雪复败之，今日浓云雪复作。
一寒未暇自为计，宿麦悬知天已诺。
灞桥策驴愁露手，新丰买酒聊软脚。
胸中正着九云梦，廊庙何加一丘壑。

上书陈事固可笑，服药求仙亦成错。

不如醉踏一剑腾风云，跨海东谒青童君。

（《陆游词集》，上海古籍出版社，2011 年）

楼前曲

［金］刘迎

楼前山色秋横碧，楼下水光秋漫白。

眼看对此千里愁，楼下长歌《古别离》。

萧萧郎马何时归，雁奴去作斜行飞。

灞桥过客夕阳远，渭城行人朝雨微。

玉凄花冷令人瘦，日暮倚楼双翠袖。

蕙炷犹残鸂鶒香，曲尘半著鸳鸯绣。

五云飞过芙蓉城，洞天冷落云间笙。

妾身有愿化春草，伴君长亭仍短亭。

（元好问《中州乐府》，《四部丛刊》影印本）

［越调·小桃红］新柳

［元］李致远

柔条不奈晓风梳，乱织新丝绿。

瘦倚春寒灞桥路，影扶疏。

梨花未肯飘香玉。

黄金半吐，翠烟微妒。

相伴月儿孤。

（元·仇远《金渊集》卷二）

九月八日灞桥戏题

［明］王祎

驴背萧萧帽影偏，斜风落日灞桥边。

玉堂仙客无人识，漫说当年孟浩然。

（明·王祎《王忠文公集》卷三，清文渊阁四库全

书补配清文津阁四库全书本）

灞桥寄内

［清］王士禎

太华终南万里遥，西来无处不魂销。

闺中若问金钱卜，秋雨秋风过灞桥。

（《王渔洋诗文选注》，齐鲁书社，1982 年）

灞柳风雪

［清］朱集义

古桥石路半倾欹，柳色青青近扫眉。

浅水平沙深客恨，轻盈飞絮欲题诗。

（《关中八景图》题诗）

灞 桥

［清］汪灏

长乐坡上秋风清，销魂桥畔班马鸣。

颓梁欹柱虹断续，沙碛隰畔水纵横。

离人酒照杨柳泪，骚客鞭敲风雪情。

无花古树不复见，伤心春草年年生。

（民国·徐世昌《晚晴簃诗汇》卷四十八，民国退

耕堂刻本）

题昆明池大观楼壁

［清］宋湘

空翠波光入酒杯，天风环珮亦仙才。

杜陵眼老旌旗失，蛮徼云深关塞开。

万里星辰依北极，百年草木上春台。

君看一带山河影，浩荡蓬壶月照来。

（《晚晴簃诗汇》卷一百一十三，中华书局，1990年）

丑奴儿慢·龙树寺西楼对雪

［清末民初］朱祖谋

低鸦数羽，飞破湿烟零乱，暗愁

引年涯消与，凝白阑干。瘦倚筇枝，

梦华城阙有无闲。琼楼阴重，玉妃倦舞，

还恋清寒。

不见灞桥，酥融流水，玉照归鞍。

剩林表、黄昏山色，怨入秦鬟。笛里

天涯，缟衣将梦莫轻还。琅玕斜处，

梅尘未洗，难理孤欢。

（民国·朱祖谋《彊村语业》卷一，民国彊村丛书本）

灞　桥

［民国］于右任

吾戴吾头竟入关，关门失险一开颜。

灞桥两岸青青柳，曾见亡人几个还？

（《于右任集》，陕西人民出版社，1989年）

第二章

【小说】

话本小说兴起的时候，西安已经进入了后都城时期，所以留存下来的与之相关的话本小说数量并不多，但是也蔚为可观。从内容上来说，主要是选择在关中发生的历史事件，进行合理的文学创作，加入鬼狐仙怪的传说，从而形成了具有西安特色的话本小说。

第一节
志怪和唐传奇

昆明池

[晋] 干宝

汉武帝凿昆明池，极深，悉是灰墨，无复土。举朝不解，以问东方朔，朔曰："臣愚，不足以知之。"曰："试问西域人。"帝以朔不知，难以移问。至后汉明帝时，西域道人入来洛阳，时有忆东方朔言者，乃试以武帝时灰墨问之。道人云："经云'天地大劫将尽，则劫烧'，此劫烧之余也。"乃知朔言有旨。

（《搜神记》卷一三，中华书局，2016 年）

崔希真

[唐] 杜光庭

会稽崔希真，严冬之日，见负薪老叟立门外雪中。崔凌晨见之，有伤悯之色，揖问之。叟去笠与语，顾其状貌不常，乃问姓氏。云："某姓葛，第三。"崔延坐。崔曰："雪寒既甚，作大麦汤饼可乎？"叟曰："大麦四时气足，食之益人。勿以豉，不利中腑。"崔然之，自促令备馔。时崔张绢，欲召画工为图，连阻沍寒，画工未至。张绢倚于壁，叟取几上笔墨，画一株枯松，一采药道士，一鹿随之，落笔迅逸，画踪高古，迨非人世所有。食毕，致谢而去。

崔异其事，宝以自随。因游淮海，遇鉴古图画者使阅之。鉴者曰："此稚川之子葛三郎画也。"崔咸通初入长安，于灞桥遇鬻蔬者，状貌与叟相类，因问："非葛三郎乎？"蔬者笑曰："非也。葛三郎是晋代葛稚川之子，人间安得识之？"负蔬而去，不知所之。

（《全唐五代小说》卷七二，中华书局，2014 年）

秦中子得先人书

［唐］杜光庭

秦川富室少年，有能规利者。盖先兢慎诚信，四方宾贾，慕之如归。岁获美利，藏镪巨万。一日逮夜，有投书于户者，仆执以进。少年启书，则蒲纸加蜡，昧墨斜翰，为其先考所遗者。且曰："汝之获利，吾之冥助也。今将有祸，校虞灭趾，故先觉耳。然吾已请于阴骘矣。汝及朔旦，宜斋躬洁服，夕于春明门外逆旅，仍备缣之随龄者三十有五，藁帕弢之。候夜分，则往灞水横梁，步及石岸。见有黄其衣者，乃置于前，礼祝而进，灾当可免。或无所遇，即挈缣以归，善计家事，急为窜计，祸不旋踵矣。"少年捧书大恐，阖室素服而泣。专志朔旦，则

舍弃他事，弹冠振衣，宵出青门之外，俨若不寐，恭候夜分。乃从一仆，乘一马驰往横梁，怯于无觌。至则果睹一物，形质诡怪，蓬头黄衣，交臂束膝，负柱而坐，俯首以寐。少年载惊载喜，捧素于前，祈祝设拜无敢却顾。急驱而回，返辕相庆，以为幸免。独有仆之司驭者疑其不直。曾未逾旬，铜壶始漏，复有掷书者。厩早立擒之，乃邻宇集庠导青襟者。启其缄札，蒲蜡昧斜如上。词曰："汝灾甚大，曩之寿帛，祸源未塞，宜更以缣三十五，重置河梁。"富室少年列状始末，诉于县官，诘问伏罪，遂置枯木。时故桂府李常侍丛制锦万年讼牍。数年前尚在，往往为朝士取去。

参寥子曰：巫蛊似是，其孰能辩？小则蒲纸，大则桐人。

（《全唐五代小说》卷七五，中华书局，2014 年）

辛公平上仙

［唐］李复言

洪州高安县尉辛公平，吉州庐陵县尉成士廉，同居泗州下邳县，于元和末偕赴调集，乘雨入洛西榆林店。掌店人甚贫，待宾之具，莫不尘秽，

独一床似洁，而有一步客先憩于上矣。主人率皆重车马而轻徒步，辛、成之来也，乃逐步客于他床。客倦起于床而回顾，公平谓主人曰："客之贤不肖，不在车徒，安知步客非长者，以吾有一仆一马而烦动乎？"因谓步客曰："请公不起，仆就此憩矣。"客曰："不敢。"遂复就寝。深夜，二人饮酒食肉，私曰："我钦之之言，彼固德我，今或召之，未恶也。"公平高声曰："有少酒肉，能相从否？"一召而来，乃绿衣吏也。问其姓名，曰："王臻。"言辞亮达，辩不可及。二人益狎之。酒阑，公平曰："人皆曰天生万物，唯我最灵。儒书亦谓人为生灵。来日所食，便不能知，此安得为灵乎？"臻曰："步走能知之。夫人生一言一憩之会，无非前定，来日必食于磻涧王氏，致饭蔬而多品。宿于新安赵氏，得肝美耳。臻以徒步不可昼随，而夜可会耳。君或不弃，敢附末光。"未明，步客前去。二人及磻涧逆旅，问其姓，曰："王。"中堂方馔僧，得僧之余悉奉客，故蔬而多品。到新安，店叟召之者十数，意皆不往，试入一家，问其姓，曰："赵。"将食，果有肝美。二人相顾方笑，而臻适入，执其手曰："圣人

矣！"礼钦甚笃，宵会晨分，期将来之事，莫不中的。行次阌乡，臻曰："二君固明智之者，识臻何为者？"曰："博文多艺，隐遁之客也。"曰："非也。固不识我，乃阴吏之迎驾者。"曰："天子上仙，可单使迎乎？"曰："是何言欤？甲马五百，将军一人，臻乃军之籍吏耳。"曰："其徒安在？"曰："左右前后。今臻何所以奉白者，来日金天置宴，谋少酒肉奉遗，请华阴相待。"黄昏，臻乘马引仆，携羊豕各半，酒数斗来，曰："此人间之物，幸无疑也。"言讫而去。其酒肉肥浓之极，过于华阴。聚散如初，宿灞上，臻曰："此行乃人世不测者也，辛君能一观。"成公曰："何独弃我？"曰："神祇尚侮人之衰也，君命稍薄，故不可耳，非敢不均其分也。入城当舍于开化坊西门北壁上第二板门王家，可直造焉。辛君初五更立灞西古槐下。"及期，辛步往灞西，见旋风卷尘，迤逦而去，到古槐立未定，忽有风来扑林，转盼间，一旗甲马立于其前，王臻者乘且牵，呼辛速登。既乘，观马前后，戈甲塞路。臻引辛谒大将军，将军者，丈余，貌甚伟，揖公平曰："闻君有广钦之心，诚推此心于天下，鬼神者且不敢

侮，况人乎？"谓臻曰："君既召来，宜尽主人之分。"遂同行入通化门，及诸街铺，各有吏士迎拜。次天门街，有紫吏若供顿者，曰："人多并下不得，请逐近配分。"将军许之，于是分兵五处，独将军与亲卫馆于颜鲁公庙。既入坊，颜氏之先，簪裾而来若迎者，遂入舍。臻与公平止西廊幕次，看馔馨香，味穷海陆，其有令公平食之者，有令不食者。臻曰："阳司授官，皆禀阴命。臻感二君也，检选事据籍，诚当驳放，君仅得一官耳。臻求名加等，吏曹见许矣。"居数日，将军曰："时限向尽，在于道场，万神护跸，无许奉迎，如何？"臻曰："牒府请夜宴，宴时腥羶，众神自许，即可矣。"遂行牒。牒去，逡巡得报，曰："已敕备夜宴。"于是部管兵马，戌时齐进入光范门及诸门，门吏皆立拜宣政殿下，马兵三百，余人步，将军金甲仗钺来，立于所宴殿下，五十人从卒环殿露兵，若备非常者。殿上歌舞方欢，俳优赞咏，灯烛荧煌，丝竹并作。俄而三更四点，有一人多髯而长，碧衫皂袴，以红为襟，又以紫縠画虹蜺为帔，结于两肩右腋之间，垂两端于背，冠皮冠，非虎非豹，饰以红罽，其状可畏，忽不知其所来，执金匕首长尺余，拱于将军之前，延声曰："时到矣！"将军频眉揖之，唯而走，自西厢历阶而上，当御座后，跪以献上。既而左右纷纭，上头眩，音乐骤散，扶入西阁，久之未出。将军曰："升云之期，难违顷刻。上既命驾，何不遂行？"对曰："上澡身否？""然，可即路。"遽闻具浴之声。三更，上御碧玉舆，青衣士六，衣上皆画龙凤，肩舁下殿。将军揖，介胄之士无拜，因慰问以："人间纷挐，万机劳苦，淫声荡耳，妖色惑心，清真之怀，得复存否？"上曰："心非金石，见之能无少乱。今已舍离，固亦释然。"将军笑之，逐步从环殿引翼而出。自内阁及诸门吏，莫不呜咽群辞，或收血捧舆，不忍去者。过宣政殿，二百骑引，三百骑引，如风如雷，飒然东去，出望仙门。将军乃敕臻送公平，遂勒马离队，不觉足已到一板门前。臻曰："此开化王家宅，成君所止也。仙驭已远，不能从容，为臻多谢成君。"牵辔扬鞭，忽不复见。公平叩门一声，有人应者，果成君也。秘不敢泄。更数月，方有攀髯之泣。来年，公平授扬州江都县簿，士廉授兖州瑕丘县丞，皆如其言。元和初，李生畴昔宰彭城，而公平之子参徐州军事，得以详闻，故书其实，以警道途之傲者。

（《续玄怪录》卷一，中华书局，2011年）

柳氏传

[唐]许尧佐

天宝中，昌黎韩翊有诗名，性格颇落托，羁滞贫甚。有李生者，与翊友善，家累千金，负气爱才。其幸姬曰柳氏，艳绝一时，喜谈谑，善讴咏。李生居之别第，与翊为宴歌之地。而馆翊于其侧。翊素知名，其听候问，皆当世之彦。柳氏自门窥之，谓其侍者曰："韩夫子岂长贫贱者乎！"遂属意焉。

李生素重翊，无所吝惜。后知其意，乃具膳请翊饮，酒酣，李生曰："柳夫人容色非常，韩秀才文章特异，欲以柳荐枕于韩君，可乎？"翊惊栗，避席曰："蒙君之恩，解衣辍食久之。岂宜夺所爱乎？"李坚请之。柳氏知其意诚，乃再拜，引衣接席。李坐翊于客位，引满极欢。李生又以资三十万，佐翊之费。

翊仰柳氏之色，柳氏慕翊之才，两情皆获，喜可知也。明年，礼部侍郎杨度擢翊上第，屏居间岁。柳氏谓翊曰："荣名及亲，昔人所尚。岂宜以濯浣之贱，稽采兰之美乎？且用器资物，足以待君之来也。"翊于是省家于清池。岁余，乏食，鬻妆具以自给。

天宝末，盗覆二京，士女奔骇。柳氏以艳独异，且惧不免，乃剪发毁形，寄迹法灵寺。是时候，希逸自平卢节度淄青，素藉翊名，请为书记。洎宣皇帝以神武返正，翊乃遣使间行求柳氏，以练囊盛麸金，题之曰："章台柳，章台柳！昔日青青今在否？纵使长条似旧垂，亦应攀折他人手。"柳氏捧金呜咽，左右凄悯，答之曰："杨柳枝，芳菲节，所恨年年赠离别。一叶随风忽报秋，纵使君来岂堪折！"无何，有蕃将沙吒利者，初立功，窃知柳氏之色，劫以归第，宠之专房。及希逸除左仆射，入觐，翊得从行。至京师，已失柳氏所止，叹想不已。偶于龙首冈见苍头以駮牛驾辎軿，从两女奴。翊偶随之。自车中问曰："得非韩员外乎？某乃柳氏也。"使女奴窃言失身沙吒利，阻同车者，请诘且幸相待于道政里门。及期而往，以轻素结玉合，实以香膏，自车中授之，曰："当遂永诀，愿至诚念。"乃回车，以手挥之，轻袖摇摇，香车辚辚，目断意迷，失于惊尘。翊大不胜情。会淄青诸将合乐酒楼，使人请翊。翊强应之，然意色皆丧，音韵凄咽。有虞侯许俊者，以材力自负，抚剑言曰："必有故。愿一效用。"

翊不得已，具以告之。俊曰："请足下数字，当力致之。"乃衣缦胡，佩双鞬，从一骑，径造沙吒利之第。候其出行里余，乃被衽执辔，犯关排阍，急趋而呼曰："将军中恶，使召夫人。"仆侍辟易，无敢仰视。遂升堂，出翊札示柳氏，挟之跨鞍马，逸尘断鞅，倏忽乃至。引据而前曰："幸不辱命。"四座惊叹。柳氏与翊执手涕泣，相与罢酒。是时，沙吒利恩宠殊等，翊、俊惧祸，乃诣希逸。希逸大惊曰："吾平生所为事，俊乃能尔乎？"遂献状曰："检校尚书金部员外郎兼御史韩翊，久列参佐，累彰勋效，顷从乡赋。有妾柳氏，阻绝凶寇，依止名尼。今文明抚运，遐迩率化。将军沙吒利凶恣挠法，凭恃微功，驱有志之妾，干无为之政。臣部将兼御史中丞许俊，族本幽蓟，雄心勇决，却夺柳氏，归于韩翊。义切中抱，虽昭感激之诚，

事不先闻，固乏训齐之令。"寻有诏，柳氏宜还韩翊，沙吒利赐钱二百万，柳氏归翊。翊后累迁至中书舍人。

然即柳氏，志防闲而不克者；许俊慕感激而不达者也。向使柳氏以色选，则当熊、辞辇之诚可继；许俊以才举，则曹柯、渑池之功可建。夫事由迹彰，功待事立。惜郁埋不偶，义勇徒激，皆不入于正。斯岂变之正乎？盖所遇然也。

（《太平广记》，汪绍楹校点，中华书局，1961年）

第二节
话 本

全相平话五种·秦并六国平话卷下
（节选）

话说项梁兴兵已破章邯。章邯引兵至定陶。再破秦军，有骄色。宋义谏曰："战胜而将骄卒惰者败。臣为君畏之。"梁弗听，乃令宋义使于齐，中道遇齐使者高陵君显曰："臣论武信君项梁军必败。"既而章邯已破项梁，乃渡河北击赵。赵数请救于楚。

高陵君显见楚王曰："宋义论武信君之军必败，居数日，兵果败，兵未战而先见败。"楚王召宋义以为上将军，项羽为次将，以救赵。诸别将皆属。

宋义号为卿子冠军。初楚怀王与诸将约，先入关者为王。当是时，秦兵强，常乘胜逐北，诸将莫利先入关。独项羽怨秦之杀项梁，愿与沛公西入关。怀王诸老将皆曰："项羽为人剽悍猾贼，不可遣。独沛公素宽大长者，可遣。"怀王乃不许项羽，而遣沛公西略地，收陈王、项梁散兵卒以伐秦。

三年冬十月，宋义行兵至安阳不进。项羽曰："秦围赵急，宜疾引兵渡河，楚击其外，赵应其内，破秦军必矣。"宋义曰："夫搏牛之虻，不可以破虮虱。今秦攻赵，战胜则兵罢，我承其敝；不胜，则我引兵鼓行而西，必举秦矣。被坚执锐，义不如公；坐运筹策，公不如义。"项羽曰："将戮力而攻秦，久留不行。今岁饥民贫，士卒食芋菽豆，军无见粮。乃饮酒高会，不引兵渡河。夫以秦之强，攻新造之赵，其势必举赵。赵弱秦强，国家安危，在此一举。今不恤士卒，而徇其私，非社稷之臣也。"

十一月，项羽即其帐中斩宋义，

乃悉引兵渡河，皆沉船破釜甑，焚庐舍，持三日粮，以示士卒必死。于是，与秦兵遇，九战，大破之。

高阳人郦食其，为里监门。沛公麾下骑士适食其里中人。食其见谓曰："吾闻沛公慢而易人，多大略，此真吾之所愿从游。"骑士曰："沛公不好儒，诸客冠儒冠来者，辄解其冠，溲溺其中，未可以儒生说也。"沛公至高阳传舍，使人召郦生。郦生至，入谒沛公，方踞床，令二女子洗足。有胡曾咏史诗为证，诗曰：

路入高阳感郦生，

逢时长揖便论兵。

最怜伏轼东游日，

下尽齐王七十城。

沛公召见郦生。郦生长揖不拜曰："足下必欲诛无道秦，不宜倨见长者。"于是，沛公辍洗，起摄衣，延生上坐，谢之。郦生因言六国纵横时事。

沛公大喜，赐郦生食。问曰："计将安出？"郦生曰："夫陈留天下之冲，四通五达之郊也。今其城中，又多积粟；臣善其令，请得使之，令下足下。即不听，足下举兵攻之，臣为内应。"于是遣郦生行，沛公引兵随之，遂下陈留。号郦食其为广野君。郦生常为说客，奉使诸侯。

　　初，丞相赵高，欲专秦权，恐臣不听，乃先设验。持鹿献于二世曰："马也。"二世笑曰："丞相误耶？谓鹿为马。"问左右，或默或言。赵高阴中谓诸臣曰："有人言鹿者，以法治之。"后群臣皆畏赵高，莫敢言其过。鹿之与马，非有疑似相类之形，指鹿为马，人莫敢言，则瞽其君之目矣。以忠言为欺，以谗言为信，而人莫敢议，则聋其君之耳矣。二世不知验焉。固不待陈胜、吴广、刘季、项羽之入关，而望夷之贼已迫，至被杀，而终不悟也。

　　赵高前数言关东盗，毋能为也。及项羽虏秦将王离等，章邯等军数却，燕、赵、齐、楚、韩、魏皆立为王，率其众西向。沛公将数万人已图武关。

　　赵高恐二世怒，诛及其身，乃诈病不朝见。因与女婿咸阳令阎乐谋置易上，更立子婴。阎乐将吏卒千余人，入望夷宫，杀二世胡亥。胡亥曰："告阎乐，吾乞一郡为王。"阎乐弗许，又曰："愿为万户侯。"阎乐又弗许。又曰："愿与妻子为黔首，比诸公子。"阎乐曰："臣受命于丞相，诛陛下。"道未毕，引兵进杀二世。有胡曾诗为证，诗曰：

　　　一朝阎乐统群凶，

二世朝廷扫地空。
唯有渭川流不尽，
至今犹绕望夷宫。

　　阎乐报赵高。赵高将二世宝玺佩带，左右百客莫肯从之上殿。高自知天意，不敢篡夺，乃与群臣公子曰："秦故国称王。只有始皇帝君天下，故称帝。今六国复自立，则秦地益小，不可以空名为帝，宜降为王，如故。"乃立子婴为秦王，授之玺。子婴即位。子婴曰："丞相赵高杀二世，恐群臣诛之，乃佯以义立我，使我斋见庙，我称病不行，丞相必自来，来则杀之。"

　　高令人请子婴谒宗庙，已数人催促，子婴不行。丞相果自往向子婴曰："宗庙重事，王奈何不行？"子婴暗藏伏武士数十人在帷幕后，则杀赵高于秦宫，夷其三族。有胡曾咏史诗为证，诗曰：

　　　汉祖西来秉白旄，
　　　子婴宗庙委波涛。
　　　谁怜君有翻身术，
　　　解向秦宫杀赵高。

　　子婴为秦王四十六日，沛公破秦军，至灞上，子婴以系颈以组，白马素车，奉天子玺符，到轵道旁，归降沛公。

当时，诸将请诛杀子婴。沛公道："始怀王遣我，故以我为人宽容大度。且人已降服，杀降不祥。吾不为也。"乃以子婴属吏。

沛公西入咸阳，还兵灞上，召父老豪杰，来与之约。问父老曰："尔等苦秦苛虐之法已久，诸侯当来约先入关者，得为王，今吾先入关，当为关中王。今与尔等约法令三章：有杀人者，教尔者如杀；伤人底及做盗贼底，各以其罪治之。其余秦王严法，一回除去。凡我之兴师此来，为诛无道秦与尔父老除害，非敢有所侵夺。尔父老每休怕惧。"父老听得此言，喜欢之甚。各牵牛扛酒，来沛公军前犒军。只怕沛公不来关中为王也。

项羽为见沛公已入关中，怏怏不悦。统率章邯兵攻新安田地，将秦降卒二十万人，一夜尽行坑杀，不留一人。沛公遣兵去函谷关隘处守把了。

项羽长驱而来，攻破了关，把咸阳城内尽行戮诛，把咸阳宫室不问官民底，将一炬火烧荡一空。火至三月不灭。发兵将始皇冢掘了，取去殉葬金宝。把那秦皇底骸骨撒放荒郊。

正月，项羽入关，尊怀王为义帝，自立为西楚霸王。立沛公为汉王。徙魏王豹为西魏王。徙赵王歇为代王。徙燕王广为辽东王。徙齐王市为胶东王。立韩成为韩王。分封六国后，各罢兵就国。

当年十月，项羽令人促义帝就国，密底令将军吴芮、黥布等伏兵江中，将义帝杀了。诗曰：

义帝南迁路入郴，

国亡身死乱山深。

不知埋恨穷泉后，

几度西陵片月沈。

沛公听得义帝被项羽谋杀了，统兵来至洛阳新城田地里下寨。有三老董公向马前拦住，进说沛公，上书一道。书曰："吾闻顺德者昌，逆德者亡。兵出无名，事故不成。必明其为贼，敌乃可服。项羽无道，放弑其主，天下之贼也。夫仁不以勇，义不以力。大王且率三军，为之素服，以□□□□□四海之内，莫不仰德，此三王之举也。臣愿王图之。"

沛公看了再三，称善。即日为义帝发表，临□举哀三日。然后遣使告报诸侯。乃□檄之道："天下共立义帝，北面而事之为君；今项羽杀之，大逆不道。今寡人悉发关中兵作楚。如三河之士，有倡义愿从诸侯王击项羽者听。"自此檄文一到，如萧何便为沛公守着关中；韩信便登坛授大将印；张良便运筹帷幄，为沛公军师；陈平出奇计，以间楚君臣，故破赵军，捉赵王歇，虏魏王豹；北举赵代，虏齐王市。如破竹之势，迎刃而解。围楚王项羽于垓下。不五年而成帝业，皆自董公遮说仁义之言谏之。

夫以始皇，以诈力取天下，包举宇内，席卷天下，将谓从一世事至万世为皇帝。谁料闾左之戍卒，一呼而七庙隳，身死人手，为天下笑。中原失鹿，诸将逐之。神器有归，竟输于宽仁爱人沛公。则知秦尚诈力，三世而亡。三代仁义，享国长久。后之有天下者，尚鉴于兹。诗曰：

> 始皇诈力独称雄，
> 六国皆归掌握中；
> 北塞长城泥未燥，
> 咸阳宫殿火先红。
> 痴愚强作千年调，
> 兴感还如一梦通；
> 断草荒芜斜照外，
> 长江万古水流东。

（钟兆华著《元刊全相平话五种校注》，巴蜀书社，1990 年）

老冯唐直谏汉文帝（节选）

［明］洪楩 辑

今日说汉文帝朝，有一大将，姓魏名尚，官拜云中留守，屯兵十万，杀得匈奴不敢望南牧马，闻魏尚之名，肝胆皆碎。文帝为边上战士多负勤劳，令中贵仇广居赍金帛五十车，真□云中劳军。魏尚接着仇太尉，馆驿中安下，随即换管军□自交割金帛，便行给散，自己合得亦皆俵散。仇太尉见魏尚相款甚薄，心中不悦，临起身，使人问魏尚索回程厚礼。尚曰："天子为王事而来，彼为私心而来。"去人回报此语。仇广居大怒，不辞而回。至长安，文帝问："劳军若何？"广居曰："军将虚受其赐，皆主怨也。"文帝大怒，便差皇叔刘昂为云中留守，就调遣本部军马，兼问魏尚克减情罪。刘昂到郡，将魏尚拿下，长枷送狱，勘问其实。军将无一个不下泪。

细作探听得，报知匈奴。匈奴大起番军，兵分两路，一取云中郡，一取河东上党郡。刘昂听知番军来，引魏尚所辖军马出迎。军马皆无战心，交锋未战先走。番军赶至，乱军中杀死刘昂。其余各逃难归。

云中文书也似雪片告急。文帝急聚

文武商议，令中大夫金勉引军五万，守飞狐关——今之代州之地；令楚相苏意引军五万，守句注关——即雁门也；前将军张武引军五万，守北地——今之真定是也。三路首尾相接，同救云中之危，即日起程。

这三路军马虽去把守边关去处，不曾得匈奴半根折箭。匈奴增添人马，三路攻击。

飞报至紧，文帝怀忧。又□宗正卿刘礼引军三万，于霸上屯驻；左将军徐厉引军三万，于棘门屯驻；右将军周亚夫引军三万，于细柳营屯驻。细柳营在渭河北，昆明池南，京兆之西。三路军以防未虞，其余军马尽迤北边助敌。

凡百余日，并不见边廷报捷之书，文帝甚忧，乃引近臣僚黄门户尉三千余人，各乘马疋，棘门、霸上、细柳三处劳军。文帝先使近臣传旨至棘门，左将军徐厉令军士皆全装，离营三十里迎接车驾。天子降旨，每军士一名，绢一疋，银十两，肉五斤，酒一瓶。左右自有去散之人。众军声喏，以谢圣恩。次日至霸上，宗正刘礼大小三军亦去三十里迎接，如棘门一般赏军。

天色已晚，文帝往细柳营去。半途，迎着传圣旨的人，回奏："虽听了圣旨，不开营门。"天子催动龙车，直至细柳营前，并无一人迎接。左右皆惊。文帝至营门，令近臣传圣旨："天子亲至行营，特来犒军。"把门都尉回言："天昏日暮，不是天子远来时分，恐引奸诈。"屯门不开。奉御曰："天子有诏，汝何人？敢抗拒耶？"都尉曰："军中只闻将军令，不闻天子诏。"奉御回奏。文帝令持汉节而往。都尉于门首侧门接汉节，入见亚夫。亚夫曰："既有汉节，天子必至。休开大门，开侧门，止放天子一人一骑入寨，其余当在辕门之外。"都尉传令，众官下马，天子按辔而行。入营，至帐下马。亚夫不拜，以军礼见天子。天子赏待已毕，急急上马，亚夫送至门首，再□远出。众官一齐下马，徐奏与文帝："亚夫罔上耶？"文帝曰："此真将军也！向者棘门、霸上，如儿戏耳！"众官皆不能答。

....

冯唐大喜，持节同番使入朝奏知。文帝与冯唐曰："若非卿直言，朕几乎损了良将。果然廉颇、李牧不可及也。"准匈奴求和之事。宣魏尚入朝，封为云内侯，都督塞北军马。冯唐加为主爵都尉。唐再三拜谢。文帝赐田三千亩，住宅一区，冠服几杖等。后年九十六岁，无疾病而终。有诗：

三老兴言可立邦，
汉文屈己问冯唐。

当时若不思颇牧，

魏尚何由得后桂？

（《清平山堂话本校注·欹枕集下》，中华书局，2012 年）

第三节
小说

王无旱

［宋］李昉

唐王无旱，好博戏，善鹰鹘。文武圣皇帝微时，与无旱蒱戏争彩。有李阳之宿憾焉。帝登极，旱藏匿不出。帝令给使，将一鹘子于市卖之，索钱二十千。旱不之知也。酬钱十八贯，给使以闻。帝曰："必王无旱也。"遂召至。惶惧请罪。帝笑而赏之。令于春明门，待诸州庸车三日，并与之。旱坐三日，属灞桥破，唯得麻三车，更无所有。帝知其命薄，更不复赏，频请五品，帝曰："非不与卿，惜卿不胜也。"固请，乃许之，其夜遂卒。

（《太平广记》卷一百四十六《定数一》，中华书局，2013 年）

冯涓

［宋］李昉

大中四年，进士冯涓登第，榜中文誉最高。是岁新罗国起高楼，厚赉金帛，奏请撰记，时人荣之。初除京兆府参军，恩地即杜相审权也。杜有江西之拜，制书未行，先召涓密语，延辟之命，欲以牒奏任之，戒令勿泄。涓拜谢，辞出。速鞭而归。遇友人郑实，见其喜形于色，驻马恳诘。涓遽以恩地之辟告之。实寻捧敕诣京兆门谒贺，具言得于冯先辈也。京兆嗟愤，而鄙其浅薄。洎制下开幕，冯不预焉，心绪忧疑，莫知所以。连车发日，自灞桥乘肩舆，门生咸在长乐候别，京兆长揖。冯曰："勉游。"由是嚣浮之誉，徧于搢绅，竟不通显。问又涉交通中贵，愈招清议，官至祠部郎中眉州刺史。仕蜀，至御史大夫。

（《太平广记》卷二百六十五《轻薄一》，清文渊阁四库全书本）

天 裂

［金］元好问

元光壬午六月二十四日，崔振之时起任咸宁令，聚县民豁口村，计会科敛。此地在灞桥六七里，日在辰巳间，忽见天裂，从东南至西北，青气分折数丈，其中有光，盘曲如电，令人震荡，不敢仰视。吏民数百人皆见。

（金·元好问撰《续夷坚志》卷四，上海古籍出版社，1996 年）

西游纪（节选）

[明] 张翰

入关西界，既为汉中之宁羌。行经滴水崖、五丁峡，峡中凄凄生寒，五月如深秋。路虽崎岖，然在山麓无险，茂林峭壁，怪石鸣泉，亦奇观也。金牛、青阳路皆平坦，仅过小山。至沔县，有百丈坡。褒城乔木夹道，中多虎豹，所登山渐高险，所谓鸡头关也。关门三重，有军把守，不减朝天、七盘。稍下即入连云栈，自此历青桥、马道，凡九十里皆栈道，两崖陡绝，中开一路。于山腰下瞰，江流鸣雷喷雪。路断处皆空中悬木为路，所谓栈也。出马道口，桥曰樊桥，传为樊哙所造，即萧何追韩信处，传有碑纪其事。踰武关为安山，踰柴关为松林、三岔、废丘。自柴关迤东，悬崖峭壁，急流飞湍，溪中石白如粉，殊快心目。然皆平地，虽沿溪间有木桥，而溪浅岸低，不为险也。自三岔登凤岭，山势甚高，踰上下凡五十里，即为凤县之土关。有清风阁、草凉楼，楼当高山之下，迥出林表，遥望画栋朱甍，翠壁后衬，景亦佳丽。东河一路坦夷，间有栈阁，不甚险。将至宝鸡，两山相夹，名益门镇，自此始出栈道矣。宝鸡临渭水，而城下流有蟠溪，驿曰陈仓，为汉时渡处，所谓陈仓口也。自岐山、成城间道渡河，曰沔阳。入渭东流，经陇州、凤翔之间，见鹦鹉飞鸣蔽空，如江南鸟雀之多。过扶风，有伏波墓；武功，有杨妃墓；兴平，有汉武墓；而咸阳则周五陵在焉。渡泾河为高陵，渡渭河为富平，而泾、渭之中为陕西会城，即古长安。中有秦府，匾曰"天下第一藩封"。每谒秦王，殿中公宴毕，必私宴于书堂，得纵观台池鱼鸟之盛。书堂后引渠水为二池，一栽白莲，池中畜金鲫，人从池上击梆，鱼皆跃出，投饵食之，争食有声。池后叠土垒石为山，约亭台十余座。中设几席，陈图史及珍奇玩好，烂然夺目。石砌遍插奇花异木。方春，海棠舒红，梨花吐白，嫩蕊芳菲，老桧青翠。最者千条柏一本，千枝团栾丛郁，尤为可爱。后园植牡丹数亩，红紫粉白，国色相间，天香袭人。中畜孔雀数十，飞走呼鸣其间，投以黍食，咸自牡丹中飞起竞逐，尤为佳丽。都察院近城西北，院有楼七间，遥望终南。而西有二池，水接终南龙首，城中灌汲，咸藉于此。藩司在城东南，后堂有玄石一块，盖一亭覆之，名曰定官石。石上钉钉不知其数，相传星夜钉钉，能入即显，否则不祥，亦甚奇异。气候寒于东南，惟西风而雨，独长安为然。昔程伊川云"理不可晓"，恐是山势使然耳。地产多黍麦，有稻一种名线米，粒长而大，胜于江南诸稻，每岁入贡天储。民俗质鲁少文，而风气刚劲，好斗轻生，自昔然已。南门有雁塔寺，塔高三十丈，唐高宗所建，中刻圣教序。七十里为终南，山麓为普光寺，有莲池数亩。更上为天池寺，面对五台，苍严秀拔，嵯岈葱蒨，乔松古柏之下，遍地皆芝，麋鹿数十为群，呦鸣寝处，萧然自适，真仙境也。西门琉璃局台榭迤逦，花木繁茂，而渠水曲折，来自终南，由局入城，长流不竭。北门高阜，土人呼为阿武婆坑，谓武则天也。器用遗址，皆以是名之。东门景龙池，即唐大内台基，磔磈犹存。前为花萼楼，又前为勤政楼，偏西为沉香台、梳妆楼，皆唐遗址。老桧婆娑，古柏虬藤，犹唐故物也。自陕以西为醴泉，有唐昭陵，而乾州有乾陵焉。自永寿、邠州直走泾州，有王母宫在回山之上，至此而回。上有瑶池、玄圃，宫殿轩敞，中祀王母，貌像庄严，左庑周穆，右庑汉武，前后多高阁。渡白水为平凉，中有韩府，宗室之多，甲于诸藩，而

藩司禄粮，往往不给。自瓦亭至安国镇，登崆峒。其山壁峙，山麓有传道宫，即广成子授道于黄帝处也。山中有二玄鹤，道士从山上呼之，间出飞绕山下。时余登山，二鹤飞鸣，旋绕于山麓者三，忽不见。然不时出，见之者少。自固原以北，即榆林、宁夏、甘肃三边镇矣。自陕以东，登灞桥而霸陵在目。至临潼，当骊山麓有温泉焉。泉水清冽，石甃光泽，地形如盘为太真浴处。渭城以南，水自西流，经新丰、鸿门、斗宝台，合于黄河。华州当二华山北，时清和景明，白云飞绕山腰，山峰之下分为二三。初春，山下小雨，遥望山头，堆白雪已满峰岫已。五岳惟华山最高，高处不胜寒，皆奇观也。道傍多石，涧中流水潺潺，遍栽水稻，若莲花舒红，嫩柳抟黄，披拂绿水之上，宛若江南风景。西岳庙建于华阴，庙列巨碑古刻，多剥落不可辨，皆汉唐故物。祠后有移山潭，莹洁可爱。时入华山，步云台，观玉泉院，登莎萝坪。访希夷岩，洞中有卧像。已而道士箫鼓导引，捧朱匣至前，启视之，云希夷委蜕也。余令封记藏洞中，寻觅石椁葬之，以先贤遗蜕，不宜亵玩耳。二华形若方巾，而山势陡峻危险，路从峭壁凿石为级，

傍以铁绳系之，行人扶掖而上，仅可至山岩，不能陟其巅也。潼关高山陡峻当其南，黄河浩渺绕其北，一面东望，其势如建瓴而下，自古形胜之区，无逾此者。自华以北，渡渭水，投清凉寺。一望漠漠黄沙，无寸草人烟，仅有小村，皆回回种类。渡洛水，至同州，城郭甚整，民居寥寥。蒲城有唐宪、玄、睿、穆四宗陵，而亚夫墓在其北郊。同官皆高山大涧，而耀州之西郊为孟姜祠。三原二城，中间一水，水深土厚，民物丰盛，甲于一省。离三原境，涧水潺潺，自北而东南，以达于洛，即为白水，古彭衙郡。自此走秦岭，崎岖难行，间舍舆乘骑，舍骑徒步。此虽一间道，然骑不得骋，虏不能越也。由白水登黄龙堡，堡在山巅，有苍颉庙，庙后即苍颉冢。冢傍古柏高大，隐天蔽日，合抱可三四人，目所罕见。由澄城、朝邑踰大庆关，关中民居稠密，倍于县邑，盖秦晋商贾之所市也。

（《松窗梦语》卷之二，上海古籍出版社，1986 年）

谢 翱

[明] 胡文焕

陈郡谢翱者，尝举进士。好为七字诗。其寓居长安昇道里，所居庭中多牡丹。一日晚霁，出其居，南行百步，眺终南峰。伫立久之，见一骑自西驰来，绣缬髶靮，及近，乃双鬟高髻，靓妆，色甚姝丽。至翱所，因驻谓翱："郎非见待耶？"翱曰："步此，徒望山耳。"双鬟笑，降拜曰："愿郎归所居。"翱不测，即回望其居，见青衣三四人，皆立其门外。翱益骇异。入门，青衣俱前拜。既入，见堂中设茵毯，张帷帘，锦绣辉映，异香遍室。翱愕然且惧不敢问。一人前曰："郎何惧？固不为损耳。"顷之，有金车至门，见一美人，年十六七，风貌闲丽，代所未识。降车入门，与翱相见，坐于西轩，谓翱曰："闻此地有名花，故来与君一醉耳。"翱惧稍解。美人即命设馔同食。其器用食物，莫不珍丰。出玉杯，命酒递酌。翱因问曰："女郎何为者，得不为他怪乎？"美人笑而不答。固请之，乃曰："君但知非人则已，安用问耶？"夜阑，谓翱曰："某家甚远，今将归，不可久留此矣。闻君善为七言诗，愿有所赠。"翱怅然，因命笔赋诗曰：

阳台后会杳无期，

碧树烟深玉漏迟。

半夜香风满庭月，

花前竟发楚王悲。

美人览之，泣下数行，曰："某

亦尝学为诗，欲答来赠，幸不见诮。"翱喜而请。美人求绛笺，翱视笥中，惟碧笺一幅，因与之。美人题曰：

相思无路莫相思，

风里花开只片时。

惆怅金闺却归处，

晓莺啼断绿杨枝。

其笔札甚工。翱嗟赏良久。美人遂顾左右撤帐帘，命烛登车。翱送至门，挥涕而别。未数十步，车与人马俱亡见矣。翱异其事，因贮美人诗笥中。明年春，下第东归。至新丰，夕舍逆旅。因步月长望，感前事，又为诗曰：

一纸华笺丽碧云，

余香犹在墨犹新。

空添满目凄凉事，

不见三山缥缈人。

斜月照衣今夜梦，

落花啼鸟去年春。

深闺更有堪愁处，

窗上虫丝镜上尘。

既而朗吟之。忽闻数百步外，有车音西来甚急。俄见金闺数骑，视其从者，乃前时双鬟也。惊问之，双鬟驻车使谓翱曰："通衢中恨不得一见。"

翱请其舍逆旅，固不可。又问所适，答曰："将之弘农。"翱因曰："某今亦归洛阳，愿偕东，可乎？"曰："吾行甚迫，不可。"即褰车簾，谓翱曰："感君意勤厚，故一面耳。"言竟，呜咽不自胜。翱亦为之悲泣，因诵以所制之诗。美人曰："不意君之不忘如是也，幸何厚焉？"又曰："愿更酬此一篇。"翱即以纸笔与之，俄顷而成，曰：

惆怅佳期一梦中，

五陵春色尽成空。

欲知离别偏堪恨，

只为音尘两不通。

愁态上眉凝浅绿，

泪痕侵脸落轻红。

双轮暂与王孙驻，

明月西驰又向东。

翱谢之。良久，别去。才百余步，又无所见。翱虽知为怪，眷然不能忘。及至陕西，遂下道至弘农。留数日，冀一再遇，竟绝影响。乃还洛阳，出二诗，话与友人。不数月，以怨结，遂卒。

（《太平广记》卷三百六十四，清文渊阁四库全书本）

第三章

【戏曲】

秦腔是西北流传最广的古老剧种，又名『西安梆子』『陕西梆子』。在秦腔形成戏曲剧种以前，『秦声』就在秦地民间酝酿传播。元末明初，秦声梆子、杂戏兴起，明初的『秦王府戏班』为最早的秦腔班，曾进京为皇帝演出，崇祯间周至县谭家寨张家大户办起第一个民间秦腔班『华庆班』。秦腔流行于陕、甘、青、新、晋、豫等省区，以陕、甘、青、宁最为普及。关中作为秦腔的发源地，有众多的剧目以发生在其间的历史事件为题材。

第一节
剧 目

《文王访贤》：亦称《渭水河》《文王拉纤》《姜太公钓鱼》《夜梦飞熊》《八百八年》等。秦腔传统本戏。甘肃省图书馆藏张艮根口述抄录本。老生、净角、摇旦唱、做并重戏。清咸丰至民国年间各地秦腔班社常演。事出《武王伐纣平话》，《封神演义》第十五、第十六、第二十三、第二十四回。演述姜子牙于昆仑山学法成道归里，以卖草鞋和摆摊卖卦维持生计，其妻马氏不甘贫苦而去。一日，文王夜梦飞熊扑面，知其将得高人扶助，即外出访贤。于渭水河畔见姜子牙正在垂钓，文王与之谈治国理政之道，子牙对答如流。文王大喜，即拜其为相，子牙感念其诚，让文王拉纤，拉至八百零八步而索断，子牙答应保其江山八百零八年。含折子戏《姜子牙卖草鞋》《渭水访贤》。

《鸿门宴》：秦腔传统本戏。陕西省艺术研究院所藏刘兴汉口述秦腔抄本，甘肃省图书馆藏许世民口述秦腔抄本。须生、大净、二净唱、做并重戏。事出《史记·项羽本纪》。演述秦末项羽欲谋帝位，听范增计设鸿门宴。席间，范增命项庄舞剑，欲刺刘邦。张良、项伯、樊哙等救护，谋刺未遂，刘邦借机而去。

《檀行传》：秦腔传统本戏。甘肃秦腔剧目。甘肃省图书馆藏抄录本。生、净唱、做并重戏。演述项羽从秦始皇墓中盗得财宝无数，火烧阿房宫，大封诸王，并欲迁义帝于长沙。张良为动项羽迁都之心，教唱民歌以激思乡之情。韩信弃楚往投刘邦。项羽闻之，派大将英布追杀。韩信杀散关守将夺关而逃，途中又杀指路樵夫，后得辛奇相助，遂抵褒中刘邦营下。

《临潼山》：亦称《金刚庙》《李渊辞朝》。秦腔传统本戏。甘肃省图书馆藏口述秦腔抄录本。须生为主，唱、做、打并重戏。事出《隋唐演义》第四、第五回，《说唐》第四回。演述隋文帝之子杨广为唐国公李渊之母贺寿，对李渊之妻窦氏起不良之心。李渊受辱上殿奏本，文帝反劝其与之，李怒而辞官还乡。杨广遣魏福屯、韩擒虎二将于临潼山截杀。魏、韩乃李渊旧部，李严斥二将不义，韩羞愧自杀，魏被李刀劈。壮士秦琼路经临潼山，助李渊攻克潼关。事后李渊建金刚庙，塑秦琼像于庙中，以报其德。

《唐王游地狱》：亦称《拾万金》《刘全进瓜》《李翠莲游地狱》《打经堂》等。秦腔传统本戏。各路秦腔常演。生、旦唱、做并重戏。事出《西游记》第十二回，另有小说《唐王游地狱》、传奇《钓鱼船》等。演述唐

王李世民灯下批阅奏折，困睡。梦遇泾河龙王前来求情，言说因私改天旨，犯下杀身之罪，要唐王明日午时三刻要监斩官魏徵陪驾，龙王即可得救，言罢并送宝物三件。唐王大喜，遂宣魏徵进宫陪驾。魏徵酒醉倒卧龙床接受天旨，梦斩龙君。时，刘全妻李翠莲虽善心向佛，却因前世孽缘，今世有地狱之灾，其以金钗斋僧，僧将钗与刘全，刘全曲解其妻翠莲，持钗质其妻，怒打经堂，翠莲上吊自缢明志。唐王、翠莲阴间相遇，同游地狱。翠莲地狱之灾已消，南海观世音菩萨奉如来之命度她离阴还阳。

《灞河滩》：秦腔传统本戏。演述唐时灞河龙君患病，预知名医孙思邈路过灞河滩，乃变作儒生在河滩候诊。孙切诊有异，知龙君非人类，令其现露原形，一针刺下，沉疴立愈。

《柳毅传书》：亦称《龙女牧羊》。秦腔传统本戏。中路、西路秦腔剧目。事出唐代李朝威《柳毅传》、宋官本杂剧《柳毅大圣乐》等。演述秀才柳毅赴京应试，路过泾河，见河畔一牧羊女啼哭，询问缘由，知为洞庭龙女三娘，嫁于泾河小龙而遭受虐待，被罚做牧羊奴。柳毅对她深表同情，乃

仗义为三娘折返洞庭，传送家书。三娘得救返回洞庭深感柳毅传书之义，一往情深，请出乃叔钱塘君作媒求配。柳毅对三娘有情，但为避免施恩图报之名，拒婚返家。三娘乃与龙父洞庭君化为渔家父女与柳家邻里相处，最后与柳毅结为夫妇。

第二节
剧 本

唐王游地狱（节选）

说明：

泾河龙君私改雨旨，违反天条，罪当问斩，由人曹官魏徵监斩。龙君托梦于唐王李世民，送来行贿珠宝，托情魏徵，开脱死罪。唐王请来魏徵，喝酒玩棋，然魏徵醉卧龙床，却在梦中斩了泾河老龙。

泾河龙阴曹状告唐王收贿害命，阴案由魏徵好友、判官崔珏审理。唐王和冤魂李翠莲遍游地狱，惩恶扬善，借钱消灾；崔珏卖情审案，私改生死簿；阎君赠送阴间石榴，索要阳间北瓜。唐王还阳后，封财神，送北瓜，册御史，认御妹，设御筵，庆团圆，

人神共享太平乐年。

人物表：

如 来——佛装	观世音——道装
龙 君——龙装	龙化身——小生
袁天罡——须生	刘 全——小生
李翠莲——青衣	唐 王——须生
魏 徵——须生	张 成——鬼卒
刘 龙——鬼卒	老女鬼——老旦
内 侍——杂	

场次：

第一场 化身	第二场 赠簪
第三场 当簪	第四场 占卜
第五场 梦斩	第六场 丢牌
第七场 索魂	第八场 上吊
第九场 游地狱	第十场 对质
第十一场 还阳	第十二场 进瓜
第十三场 阴遇	第十四场 团圆

第五场　梦斩

唐王：官人，带径了！

（慢板）有为王坐长安四方平定，众黎民齐称颂歌舞升平。

为江山孤也曾鞍马劳顿，数十年出疆场东挡西征。

灭隋朝建大唐社稷稳定，论国事还靠的忠臣魏徵。

这几日不见他心中烦闷，倒不如

召进宫来促膝谈心。（齐）

内侍：禀万岁，三更已过，请万岁安息。

唐王：宫人，孤王我今晚就在此安息，不用伺候，你们下去。

（起三更）

龙君：唐王天子，只因小神一时不慎，私改雨旨，错行了雨部，犯下天条。天朝掌刑官乃是你朝魏徵丞相，他明日午时奉了玉帝圣旨监斩于我，你若能邀他与你饮酒、玩棋，躲过了午时三刻，你便救了我的性命。为报救命之恩，特送来避火珠、避水珠、夜明珠，放在你的御花园太湖石下，切记切记。吾便去也。

唐王：哎呀，好惊呀！是孤方才睡梦中间，梦见泾河龙王言讲，只因他私改雨旨，错行雨部，犯下天条，天朝掌刑官乃是魏徵丞相，明日午时奉了玉帝圣旨监斩于他。求我若能邀他饮酒、玩棋，躲过了午时三刻，他便活命。为报救命之恩，特送来避火珠、避水珠、夜明珠，放在御花园太湖石下，不知道是真是假，叫我好惊也。来人，御花园太湖石下去看。

（内侍捧宝物上）避火珠、避水珠、夜明珠（唐王笑……）

（七锤）见宝珠不由人心花怒放，老龙王来求情在孤梦乡。

常言说受人之托忠人事，孤哀设法救龙王。（齐）

来，宣魏徵深夜入宫。

内侍：魏徵觐见。

魏徵：臣魏徵参见，吾皇万岁万万岁。万岁四更时分宣臣进宫有得何事？

唐王：魏爱卿，看时辰怕不是四更了吧？

魏徵：万岁宣臣进宫，就是为了听这钟鼓之声吗？

唐王：今乃大乘之日，宣卿进宫饮酒、玩棋，你可情愿？

魏徵：微臣情愿。

唐王：如此宫人斟酒、摆棋，魏爱卿请呀。

（二流）与魏徵吃酒把棋玩，他怎知孤王我用机关。

魏徵：（接唱）吾的主建大唐德威并显，才有这贞观之治太平年。

唐王：（接唱）孤敬重爱卿你刚直进谏，你叫孤以人为镜效圣贤。

魏徵：（接唱）魏徵我为大唐忠心可鉴，待明君废寝忘食也心甘。

唐王：（接唱）内侍臣将美酒斟满玉盏，与爱卿吃他个意满心欢。

魏徵：（接唱）一霎时只觉得天昏地转，猛抬头又只见日升中天。（游弦）

唐王：魏爱卿请。

魏徵：万岁呀，微臣我酒量有限，不能再饮了。

唐王：哎，孤王我的酒兴刚起，你就不吃了。来，罚他三杯。

魏徵：微臣情愿受罚。（吃酒后，醉）

宫人：禀万岁，魏大人吃醉了。

唐王：我可莫说魏爱卿呀，为了你，孤王我也醉成一堆泥了。（醉，日午）

魏徵：（内垫）在天庭我领了玉帝差遣。（扎）

（诗）

吾在大唐奉君王，

魂飞九天玉旨降。

泾河龙君改雨旨，

命吾监斩在法场。

天兵天将，将泾河龙君押上来。胆大的泾河龙王，竟然违反圣命，私改雨旨。哪里容得！来，将泾河龙君推下去杀。（内：泾河龙君已死！）这般时候待我上天庭交旨。

唐王：（二倒板）与爱卿吃酒把棋玩，（游弦）魏爱卿，爱卿醒得。

魏徵：哎呀，万岁，快与微臣科上罪来。

唐王：爱卿你何罪之有？

魏徵：方才与万岁饮酒、玩棋中间，梦见玉帝降旨与我，命我监斩泾河龙君，我有怠慢君王之罪，万岁快与微臣科上罪来。

唐王：哎，你与我一同饮酒、玩棋，同床而卧，你是怎样处斩他的？以孤眼中看来，你大概是酒还未醒吧？

魏徵：万岁若还不信，命人御花园太湖石下去看。

唐王：啊，内侍，速快去看。

内侍：禀万岁，御花园太湖石下果然有一龙头。

唐王：哎呀魏爱卿呀，你是怎样监斩泾河龙君的？

魏徵：万岁，想臣乃天朝玉帝所封掌刑之官，我若不酒醉，怎能斩得了他呀？万岁怎么样了？

唐王：孤茕一时头痛难忍。

魏徵：万岁还是保重身体要紧。

唐王：寡人知晓了，你出宫去吧。泾河龙君呀，寡人我愧对你了。

（下）

第十场　对质

众鬼卒引阎君上。

阎君：（念）鼓打五更鸡叫忙，冤鬼照得面皮黄。

咕咚咚敲响人皮鼓，五阎君打坐森罗堂。

（白）五殿阎君秦广王。

（内：崔判到——）有请！（崔上）这是崔判，命你去请人王，可曾请到？

崔判官：倒也请到。

阎君：随吾远迎。

崔判官：有迎唐天子。

阎君：唐天子到了。

唐王：到了。（同笑。向崔）崔先生，今到阴曹，是人王先拜鬼王，还是鬼王先拜人王？

崔判官：二位王爷上面，各施一礼，坐了叙话。

唐王：如此请！

阎君：不知唐天子驾到，未得远迎，多有得罪。

唐王：好说！不知阎君勾得魂魄到来，有得何事？

阎君：只因泾河龙君告下你的阴状，不得不请你前来。

唐王：他告孤王为何？请阎君告个明白。

阎君：这个……我想，他乃人中之王，我乃鬼中之王，有心审他，却有些不妥。（向崔）崔判替孤代审。

崔判官：遵旨！鬼卒，将泾河老龙押了上来！

众鬼押龙上。

泾河龙君：参见阎君。

崔判官：胆大的泾河龙君，因为何事，将唐天子告在了阴曹，何不从实招来！

泾河龙君：阎君请听。因小仙一时糊涂，私改雨旨，犯下杀身之罪。恳请唐王，将宝珠送过。唐天子收了我的珠宝，却害了我的性命。我告他受贿之罪。

崔判官：唐天子，你可曾收他的珠宝？

唐王：崔判官，孤在梦中似曾梦见他给孤带了三件宝物，可至今未见珠宝之面。

崔判官：龙君，你将珠宝藏在哪里？

泾河龙君：御花园太湖石下。

崔判官：鬼卒们！（啊！）太湖石下去找珠宝！（鬼卒下。又上）

鬼卒：珠宝找到！

崔判官：请看，这可是你的珠宝？

泾河龙君：正是送贿之物。

崔判官：走！你虽送贿唐天子，但他并未收你的贿赂，你却告他受贿之罪。哪里容得！鬼卒们！将泾河龙君押了下去！（众押龙下）

唐王：审明此案，多谢阎君、先生手下留情。

崔判官：唐天子，阎君这壁厢……他睡着了。

唐王：请先生查一下孤的阳寿还有多少？

崔判官：好好好，待我与你查看查看。

唐王：多谢先生。

崔判官：（查生死簿）唐天子，你还有一十八天的阳寿。

唐王：苦啊！

崔判官：唐天子不必啼哭，阎君正在睡梦，我念你是有道明君，与你偷偷地将它改过。

唐王：多谢先生。

崔判官：这"一"改成了"二"字，这"天"字改成了"春"字，二十八春，你看如何？

唐王：多谢先生与我添寿。请先生再查一下，孤的三宫六院、文武大

臣的阳寿如何呢？

崔判官：走！生死簿上早造就，先定死来后定生。

假若阳寿自打点，哪个该死谁该生？

唐王：孤我不敢言了。（看介）崔先生，前面殿角长的那是什么，如此鲜红？

崔判官：那是阴曹地府的石榴。

唐王：孤我口中饥渴，可能让孤用得几颗？

崔判官：此事还得问过阎君爷。

唐王：有请先生与我转达。

崔判官：好，替你转达，替你转达。禀阎君！

阎君：（醒）崔判，可将此案审清问明？

崔判官：倒也审清问明。唐天子言道，他口中饥渴，想用几颗殿角的鬼石榴。

阎君：鬼卒，上去折上几颗，（鬼卒上）送与唐天子。

唐王：好吃呀，好甜呀！哈哈哈！

阎君：唐天子，你方才吃了一颗，怎么怀里还揣了一颗？

唐王：如此神果，孤要将它带到阳世栽培，让天下百姓都能品尝。

阎君：唐天子不愧为有道明君。来在地府，还惦念他的儿女百姓哟，哈哈哈！这是唐天子，我们阴曹没有北瓜，你即刻还阳，派人送来。

唐王：孤王还阳，即刻派人将瓜送来。

崔判官：正是

（念）阴曹借你十万金，

唐王：还阳华州找罗文。

阎君：临走带去鬼石榴

唐王：还阳差人送瓜来。

阎君：送人王！

同下，幕落。

（中国国际剧本网）

临潼山（节选）

说明：

隋文帝时，杨广率领文武群臣庆贺唐国公李渊母亲寿诞，见李渊之妻窦氏貌美，遂起不良之心，以下棋为借口，要李渊以窦氏为赌注。李渊受辱，遂上殿奏本。文帝未责杨广，却劝李渊。李渊气愤辞朝，返回太原。途经临潼山，杨广差韩擒虎、魏福屯二将截杀李渊，抢夺窦氏。魏、韩曾为李渊部下，李有恩于二人，临潼山前，李渊严斥二将恩将仇报的不义行为，韩擒虎羞愧自杀，魏福屯趁李渊不备欲杀之，被李渊一刀劈死。适逢秦琼路过临潼山，用双铜相助，遂解李渊之围。杨广兵退潼关。秦助李攻克潼关。其中有折子戏《金刚庙》《李渊辞朝》单独演出。

人物表：

李　渊——武须生

李　成——武　生

韩擒虎——老　生

魏福屯——武　生

兵卒、青衣若干人

第一场

韩擒虎：（兵卒引韩擒虎大浪头上场抖马唱代板）

十王旨意传下殿，

哪个大胆不听言。

催马加鞭莫怠慢，

临潼山截杀唐李渊。（下场）

李渊：（内叫）这……（倒八锤上场搜门，李成上白）

李成：禀宫爷。

李渊：讲。

李成：乌骓马下得山来踏乱隋营一十二座。

李渊：李渊大喜！李渊大喜！（唱尖板）

乌骓马下山来隋营踏了，直杀得众隋兵鬼哭狼嚎。

勒定了乌骓站当道，（夹白）家将听！

家将进前听根苗。当年黄毛造了反，本官挂帅前去安。

征战七日并七晚，血流成河骨堆山。

你若不信甲叶上看，官爷浑身似箭穿。

保国忠臣今遭难，不由本官怒冲冠。

家将随爷往前战。（辽板）

（兵卒引韩擒虎上场与李成对头）

韩擒虎：哎嗨呀！我当是何人，原来是国公李千岁，末将本应下马参拜，只因甲锁在身，马上一参千岁莫怪。

李成：免参！

李渊：（看介）我当是何人，原来是韩伯父韩老将军，观见你穿链遮戴向哪路征剿？

韩擒虎：亦非哪路征剿，领了老王旨意奉请千岁回朝入廉保国。

李渊：住住住了！哪是领了老王旨意奉请本官回朝入廉保国，分明是领了十王太子杨广之命，来在临潼山前，截杀本官满门家眷，你说是也不是？

韩擒虎：千岁既知就该将满门家眷留与末将。

李渊：（生气地摇头，李成执刀欲杀韩擒虎）家将退下！李成退下！韩伯父！胆大的韩擒虎！想当年海贼作乱文帝爷道下旨来，命你挂帅去征，是你兵行边关，年迈用兵不到，折了官兵大半，回得朝来文帝爷将你推下问斩，那时节多亏我家将李成早报我李渊知晓，是我歪戴璞头，斜端玉带，就是这么样哗啦啦闯上金殿连动一十二道本章，才救下你一条活命。你既然知晓我和十王太子杨广言气不和，就该以在中间说和解劝；你既不能说和解劝，就该闲事莫知，闲事莫管；谁是你兵扎临潼山，截杀本宫满门，照你这样做出此事，我有几句言词奉劝于你。

韩擒虎：千岁请讲。

李渊：你听！（说诗）

曾子晏子与孟子，哪个大将不挨时？

扑碌碌两茫茫，白蟒山前痛恓惶。

有几个归湖的范蠡，

有几个归山的张良？

张良归山正好修，

范蠡归湖驾小舟。

二人不嫌官职小，

宫门悬挂子胥头。

休说你们官大，见了我们不怕。

有一日事犯皇家，谗臣扯你见驾。

绑在了悔心石上，

悔烂尔肠子肝花。

相劝伯父早还家，

且免得担惊受怕。

（唱拦头）

勒定了乌骓站当道，

韩伯父耐烦听心里。

八月中秋母寿期，

文武臣拜寿我府里。

文帝爷倒有爱臣意，

赐来了寿帐和寿衣。

杨广儿也曾备寿礼，

拜寿来在我府里。

我的娘一见杨广贼子她昏倒在地，屏风后转来窦氏妻。

奸王一见贼心起，要和本宫把棋玩。

未开口先赌他父王江山十万里，要本宫赌下窦氏妻。

文武大臣在当面，

难道本宫无面皮？

怒冲冲火从心头起，

我打了奸王一棋盘。

奸王一怒跑上殿，

九龙口里拿本参。

文帝爷龙耳软，把我举家贬太原。

叫伯父手压胸膛想，是君不正还是我们做臣的不忠？

韩擒虎：（接唱）

见得千岁骂破口，骂得末将满脸羞。

人活百岁总要死，学一个霸王自刎喉。（自缢）

李成：（白）禀宫爷，老将军已死。

李渊：家将，接刀。（二人翻跌。李渊唱尖板）

见得伯父把命断，珠泪滚滚擦不干。

把家将来一声唤，把老将尸首忙掩埋。（家将埋人）

李成：（白）禀宫爷掩埋已毕。

李渊：（接唱）

老将尸首埋得好，免得本宫把心操。

把家将来一声叫，与宫爷带过定隋刀。（上马下场）

魏福屯：（带兵上场白）八台总镇魏福屯，领了十王太子之命，临潼山截杀李渊，众将官，催马！（带兵下场）

第二场

（李成引李渊上唱尖板）

李渊：（接唱）

李渊进深山，抬头四下观。

上是老君庙，下是卧龙潭。

上打黄罗伞，奸王坐内边。

口口传将令，活捉唐李渊。

家将随爷往前战，（辽板）（家将与魏福屯对头）

魏福屯：（白）哎嗨呀！我当是何人，原来是国公李千岁，末将本应下马参拜，怎奈甲锁在身，马上一参千岁莫怪！

李成：免参！

李渊：（看介）我当是何人，原来是魏福屯魏少将军，观见你穿链遮戴，向哪路征剿？

魏福屯：并非哪路征剿，领了老王旨意奉请千岁回朝入廉保国。

李渊：满口胡道！哪是领了老王旨意，分明你领了十王太子杨广之命，来在这临潼山前，截杀本宫的满门家眷，你说是也不是？

魏福屯：千岁既知，就该将满门家眷留与末将。

李渊：（气急败坏地颤抖，李成执刀欲杀魏福屯）家将退下！李成退下！魏福屯！胆大的小孺子！想当年，尔不过是一个小小的镇京总兵，曾记得海贼二次作乱，文帝爷道下旨来，命本宫挂帅去征，是我兵行大校场中，无有马前先行，是我以在五营四哨之中挑挑选选，才选下尔一个中用的先行。本宫兵行边关，扎营未定，你个孺子不通我的将令私自出营，被贼人团团围定，那时节多亏我家将李成早报我李渊知晓，是我头不曾戴盔，身不曾穿甲，就是这么样哗啦啦闯进敌营，才救下你一条活命。回得朝来，满营众将都在我处庆功，你个孺子无有寸件之功，宫爷将我的功劳与尔轻轻拨得几件，圣上见喜才封尔一个八台总镇之职。如今你好大的官衔，嗯！你好大的官衔！你既然知晓我和十王太子言气不和，就该以在中间说和解劝；你既不能说和解劝，就该打坐你府，闲事莫知，闲事莫管。谁是你兵扎临潼山，截杀本宫满门，照你这样做出此事，我有几句言词奉劝于你。

魏福屯：千岁请讲。

李渊：你听！（说诗）

尔好比高山望云秀，你把世事莫猜透。

照你这样人，准杀不准救。

（唱拦头）

魏福屯来小哥哥，听宫爷把话对你学。

你说杨广对你好，宫爷对你也不错。

拿刀来把宫爷的头首找，晓与了杨广待如何。

魏福屯：（接唱）

宫爷一怒骂破口，骂得末将满脸羞。

低下头儿自思忖，猛然一计上心头。

（白）宫爷，你看山前山后尽是杨广的人马，你我不如假战几合，也好瞒哄贼人的耳目。

李渊：少将军此话当真？

魏福屯：当真。

李渊：你可知刀头无目？

魏福屯：枪头无眼。

李渊：若要人不知。

魏福屯：除非己莫为。

李渊：家将，杀！

（开打，魏福屯趁李渊不备欲杀之，被李渊一刀劈死）家将！保上满门家眷，突围下山！（造型）

（中国国际剧本网）

第六编·史料典籍

关于灞渭三角洲的历史发展情况，《史记》《三辅黄图》《水经注》《类编长安志》《明一统志》《清史稿》等诸多史料典籍均有记录。这些都彰显了灞渭三角洲及其相关区域在历史上的重要性和文化意义，也为后人研究灞渭地区留下了珍贵的史料。

第一章

【两汉魏晋南北朝时期】

两汉魏晋南北朝时期的史料典籍中多有发生在灞渭三角洲尤其是『霸上』的楚汉战争、鸿门宴、漕运等历史事件，以及关中八水中的灞水、浐水等自然要素之记载，兼有其他相关记载，如南北朝时期赫连勃勃称帝于『霸上』等。

[汉]司马迁《史记》卷七　项羽本纪第七　百衲本

行略定秦地。函谷关有兵守关，不得入。又闻沛公已破咸阳，项羽大怒，使当阳君等击关。项羽遂入，至于戏西。沛公军霸上，未得与项羽相见。沛公左司马曹无伤使人言于项羽曰："沛公欲王关中，使子婴为相，珍宝尽有之。"项羽大怒，曰："旦日飨士卒，为击破沛公军！"当是时，项羽兵四十万，在新丰鸿门，［集解］孟康曰："在新丰东十七里，旧大道北下阪口名也。"沛公兵十万，在霸上。范增说项羽曰："沛公居山东时，贪于财货，好美姬。今入关，财物无所取，妇女无所幸，此其志不在小。吾令人望其气，皆为龙虎，成五采，此天子气也。急击勿失。"

[汉]司马迁《史记》卷二十八　封禅书第六　百衲本

汉兴，高祖之微时，尝杀大蛇。有物曰："蛇，白帝子也，而杀者赤帝子。"高祖初起，祷丰枌榆社。［集解］张晏曰："枌白榆也。社在丰东北十五里，或曰枌榆乡，名高祖里社。"徇沛，为沛公，则祠蚩尤，衅鼓旗。遂以十月至灞上，与诸侯平咸阳，立为汉王。因以十月为年首，而色上赤。

[汉]司马迁《史记》卷三十　平准书第八　百衲本

初，大农管盐铁官布多，置水衡，欲以主盐铁。及杨可告缗钱，上林财物众，乃令水衡主上林。上林既充满，益广。是时越欲与汉用船战逐，乃大修昆明池，列观环之。治楼船，高十余丈，旗帜加其上，甚壮。［索隐］曰："盖始穿昆明池，欲与滇王战，今乃更大修之，将与南越吕嘉战逐，故作楼船，于是杨仆有将军之号。又下云'因南方楼船卒二十余万击南越'也。昆明池有豫章馆。豫章，地名，以言将出军于豫章也。"于是天子感之，乃作柏梁台，高数十丈。宫室之修，由此日丽。

［汉］司马迁《史记》卷五十五 留侯世家第二十五　百衲本

于是上自将兵而东，群臣居守，皆送至灞上。留侯病，自强起，至曲邮，见上曰："臣宜从，病甚。楚人剽疾，愿上无与楚人争锋。"因说上曰："令太子为将军，监关中兵。"上曰："子房虽病，强卧而傅太子。"是时叔孙通为太傅，留侯行少傅事。

［汉］司马迁《史记》卷七十三 白起王翦列传第十三　百衲本

始皇闻之，大怒，自驰如频阳，见谢王翦曰："寡人以不用将军计，李信果辱秦军。今闻荆兵日进而西，将军虽病，独忍弃寡人乎！"王翦谢曰："老臣罢病悖乱，唯大王更择贤将。"始皇谢曰："已矣，将军勿复言！"王翦曰："大王必不得已用臣，非六十万人不可。"始皇曰："为听将军计耳。"于是王翦将兵六十万人，始皇自送至灞上。王翦行，请美田宅

园池甚众。

［汉］司马迁《史记》卷一百一十七　司马相如列传第五七　百衲本

"左苍梧，右西极，丹水更其南，紫渊径其北；终始霸浐，出入泾渭；［索隐］张揖曰："霸出蓝田西北而入渭。浐亦出蓝田谷，北至霸陵入霸。霸浐二水尽于苑中不出，故云终始也。泾渭二水从苑外来，又出苑去也。泾水出安定泾阳县开头山，东至阳陵入渭。渭水出陇西首阳县鸟鼠山，东北至华阴入河。"酆鄗潦潏，［集解］郭璞曰："皆水流貌，音决。"［索隐］张揖曰："酆水出鄠县南山丰谷，北入渭。鄗水在昆明池北。"郭璞云："鄗水，丰水下流也。"应劭云："潦，流也。潏，涌出声也。"案：张揖云"潏水出南山"，姚氏云"潦，或作'涝'。涝水出鄠县，北注渭。潏水出杜陵，今名沈水，自南山皇子陂西北流注昆明池入渭"。案：此下文"八川分流"，则从泾、渭、霸、浐、丰、鄗、潦、潏为八。晋灼则云："计从丹水以下至潏，除潦为行潦，凡九。从霸浐以下为数凡七。"案：今潏既是水名，除丹水、紫渊，自霸以下通数，适足八川，是经营乎其内也。又潘岳《关

中记》曰："泾、渭、霸、浐、丰、镐、涝、潏,《上林赋》所谓'八川分流'也。"纡余委蛇,经营乎其内。荡荡兮八川分流,相背而异态。[集解]郭璞曰:"八川名在上。"

[汉]班固《汉书》卷一上 高帝纪第一上 百衲本

元年冬十月,五星聚于东井。沛公至霸上。应劭曰:"霸上,地名,在长安东三十里,古曰滋水,秦穆公更名霸。"师古曰:"霸水上,故曰霸上,即今所谓霸头。"秦王子婴素车白马,系颈以组,封皇帝玺、符、节,降轵道旁。诸将或言诛秦王,沛公曰:"始怀王遣我,固以能宽容。且人已服降,杀之不祥。"乃以属吏。遂西入咸阳,欲止宫休舍,樊哙、张良谏,乃封秦重宝财物府库,还军霸上。萧何尽收秦丞相府图籍文书。十一月,召诸县豪桀曰:"父老苦秦苛法久矣,诽谤者族,耦语者弃市。吾与诸侯约,先入关者王之,吾当王关中。与父老约,法三章耳:杀人者死,伤人及盗抵罪。余悉除去秦法。吏民皆按堵如故。凡吾所以来,为父兄除害,非有所侵暴,毋恐!且吾所以军霸上,待诸侯而定要束耳。"乃使人与秦吏行至县乡邑告谕之。秦民大喜,争持牛羊酒食献享军士。沛公让不受,曰:"仓粟多,不欲费民。"民又益喜,唯恐沛公不为秦王。

[汉]班固《汉书》卷六 武帝纪第六 百衲本

发谪吏穿昆池。如淳曰:"《食货志》以旧吏弄法,故谪使穿池,更发有赀者为吏也。"臣瓒曰:"《西南夷传》有越嶲、昆明国,有滇池,方三百里。汉使求身毒国,而为昆明所闭。今欲伐之,故作昆明池象之,以习水战,在长安西南,周回四十里。《食货志》又曰:时越欲与汉用船战,遂乃大修昆明池也。"师古曰:"谪吏,吏有罪者,罚而役之。滇,音颠。"

[汉]班固《汉书》卷二十八上 地理志第八 百衲本

新丰,骊山在南,故骊戎国。秦曰骊邑。高祖七年置。应劭曰:"太上皇思东归,于是高祖改筑城寺街里以象丰,徙丰民以实之,故号新丰。"

[汉]班固《汉书》卷五十二 窦田灌韩传第二十二 百衲本

后淮南王安谋反,觉。始安入朝时,蚡为太尉,迎安霸上,谓安曰:"上未有太子,大王最贤,高祖孙,即宫车晏驾，非大王立，尚谁立哉？”淮南王大喜，厚遗金钱财物。上自婴、夫事时不直蚡，特为太后故。及闻淮南事，上曰：“使武安侯在者，族矣。”

［汉］班固《汉书》卷八十四　翟方进传第五十四　百衲本

莽闻之，大惧，乃拜其党亲轻车将军成武侯孙建为奋武将军，光禄勋成都侯王邑为虎牙将军，明义侯王骏为强弩将军，春王城门校尉王况为震威将军，宗伯忠孝侯刘宏为奋冲将军，中少府建威侯王昌为中坚将军，中郎将震羌侯窦兄为奋威将军，凡七人，自择除关西人为校尉军吏，将关东甲卒，发奔命以击义焉。

［汉］佚名《三辅黄图》卷之五　四部丛刊三编景元本

豫章观，武帝造，在昆明池中，亦曰昆明观。又一说曰：上林苑中有昆明池观，盖武帝所置。桓谭《新论》云：“元帝被疾，远求方士。汉中送道士王仲都，诏问所能，对曰：能忍寒。乃以隆冬盛寒日，令袒载驷马于上林昆明池上，环以冰，而御驷者厚衣狐裘寒战，而仲都无变色，卧于池上，曛然自若。”即此也。

［汉］佚名《三辅黄图》卷之六　四部丛刊三编景元本

关中八水，皆出入上林苑。霸水出蓝田谷，西北入渭。浐水亦出蓝田谷，北至霸陵入霸。泾水出定安泾阳笄头山，东至阳陵入渭。渭水出陇西首阳县鸟鼠同穴山，东北至华阴入河。丰水出鄠南山丰谷，北入渭。镐水在昆明池北。牢水出鄠县西南，入潦谷，北流入渭。潏水在杜陵，从皇子陂西北，流经昆明池入渭。

［南朝宋］范晔《后汉书》卷五　孝安帝纪第五　百衲本

（延光三年）冬十月，行幸长安。壬午，新丰上言凤皇集西界亭。今新丰县西南有凤皇原，俗传云即此时凤皇所集之处也。丁亥，会三辅守、令、掾、史于长安，作乐。闰月乙未，祠高庙，遂有事十一陵，历观上林、昆明池。

［南朝宋］范晔《后汉书》卷四十上　班彪列传第三十上　百衲本

汉之西都，在于雍州，实曰长安。左据函谷、二崤之阻，表以泰华、终南之山。右界褒斜、陇首之险，带以洪河、泾、渭之川。华实之毛，则九州之上腴焉；防御之阻，则天下之奥区焉。是故横被六合，三成帝畿。周以龙兴，秦以虎视。及至大汉受命而都之也，仰疐东井之精，俯协《河图》之灵，奉春建策，留侯演成，天人合应，以发皇明，乃眷西顾，实惟作京。于是睎秦领，睨北阜，挟酆霸，据龙首。睎，望也，音希。睨，视也，音蛾。秦领在今蓝田东南。北阜即今三原县北有高阜，东西横亘者是也。丰水出鄠县南山丰谷。霸水出蓝田谷。《三秦记》曰："龙首山六十里，头入渭水，尾达樊川。"在傍曰挟，在上曰据也。

[西晋] 陈寿《三国志》卷六 魏书六

催将杨奉与催军吏宋果等谋杀催，事泄，遂将兵叛催。催众叛，稍衰弱。张济自陕和解之，天子乃得出，至新丰、霸陵间。

[梁] 沈约 《宋书》卷四十五列传第五

高祖（刘裕）将至，镇恶于灞上奉迎，高祖劳之曰："成吾霸业者，真卿也。"镇恶再拜谢曰："此明公之威，诸将之力，镇恶何功之有焉！"高祖笑曰："卿欲学冯异也。"是时关中丰全，仓库殷积，镇恶极意收敛，子女玉帛，不可胜计。高祖以其功大，

不问也。进号征虏将军。

[北魏] 郦道元《水经注》卷十九 渭水（节选）

又东过霸陵县北，霸水从县西北流注之。

霸者，水上地名也。古曰滋水矣。秦穆公霸世，更名滋水为霸水，以显霸功。水出蓝田县蓝田谷，所谓多玉者也。西北有铜谷水，次东有辋谷水，二水合而西注，又西流入浐水。浐水又西径峣关，北历峣柳城。东西有二城，魏置青泥军于城内，世亦谓之青泥城也。秦二世三年，汉祖入，自武关攻秦，赵高遣将距于峣关者也。《土地记》曰：蓝田县南有峣关，地名峣柳，道通荆州。《晋地道记》曰：关当上洛县西北。浐水又西北流入霸。霸水又北历蓝田川，径蓝田县东。……霸水又左合浐水，历白鹿原东，即霸川之西故芷阳矣。《史记》：秦襄王葬芷阳者是也，谓之霸上。汉文帝葬其上，谓之霸陵。上有四出道以泻水，在长安东南三十里。故王仲宣赋诗云：南登霸陵岸，回首望长安。汉文帝尝欲从霸陵上，西驰下峻坂。霸水又北，长水注之。……川东亦曰白鹿原也。川水又北径杜陵东。……元帝初元元

年，葬宣帝杜陵，北去长安五十里。秦武公十一年县之。汉宣帝元康元年，以杜东原上为初陵，更名杜县为杜陵。王莽之饶安也。其水又北注荆溪，荆溪水又北径霸县，又有温泉入焉。水发自原下，入荆溪水，乱流注于霸，俗谓之浐水，非也。《史记音义》，文帝出长门，《注》云：在霸陵县，有故亭，即《郡国志》所谓长门亭也。《史记》曰：霸、浐、长水也，虽不在祀典，以近咸阳秦、汉都、泾、渭、长水，尽得比大川之礼。昔文帝居霸陵，北临厕，指新丰路示慎夫人曰：此走邯郸道也。……霸水又北会两川，又北，故渠右出焉。霸水又北径王莽九庙南。王莽地皇元年，博征天下工匠，坏撤西苑、建章诸宫馆十余所，取材瓦以起九庙，算及吏民，以义入钱谷，助成九庙。……霸水又北径帜道，在长安县东十三里。王莽九庙在其南。汉世，有白蛾群飞，自东都门过帜道，吕后被除于霸上，还见仓狗戟胁于斯道也。水上有桥，谓之霸桥。地皇三年，霸桥木灾，自东起，卒数千以水泛沃救不灭，晨焚夕尽。王莽恶之，下书曰：甲午火桥，乙未，立春之日也。予以神明圣祖黄虞遗统受命，至于地皇四

年为十五年，正以三年终冬，绝灭霸驳之桥，欲以兴成新室，统一长存之道。其名霸桥，为长存桥。霸水又北，左纳漕渠，绝霸右出焉。东径霸城北，又东径子楚陵北。……京兆东南霸陵山，刘向曰：庄王大其名，立坟者也。《战国策》曰：庄王字异人，更名子楚，故世人犹以子楚名陵。又东径新丰县，右会故渠。渠上承霸水，东北径霸城县故城南。汉文帝之霸陵县也，王莽更之曰水章。魏明帝景初元年，徙长安金狄，重不可致，因留霸城南。……光武使司徒邓禹收葬于霸陵县。……又东北径新丰县，右合漕渠，汉大司农郑当时所开也。以渭难漕，命齐水工徐伯发卒穿渠引渭。其渠自昆明池，南傍山原，东至于河，且田且漕，大以为便，今无水。霸水又北径秦虎圈东。霸水又北入于渭水。渭水又东，会成国故渠。渠，魏尚书左仆射卫臻征蜀所开也。号成国渠，引以浇田。……故渠又东径茂陵县故城南。武帝建元二年置。……故渠又东径姜原北，渠北有汉昭帝陵，东南去长安七十里。又东径平陵县故城南。……故渠又东，径渭陵南。又东径惠帝安陵南，陵北有安陵县故城。……渠侧有杜邮亭。

又东，径渭城北。……又东径长陵南，亦曰长山也。……故渠东南谓之周氏曲，又东南径汉景帝阳陵南，又东南注于渭，今无水。渭水又东，径霸城县北，与高陵分水。水南有定陶恭王庙、傅太后陵。元寿元年，傅后崩，合葬渭陵。……恭王庙在霸城西北，庙西北即傅太后陵。不与元帝同茔，渭陵非谓元帝陵也，盖在渭水之南，故曰渭陵也。……渭水又径平阿侯王谭墓北，冢次有碑。左则泾水注之。渭水又东，径部县西，盖陇西郡之部徙也。渭水又东，得白渠枝口，又东与五丈渠合。水出云阳县石门山，谓之清水。东南流，径黄嵌山西，又南入役祤县，历原南出，谓之清水口。东南流，绝郑渠，又东南，入高陵县，径黄白城西，本曲梁宫也。南绝白渠，屈而东流，谓之曲梁水。又东南，径高陵县故城北，东南绝白渠枝渎，又东南，入万年县，谓之五丈渠。又径藕原东，东南流，注于渭。渭水右径新丰县故城北，东与鱼池水会。水出骊山东北，本导源北流，后秦始皇葬于山北，水过而曲行，东注北转。始皇造陵取土，其地污深，水积成池，谓之鱼池也。在秦皇陵东北五里，周围四里。池水

西北流，径始皇冢北。……高祖王关中，太上皇思东归，故象旧里，制兹新邑，立城社，树枌榆，令街庭若一，分置丰民，以实兹邑，故名之为新丰也。汉灵帝建宁三年，改为都乡，封段颍为侯国。后立阴槃城。其水际城北出，世谓是水为阴槃水，又北绝漕渠，北注于渭。渭水又东，径鸿门北，旧大道北下坂口名也。右有鸿亭。《汉书》：高祖将见项羽。《楚汉春秋》曰：项王在鸿门，亚父曰：吾使人望沛公，其气冲天，五色采相缪，或似龙，或似云，非人臣之气，可诛之。高祖会项羽，范增目羽，羽不应。樊哙杖盾撞人入，食豕肩于此，羽壮之。《郡国志》曰：新丰县东有鸿门亭者也。郭缘生《述征记》，或云，霸城南门曰鸿门也。项羽将因会危高祖，羽仁而弗断。范增谋而不纳，项伯终护高祖以获免。既抵霸上，遂封汉王。按《汉书注》，鸿门在新丰东十七里，则霸上应百里。按《史记》，项伯夜驰告张良，良与俱见高祖，仍使夜返。考其道里，不容得尔。今新丰县故城东三里有坂，长二里余，堑原通道，南北洞开，有同门状，谓之鸿门。孟康言在新丰东十七里，无之。盖指县

治而言，非谓城也。自新丰故城西，至霸城五十里，霸城西十里，则霸水，西二十里则长安城。应劭曰：霸水上地名，在长安东三十里，即霸城是也。高祖旧停军处，东去新丰既远，何由项伯夜与张良共见高祖乎？推此言之，知缘生此记乖矣！渭水又东，石川水南注焉。渭水又东，戏水注之。水出丽山冯公谷，东北流，又北径丽戎城东。又北，右总三川，径鸿门东，又北径戏亭东。应劭曰：戏，宏农湖县西界也。地隔诸县，不得为湖县西。苏林曰：戏，邑名，在新丰东南四十里。孟康曰：乃水名也，今戏亭是也。汉成帝建始二年，造延陵为初陵，以为非吉，于霸曲亭南更营之。鸿嘉元年，于新丰戏乡为昌陵县，以奉初陵。永始元年，诏以昌陵卑下，客土疏恶，不可为万岁居，其罢陵作，令吏民反故，徙将作大匠解万年敦煌。《关中记》曰：昌陵在霸城东二十里，取土东山，与粟同价，所费巨万，积年无成，即此处也。戏水又北分为二水，并注渭水。渭水又东，泠水入焉。水南出肺浮山，盖丽山连麓而异名也。北会三川，统归一壑，历阴槃、新丰两原之间，北

流注于渭。渭水又东，酋水南出倒虎山，西总五水，单流径秦步高宫东，世名市丘城。历新丰原东，而北径步寿宫西，又北入渭。渭水又东得西阳水，又东得东阳水，并南出广乡原北垂，俱北入渭。渭水又东径下邽县故城南……渭水又东与竹水合。水南出竹山，北径媚加谷，历广乡原东，俗谓之大赤水，北流注于渭。渭水又东得白渠口。大始二年，赵国中大夫白公，奏穿渠。引泾水，首起谷口，出于郑渠南，名曰白渠。东径宜春城南，又东南径池阳城北，枝渎出焉，东南历藕原下，又东径郡县故城北，东南入渭。今无水。白渠又东，枝渠出焉。东南径高陵县故城北。《地理志》曰：左辅都尉治，王莽之千春也。又东径栎阳城北。白渠又东，径秦孝公陵北，又东南径居陵城北，莲芍城南，又东注金氏陂，又东南注于渭。故《汉书·沟洫志》曰白渠首起谷口，尾入栎阳是也。今无水。

［北齐］魏收《魏书》卷九十五 列传第八十三　赫连勃勃

（赫连勃勃）遂僭称皇帝于灞上，号年为昌武，定都统万。勒铭城南，

颂其功德。以长安为南都。

[北齐]魏收《魏书》卷九十六列传第八十四　僭晋司马叡

桓温表废聃扬州刺史殷浩，聃惮温，乃除其名。温遂率所统诸军步骑四万自郢越关中至灞上。苻健与五千余人守长安小城。是岁大俭，温军人悬磬，健深沟坚壁，清野待温。温军食尽，乃退，苻健遣子苌频击败之。初，温次灞上，其部将振武将军、顺阳太守薛珍劝温径进逼城，温弗从，珍以偏师独济，颇有所获。温退，珍乃还，放言于众，且矜其锐而咎温之持重。温惭忿，杀之。聃又改年曰升平。聃死无子。

（北齐）魏收《魏书》卷一百零六下　地形志二下　第七　领县八

京兆郡，领县八。长安，汉高帝置，二汉、晋属。有昆明池、周灵台、镐池、彪池水。杜，二汉、晋属，二汉曰杜陵，晋曰杜城，后改。鄠，二汉属右扶风，晋属始平，真君七年分属。丰水出焉。山北，有风凉原；有苦谷，潏水出焉；有杜城。新丰，汉高帝置，二汉、晋属。有骊山、戏亭、首谷水。霸城，郡治。二汉曰霸陵，晋改属。有轵道亭、长门亭、灞水、温泉、安昌陵。阴槃，二汉属定安，晋属。真君七年并新丰，太和十一年复。有鸿门亭、灵谷水、戏水。蓝田，二汉、晋属。真君七年并霸城，太和十一年复。有白鹿原。

第二章

【隋唐五代时期】

隋唐时期是西安城市发展史上最为鼎盛的时期，灞渭三角洲地区及其相关的史料典籍浩如烟海。在这一时期，典籍记载主要集中在隋唐王公贵族出游浐灞、昆明池以及广运潭等与漕运相关的历史事件。五代十国时期发生的与此区域有关的历史事件亦属之。

[唐]房玄龄等撰《晋书》卷一百一十一 载记第十一 慕容暐

飞檄三辅，仁声先路，获城既侯，微功必赏，此则郁概待时之雄，抱志未申之杰，必岳峙灞上，云屯陇下。天罗既张，内外势合，区区僭竖，不走则降，大同之举，今其时也。

[唐]房玄龄等撰《晋书》卷一百一十三 载记第十三 苻坚上

坚闻桓温废海西公也，谓群臣曰："温前败灞上，后败枋头，十五年间，再倾国师。六十岁公举动如此，不能思愆免退，以谢百姓，方废君以自悦，将如四海何！谚云'怒其室而作色于父'者，其桓温之谓乎！"

[唐]房玄龄等撰《晋书》卷一百三十 载记第三十 赫连勃勃

勃勃进据咸阳，长安樵采路绝。刘裕闻之，大惧，乃召义真东镇洛阳，以朱龄石为雍州刺史，守长安。义真大掠而东，至于灞上，百姓遂逐龄石，而迎勃勃入于长安。

[唐]姚思廉《陈书》卷二十一 列传第十五 张种

固清虚寡欲，居丧以孝闻，又崇信佛法。及丁所生母忧，遂终身蔬食，夜则坐禅，昼诵佛经，兼习《成实论》义，而于玄言非所长。尝聘于西魏，因宴飨之际，请停杀一羊，羊于固前跪拜。又宴于昆明池，魏人以南人嗜鱼，大设罟网。固以佛法咒之，遂一鳞不获。子宽官至司徒左长史侍中。

［唐］令狐德棻《周书》卷二十三　列传第十五　百衲本　苏绰

属太祖与公卿往昆明池观渔，行至城西汉故仓地，顾问左右，莫有知者。

［唐］令狐德棻《周书》卷二十八　列传第二十　百衲本　权景宣

保定四年，晋公护东讨，景宣别讨河南。齐豫州刺史王士良、永州刺史萧世怡并以城降。景宣以开府谢彻守永州，开府郭彦守豫州，以士良、世怡及降卒一千人归诸京师。寻而洛阳不守，乃弃二州，拔其将士而还。至昌州而罗阳蛮反，景宣回军破之，斩首千级。获生口二千、杂畜千头，送阙。还次灞上，晋公护亲迎劳之。

［唐］李延寿《南史》卷十六　列传第六　王镇恶

大军次潼关，谋进取计，镇恶请率水军自河入渭，直至渭桥。镇恶所乘皆蒙冲小舰，行船者悉在舰内，溯渭而进，舰外不见有行船人。北土素无舟楫，莫不惊以为神。镇恶既至，令将士食毕，便弃船登岸。渭水流急，诸舰悉逐流去，镇恶抚士卒曰：“此是长安城北门外，去家万里，而舫乘衣粮并已逐流，唯宜死战，可立大功。”乃身先士卒，即陷长安城。城内六万余户，镇恶抚慰初附，号令严肃。于灞上奉迎，武帝劳之曰：“成吾霸业者，真卿也。”谢曰：“此明公之威，诸将之力。”帝笑曰：“卿欲学冯异邪。”

［唐］李延寿《北史》卷八十九　列传第七十七　李顺兴

李顺兴，京兆杜陵人也。年十余，乍愚乍智，时莫识之。其言未来事，时有中者。盛冬单布衣，跣行冰上及入洗浴，略不患寒。家尝为斋，方食，器用不周。顺兴言：“昆明池中有大荷叶，可取盛饼食。”其所居去池十数里，日不移影，顺兴负荷叶而归，脚犹泥，举坐惊异。

［唐］许嵩《建康实录》卷九　中华书局

遂统步骑四万发江陵，水军自襄阳入均口，至南乡，步自淅川以征关中，大破伪秦，进军灞上。百姓皆持牛酒迎温于路，耆老咸相泣曰：“不图今日复见官军！”

［唐］魏徵等《隋书》卷二十四　志第十九　食货

开皇三年，朝廷以京师仓廪尚虚，议为水旱之备，于是诏于蒲、陕、虢、熊、伊、洛、郑、怀、邵、卫、汴、许、汝等水次十三州，置募运米丁。又于卫州置黎阳仓，洛州置河阳仓，陕州置常平仓，华州置广通仓，转相灌注。漕关东及汾、晋之粟，以给京师。又遣仓部侍郎韦瓒，向蒲、陕以东募人能于洛阳运米四十石，经砥柱之险，达于常平者，免其征戍。其后以渭水多沙，流有深浅，漕者苦之。四年，诏曰：京邑所居，五方辐凑，重关四塞，水陆艰难，大河之流，波澜东注，百川海渎，万里交通。虽三门之下，或有危虑，但发自小平，陆运至陕，还从河水，入于渭川，兼及上流，控引汾、晋，舟车来去，为益殊广。而渭川水力，大小无常，流浅沙深，即成阻阂。计其途路，数百而已，动移气序，不能往复，泛舟之役，人亦劳止。朕君临区宇，兴利除害，公私之弊，情实愍之。故东发潼关，西引渭水，因借人力，开通漕渠，量事计功，易可成就。已令工匠，巡历渠道，观地理之宜，审终久之义，一得开凿，万代无毁。可使官及私家，方舟巨舫，晨昏漕运，沿溯不停，旬日之功，堪省亿万。诚知时当炎暑，动致疲勤，然不有暂劳，安能永逸。宣告人庶，知朕意焉。于是命宇文恺率水工凿渠，引渭水，自大兴城东至潼关三百余里，名曰广通渠。

转运通利，关内赖之。诸州水旱凶饥之处，亦便开仓赈给。

五年五月，工部尚书、襄阳县公长孙平奏曰："古者三年耕而余一年之积，九年作而有三年之储，虽水旱为灾，而人无菜色，皆由劝导有方，蓄积先备故也。去年亢阳，关内不熟，陛下哀愍黎元，甚于赤子。运山东之粟，置常平之官，开发仓廪，普加赈赐。少食之人，莫不丰足。鸿恩大德，前古未比。其强宗富室，家道有余者，皆竞出私财，递相赒赡。此乃风行草偃，从化而然。但经国之理，须存定式。"

于是奏令诸州百姓及军人，劝课当社，共立义仓。收获之日，随其所得，劝课出粟及麦，于当社造仓窖贮之。即委社司，执帐检校，每年收积，勿使损败。若时或不熟，当社有饥馑者，即以此谷赈给。自是诸州储峙委积。其后关中连年大旱，而青、兖、汴、许、曹、亳、陈、仁、谯、豫、郑、洛、伊、颍、邳等州大水，百姓饥馑。高祖乃命苏威等，分道开仓赈给。又命司农丞王亶，发广通之粟三百余万石，以拯关中。

又发故城中周代旧粟，贱粜与人。买牛驴六千余头，分给尤贫者，令往关东就食。其遭水旱之州，皆免其年租赋。

［唐］魏徵等《隋书》卷六十四 列传第二十九　沈光

大业中，炀帝征天下骁果之士以伐辽左，光预焉。同类数万人，皆出其下。光将诣行在所，宾客送至灞上者百余骑。光醉酒而誓曰："是行也，若不能建立功名，当死于高丽，不复与诸君相见矣。"

［唐］魏徵等《隋书》卷六十一 列传第二十六　郭衍

开皇元年，敕复旧姓为郭氏。突厥犯塞，以衍为行军总管，领兵屯于平凉。数岁，虏不入。征为开漕渠大监。部率水工，凿渠引渭水，经大兴城北，东至于潼关，漕运四百余里。关内赖之，名之曰富民渠。

［唐］李泰撰《括地志辑校》卷一 新丰县

雍州新丰县，本周时骊戎邑。《左传》云"晋献公伐骊戎"，《杜》注云："在京兆新丰县。其后秦灭之以为邑。"《史记·秦始皇本纪》"秦置丽邑"《正义》引。

新丰故城在雍州新丰县西南四里，汉新丰宫也。太上皇时凄怆不乐，高祖窃因左右问故，答以"平生所好皆屠贩少年，酤酒卖饼，斗鸡蹴踘，以此为欢；今皆无此，故不乐"。高祖乃作新丰，徙诸故人实之。太上皇乃悦。按前于郦邑筑城寺，徙其民实之，未改其名，太上皇崩后改名曰新丰。《史记·高祖本纪》"更命郦邑曰新丰"《正义》引。

骊戎故城在新丰县南十里，殷、周骊戎国城也。《史记·周本纪》"骊戎之文马"《正义》引。

骊山在雍州新丰县南十六里。《土地记》云："骊山即蓝田山。"《史记·周本纪》"遂杀幽王骊山下"《正义》引。戏水源出新丰县西南骊山。《水经注》云："戏水出骊山冯公谷，东北流。"今新丰县东北十一里戏水当官道，即其处。《史记·秦始皇本纪》"将西至戏"《正义》引。

新丰县南骊山上犹有露台之旧址，其处名露台（乡）。《玉海》卷一百六十二宫室台引。按据《汉书·文帝纪》"帝欲作露台"颜师古注"今新丰县南骊山之顶有露台乡"，补"乡"字。

秦庄襄王陵在雍州新丰县西南三十五里，俗亦谓为子楚（陵）。始皇陵在北，故（俗）亦谓为见子陵。《史记·秦始皇本纪》"葬芷阳"《正义》引。按"子楚"下脱"陵"字，今增。又《史记·吕不韦列传》"庄襄王葬芷阳"《正义》与此引同，有"俗"字，此脱。

秦始皇陵在雍州新丰县西南十里。《史记·秦始皇本纪》"树草木以象山"《正义》引。

［唐］《元和郡县图志》卷一 关内道一

新丰故城，在县东十八里，汉新丰县城也。汉七年，高祖以太上皇思东归，于此置县，徙丰人以实之，故曰新丰。并移枌榆旧社，街衢栋宇，一如旧制，男女老幼，各知其室，虽鸡犬混放，亦识其家焉。

［后晋］刘昫等《旧唐书》卷九 本纪第九 玄宗下

（天宝元年）是岁，命陕郡太守韦坚引浐水开广运潭于望春亭之东，以通河、渭；京兆尹韩朝宗又分渭水入自金光门，置潭于西市之西街，以贮材木。

［后晋］刘昫等《旧唐书》卷十 本纪第十 肃宗

（至德三载）十月乙未，以凤翔尹李齐物为刑部尚书，以濮州刺史张方须为广州都督、五府节度使。郭子仪奏破贼十万于卫州，获安庆绪弟庆和，进收卫州。甲寅，上皇幸华清宫，上送于灞上。许叔冀奏："卫州妇人侯四娘、滑州妇人唐四娘、某州妇人王二娘相与歃血，请赴行营讨贼。"皆补果毅。壬申，王思礼破贼二万于相州。

十一月丁丑，郭子仪收魏州，得伪署刺史萧华于州狱，诏复以华为刺史。是日，上皇至自华清宫，上迎于灞上。上自控上皇马辔百余步，诰止之，乃已。

［后晋］刘昫等《旧唐书》卷十七上 本纪第十七上 敬宗

（宝历二年）秋七月丙寅朔。乙亥，河中进力士八人。癸未，衡王绚薨。癸巳，敕鄠县渼陂尚食管系，太仓广运潭复赐司农寺。

［后晋］刘昫等《旧唐书》卷三十七 志第十七

则天时，新丰县东南露台乡，因大风雨雹震，有山踊出，高二百尺，有池周三顷，池中有龙凤之形、禾麦之异。则天以为休征，名为庆山。荆州人俞文俊诣阙上书曰："臣闻天气不和而寒暑隔，人气不和而疣赘生，地气不和而堆阜出。今陛下以女主居阳位，反易刚柔，故地气隔塞，山变为灾。陛下以为庆山，臣以为非庆也。诚宜侧身修德，以答天谴。不然，恐灾祸至。"则天怒，流于岭南。

［后晋］刘昫等《旧唐书》卷四十八　志第二十八

开元中，关中漕渠，凿广运潭以挽山东之粟，岁四百万石，帝以为能，又至贵盛。

［后晋］刘昫等《旧唐书》卷四十九　志第二十九

天宝三载，韦坚代萧炅，以浐水作广运潭于望春之东，而藏舟焉。是年，杨钊以殿中侍御史为水陆运使，以代韦坚。先是，米至京师，或砂砾糠秕，杂乎其间。开元初，诏使扬掷而较其虚实，"扬掷"之名，自此始也。

［后晋］刘昫等《旧唐书》卷六十七　列传第一十七　李靖

靖弟客师，贞观中，官至右武卫将军，以战功累封丹阳郡公。永徽初，以年老致仕。性好驰猎，四时从禽，

无蹔止息。有别业在昆明池南，自京城之外，西际沣水，鸟兽皆识之，每出则鸟鹊随逐而噪，野人谓之"鸟贼"。

［后晋］刘昫等《旧唐书》卷一百零五　列传第五十五　韦坚

天宝元年三月，擢为陕郡太守、水陆转运使。自西汉及隋，有运渠自关门西抵长安，以通山东租赋。奏请于咸阳拥渭水作兴成堰，截灞、浐水傍渭东注，至关西永丰仓下与渭合。于长安城东九里长乐坡下、浐水之上架苑墙，东面有望春楼，楼下穿广运潭以通舟楫，二年而成。坚预于东京、汴、宋取小斛底船三二百只置于潭侧，其船皆署牌表之。若广陵郡船，即于枕背上堆积广陵所出锦、镜、铜器、海味；丹阳郡船，即京口绫衫段；晋陵郡船，即折造官端绫绣；会稽郡船，即铜器、罗、吴绫、绛纱；南海郡船，即玳瑁、真珠、象牙、沉香；豫章郡船，即名瓷、酒器、茶釜、茶铛、茶碗；宣城郡船，即空青石、纸笔、黄连；始安郡船，即蕉葛、蚺蛇胆、翡翠。船中皆有米，吴郡即三破糯米、方文绫。凡数十郡。驾船人皆大笠子、宽袖衫、芒屦，如吴、楚之制。先是，人间戏唱歌词云："得（丁纥反）体

（都董反）纥那也，纥囊得体耶？潭里船车闹，扬州铜器多。三郎当殿坐，看唱《得体歌》。"至开元二十九年，田同秀上言"见玄元皇帝，云有宝符在陕州桃林县古关令尹喜宅"，发中使求而得之，以为殊祥，改桃林为灵宝县。及此潭成，陕县尉崔成甫以坚为陕郡太守凿成新潭，又致扬州铜器，翻出此词，广集两县官，使妇人唱之，言："得宝弘农野，弘农得宝耶！潭里船车闹，扬州铜器多。三郎当殿坐，看唱《得宝歌》。"成甫又作歌词十首，自衣缺胯绿衫，锦半臂，偏袒膊，红罗抹额，于第一船作号头唱之。和者妇人一百人，皆鲜服靓妆，齐声接影，彭笛胡部以应之。余船洽进，至楼下，连樯弥亘数里，观者山积。京城百姓多不识驿马船樯竿，人人骇视。坚跪上诸郡轻货，又上百牙盘食，府县进奏，

教坊出乐迭奏。玄宗欢悦，下诏敕曰：古之善政者，贵于足食，欲求富国者，必先利人。朕关辅之间，尤资殷赡，比来转输，未免艰辛，故置此潭，以通漕运。万代之利，一朝而成，将允叶于永图，岂苟求于纵观。其陕郡太守韦坚，始终检校，夙夜勤劳，赏以懋功，则惟常典。宜特与三品，仍改授一三品京官兼太守，判官等并即量与改转。其专知检校始末不离潭所者并孔目官，及至典选日，优与处分，仍委韦坚具名录奏。应役人夫等，虽各酬佣直，终使役日多，并放今年地税。且启凿功毕，舟楫已通，既涉远途，又能先至，永言劝励，稍宜甄奖。其押运纲各赐一中上考，准前录奏。船夫等宜共赐钱二千贯，以充宴乐。外郡进土物，赐贵戚朝官。赐名广运潭。

第三章

【宋元明清时期】

宋元明清时期西安的城市发展因为远离政治中心，被称为『后都城时代』。这一阶段的典籍主要以地方志为主，兼有正史。记事主要集中于回忆盛世长安和描述当时西安的自然景观，在此基础上对原来发生在灞渭三角洲及相关区域的历史事件进行重复性的记述及研究。

[宋]王溥《唐会要》卷二十七

武德六年四月。幸故宅。改为通义宫。九年三月。幸昆明池。习水战。

[宋]欧阳修《新唐书》卷二　本纪第二　太宗

（贞观）五年正月癸酉,猎于昆明池。丙子,至自昆明池,献获于大安宫。

[宋]欧阳修《新唐书》卷五十三　志第四十三

（开元）二十九年，陕郡太守李齐物凿砥柱为门以通漕，开其山颠为挽路，烧石沃醯而凿之。然弃石入河，激水益湍怒，舟不能入新门，候其水涨，以人挽舟而上。天子疑之，遣宦者按视，齐物厚赂使者，还言便。齐物入为鸿胪卿，以长安令韦坚代之，兼水陆运使。坚治汉、隋运渠，起关门，抵长安，通山东租赋。乃绝灞、浐，并渭而东，至永丰仓与渭合。又于长乐坡濒苑墙凿潭于望春楼下，以聚漕舟。坚因使诸舟各揭其郡名，陈其土地所产宝货诸奇物于栿上。先时民间唱俚歌曰"得体纥那邪"。其后得宝符于桃林，于是陕县尉崔成甫更《得体歌》为《得宝弘农野》。坚命舟人为吴、楚服，大笠、广袖、芒屩以歌之。成甫又广之为歌辞十阕，自衣缺后绿衣、锦半臂、红抹额，立第一船为号头以唱，集两县妇女百余人，鲜服靓妆，鸣鼓吹笛以和之。

[宋]欧阳修《新唐书》卷二百一十二 列传一百三十七 张仲武

黄巢犯京师，直方迎灞上，既而纳亡命，谋劫巢报天子，公卿多依之。贼觉，屠其族。

[宋]薛居正等《旧五代史》卷一 梁书一

唐广明元年十二月甲申，黄巢陷长安，遣帝领兵屯于东渭桥。是时，夏州节度使诸葛爽率所部屯于栎阳，巢命帝招谕爽，爽遂降于巢。中和元年二月，巢以帝为东南面行营先锋使，令攻南阳，下之。六月，帝归长安，巢亲劳于灞上。七月，巢遣帝西拒邠、岐、鄜、夏之师于兴平，所至皆立功。

[宋]司马光《资治通鉴》卷十五

河内太守周亚夫为将军，次细柳；项羽以河内郡为殷国；高帝灭殷，复置河内郡。服虔曰："细柳在长安西北。"如淳曰："长安细柳仓在渭北，近石徼。"张揖曰："在昆明池南，今有柳市是也。"臣瓒曰："一宿曰宿，再宿曰信，过信为次。"师古曰：《匈奴传》云"置三将军，军长安西细柳、渭北棘门、霸上"，此则细柳不在渭北，揖说是也。
[索隐]曰：按《三辅故事》，细柳在直城门外阿房宫西北维。《旧唐书》：肃宗母元献杨后葬细柳原。宗正刘礼为将军，次霸上；祝兹侯徐厉为将军，次棘门；宗正，秦官，掌亲属；汉因之。徐厉，高祖功臣，吕后四年封祝兹侯。《史记》表作"松滋"。班志，松滋县属庐江郡。孟康曰：棘门在长安北，秦时宫门也。如淳曰：棘门在横门外。横门，长安城北出西头第一门。

[宋]司马光《资治通鉴》卷十九 世宗孝武皇帝中之上

上将讨昆明，以昆明有滇池方三百里，乃作昆明池以习水战。昆明池在长安西南，周回四十里。《三辅旧事》昆明池盖地三百二十顷。是时法既益严，吏多废免。兵革数动，民多买复。及五大夫，徵发之士益鲜。于是除千夫、五大夫为吏，不欲者出马。以故吏弄法，皆谪令伐棘上林，穿昆明池。

[宋]司马光《资治通鉴》卷一百一十八]晋纪四十 安皇帝癸

东平公赞退屯郑城，太尉裕进军逼之。泓使姚丕守渭桥，胡翼度屯石积，东平公赞屯灞东，泓屯逍遥园。《水经注》：沈水上承樊川皇子陂，北经长安城西，与昆明池水合。其枝津东北流，经邓艾祠南，又东分为二水，一水入逍遥园。

[宋] 王应麟《通鉴地理通释》卷十三

《通典》："元帝命祖逖镇雍丘，以合肥、淮阴、寿阳、泗口、角城为重镇。成帝时，鄷守将退屯襄阳。穆帝时，平蜀汉，复梁、益之地。又遣军西入关，至灞上，再北伐，一至洛阳，一至枋头。"

灞上

《郡县志》："白鹿原，在京兆府万年县东二十里，亦谓之霸上。汉文帝霸陵。王仲宣诗曰：南登霸陵岸，回首望长安。"

[宋] 张敦颐《六朝事迹编类》卷一　总叙门　六朝兴废　吴

（晋）穆帝时平蜀汉，擒李势。复梁、益之地，又遣军西伐入关至灞上，讨苻健。再北伐，一至洛阳，讨慕容隽，破其将姚襄于伊水。一至枋头、卫州。

[宋] 乐史《太平寰宇记》卷之六　河南道六

古函谷关，在县南十里一百六十步。秦之旧关也。孟尝君田文被逐，夜半关闭，下客为鸡鸣而得出之处也。汉高祖入武关，居灞上，闭函谷关不纳，项王、亚父怒烧关门。

[宋] 程大昌著　黄永年校《雍录》　卷六

汉唐都城要水说

汉长安都城北据龙首山，故子午谷正在南面，溯午则背子矣。子午道从杜陵直绝南山径汉中。樊川、御宿川、沉水、交水、潏水也者，原皆出子午谷。子午谷正在都南，则诸水遂宜径北以入都城矣，而皆向西以行直至昆明池，正在城西，乃始得折而之北者，其避碍之地可考也。以吕图求之，少陵原、凤栖原横据城南，此即水皆碍高不得贯都之由矣。虽龙首山自樊川入渭，亦其碍高之一也。至隋文帝开皇三年开永安渠后，则交水、坑水皆入城入苑。始不与汉世流派相应，盖皆有堰坝之类压而入之，孟子所谓"激而行之，可使在山"者是也。王商传："商尝穿城引丰水入第。"至真观间，又堰丰、镐以入昆明，而二水于是乎断流。《括地志》：韦坚堰渭为渠以漕，而霸、浐皆为广运潭之所并奄。若无记载，则丰、镐、浐、霸、存亡尚不可考，况于他哉！

唐都城导水

唐以渠导水入城者三：一曰龙首渠，自城东南导浐至长乐坡，酾为二渠。

其一北流入苑，其一经通化门兴庆宫自皇城入太极宫。二曰永安渠，导交水自大安坊西街入城，北流入苑注渭。三曰清明渠，导水自大安坊东街入城，由皇城入太极宫，及至大明宫，则在龙首山上，水不可导矣。大明宫之东有东苑，即在龙首山尽处，地既低下，故东苑中有龙首池。言其资龙首渠水以实池也。

［宋］程大昌著，黄永年校《雍录》卷八

霸陵在白鹿原，亦名霸上也。

［宋］宋敏求著，辛德勇、郎洁点校《长安志》卷十三

龙首渠在县东北五里，自万年县界流入，注于渭。沅案此隋龙首渠。

［宋］马端临《文献通考》卷一百五十八　兵考十

武帝时，有楼船，有戈船，有下濑，有横海。江淮青齐皆有楼船军，击南粤，救东瓯，则用江、淮、会稽楼船，灭朝鲜则用齐楼船。又开昆明池以习水战。元狩三年，发谪吏穿昆明池。臣瓒曰：“《西南夷传》有越巂、昆明国，有滇池，方三百里。汉使求身毒国，而为昆明所闭。今欲伐之，故作昆明池象之，以习水战。在长安西南，

周回四十里。”

［宋］马端临《文献通考》卷三百二十二　舆地考第八

汉有万年县，属左冯翊，今在栎阳东北二十五里。后周始于长安城中置万年县。隋改为大兴县。有轵道，秦子婴降处。始皇墓在今县东北。有洛南山、子午谷、杜陵、樊川、渭水、灞水、浐水。宣和三年，改为樊川县。长安，汉置。周文王作丰，今县西北灵台。武王治镐，今昆明池北镐陂是也。有阿房宫、洛南山、龙首山；细柳原周亚夫所屯处。汉长乐宫在县北故城中。又有渭水、沣水、镐水及定昆池，安乐公主所穿。

［元］骆天骧撰，黄永年点校《类编长安志》卷七

白鹿原，在浐水东、灞水南。东西六十里，南北五十里。《三秦记》周平王东迁见白鹿于此，原以是得名。旧说在咸宁县东南二十里，自蓝田县界至浐水川，尽东西一十五里，南接终南，北至霸川，尽南北一十里，亦谓之霸上。

［元］骆天骧《类编长安志》卷三十七　桥渡　灞桥

《方舆记》曰：汉灞桥在古长安城

灞城门东二十里灞店。南北两桥，以通新丰道。汉人送客，以此赠别，谓之销魂桥。王莽改为长存桥。唐灞陵桥在京兆通化门东二十五里，近汉文帝灞陵，谓之灞陵桥。孟浩然骑驴处。隋文帝开皇三年造。唐隆二年仍旧。唐宋迄今，有司课民材木，为舆梁以济。十月桥成，三月拆毁。至我大元，堂邑刘斌修为石桥。

初，灞水适秋夏之交，霖潦涨溢，波涛汹涌，舟楫不能通，漂没行人不可殚记，常病涉客。中统癸亥，会斌旅秦还至灞上。值秋水泛涨，同行之车凡三。涨息，斌车前导，仅达岸；次渡者人畜几溺，斩鞿豁免；其殿者随流漂没，不知所在。斌遂誓修石梁。归询亲辞妻，家事悉委其弟曰：若石桥不成，永不东归。至元三年，结庐灞岸，先架木梁以济不通。斌能于匠石、工梓、锻冶、斫轮，靡有不解，以素艺供其所费。至落成，凡一十五虹。长八十余步，阔二十四尺。中分三轨，旁翼两栏。华表柱标于东西，忖留神镇于南北。海兽盘踞于砌石，狻猊蹲伏于阑杆。鲸头喷浪，鳌首吞云。筑堤五里，栽柳万株。游人肩摩毂击，为长安之壮观。名达宸聪，亲承顾问。宠锡优渥，敕建丰碑。安西王锡以白金

四笏以劳之。可谓功不徒施也。

斌为人清癯多力，知略巧思，人不能出其右。多艺能。自营石梁，日夜不息。手足胼胝，心剿形瘵。虽祁寒暑雨而不辍其工，遇患难龃龉而不改其志。前后历三十寒暑，乡关隔二千余里，不为妻孥挂怀。持空拳，孜孜勉勉，以成旷古所无之功。受知于九重，垂名于千载。可谓有志之君子矣。

［明］王士性《广志绎》卷三

汉都长安，其城在渭之南，而秦咸阳之东南也，故项羽自霸上而入秦都，皆曰西上咸阳也。隋都亦在长安，实汉城东南十三里。今西安府坐龙首山南十里，未央东南十四里，则今城正当大兴旧址。

［明］王士性《五岳游草》卷二 大河南北诸游上

戊申历渭南行，数十里次新丰市，汉高为太公筑，徙丰人以居者。枌榆虽亡，其镇故在，亦即鸿门坂，楚、汉会处也。又十里至骊山，东西亘五十里，古骊戎国，始皇灭之而冢其下。今其陵土尚峣然规千亩，前峙二丘，抑其墓门也。始皇答李斯云："凿之不入，烧之不燃，须旁行三百丈。

宜牧羊儿火一月不烬矣。"西行十里，温泉出焉。山壁立临潼之南门，下为二窍，水正温洌，可浴亦可溉，余浴其中甚适。池存惟甃石，旧所称莲花、凫雁与妃子俱灰，即绣岭、华清、长汤、朝元亦仅有其名耳。庚戌过灞桥，即灞陵，汉文于此指新丰示慎夫人曰北走邯郸道也。水名灞，以秦旌章霸功。李广辱亭尉，项王屯灞上，皆此。二十里而至长安城东门，解鞍于九龙池畔，饭罢走南门外深堑，终南隐见在云雾间，七十里而遥也。过樊川、杜曲，乃至仰天池，兹道左矣。十里而过阿房、未央旧址，又五十里涉渭水入咸阳城，望周文、武陵咫尺不及谒。山南水北，咸在城之阳，故曰咸阳也。地多汉陵，不能遍识。城后高原横亘二百余里。辛亥宿兴平，即古废丘也。道左有太真墓。墓前白石如菽，人言堕妆所化也，寻得之，可已目翳，称"杨妃粉"。余赋马嵬曲于驿墙。

［明］宋濂《元史》卷一百四十一 列传第二十八 察罕特穆尔

（至正）十七年，贼寻出襄樊，陷商州，攻武关，官军败走，遂直趋长安，至灞上，分道掠同、华诸州，三辅震恐。陕西省台来告急。察罕特穆儿即领大众入潼关，长驱而前，与贼遇，战辄胜，杀获以亿万计。贼余党皆散溃，走南山，入兴元。朝廷嘉其复关陕有大功，授资善大夫、陕西行省左丞。

［明］姚福《青溪暇笔》卷下

汉高之诛丁公，是以帝王之略，济其权谋之心也。温公谓戮一人而千万人惧，其虑甚深，不知项庄之受封，已屈于大公矣。罚必先亲，赏不遗远之道，果何在乎？李宗表有《咏史》诗云："驰车霸上语张良，舞剑鸿门却项庄。交友恩深虽可报，君臣义重忍相忘。楚歌自此闻垓下，汉爵徒能得射阳。若识五文龙虎气，丁公遭戮独堪伤。"指项伯也。岂果一人可以诛乎？

［清］张廷玉等《明史》卷六十三 志第三十九

表正万邦舞曲，其一，庆太平：奸邪浊乱朝纲，构祸难，煽动戈斯。赫怒吾皇，亲征灞上，指天戈，敌皆降。

［清］顾炎武《历代宅京记》卷之三 关中一

步高宫，在新丰县，亦名市邱城。

步寿宫，在新丰县步高宫西。

[清]杨守敬、熊会贞《水经注疏》卷十九

渭水又东北与镐水合，水上承镐池于昆明池北。守敬按：《汉书·五行志》注，孟康曰：长安西南有镐池。《三辅黄图》引《庙记》曰：长安城西有镐池，在昆明池北，周匝二十二里，溉地三十三顷。《长安志》：镐水出县西北十八里。《注》：镐池。今《图经》：滈水在县西四十里。按：镐池当与昆明池通流，故其水源源不绝，而《注》不言，略也。《方舆纪要》：自唐贞观间堰丰、镐二水入昆明池，二水于是断流。周武王之所都也。故《诗》（《大雅·文王有声》篇）云：考卜维王，宅是镐京，维龟正之，武王成之。自汉武帝穿昆明池于是地，守敬按：《汉书·武帝纪》：元狩三年穿昆明池。臣瓒曰：《西南夷传》有越巂、昆明国，有滇池，方三百里。汉使求身毒国，而为昆明所闭，今欲伐之，故作昆明池象之，以习水战，在长安西南，周回四十里。《食货志》又曰：时越欲与汉用船战，遂乃大修昆明池也。《长安志》：池在长安县西二十里，今为民田。《长安县志》：

在县西南三十里。地名鹳鹊庄。基构沦禩，今无可究。赵云：《雍录》曰，诸家皆言自汉武帝穿昆明池后，镐京故基，皆沦入于池，无复可究。独梁载言《十道志》曰：镐池，亦名元沚，在昆明池北，始皇毁之。守敬按：《方舆纪要》云：始皇时镐京故址毁，汉武穿昆明池，而故址益无可究，是也。

[清]马骕《绎史》卷一百五十战国第五十 秦亡

或问："秦、楚既为天典命矣，秦缢灞上，楚分江西，兴废何速也？"曰："天胙光德，而陨明忒。"

[清]徐松撰，张穆校补《唐两京城坊考》卷四

龙首渠

龙首渠一名浐水渠，隋开皇三年开。自东南龙首堰下，支分浐水，北流至长乐坡。坡在通化门东七里，临浐水，自坡之北可望汉长乐宫，故名长乐坡。西北分为二渠，东渠北流，经通化门外至京城东北隅，折而西流，入东内苑为龙首池，余水经大明宫前下马桥下。西渠曲而西南流，经通化门南，西流入城，经永嘉坊南，又西南入兴庆宫垣，注龙池，又出而西流，经胜业坊、崇仁坊景龙观，又西入皇城，

经少府监南，屈而北流，又经都水监、东宫仆寺（《长安志》作太仆寺，误）、内坊之西，又北流入宫城长乐门，又北注为山水池，又北注为东海。贞元十三年，又自永嘉之西北，分支至大宁坊太清宫前。

永安渠

永安渠，隋开皇三年开，亦谓之交渠。《唐会要》：元和八年，修城南交渠。引交水西北流，入京城之南，经大安坊之西街，又北流经大通、敦义、永安、延福、崇贤、延康六坊之西，又经西市之东，又北流经布政、颁政、辅兴、修德四坊，及兴福寺之西，又北流入芳林园，又北流入苑，又北注于渭。明皇自蜀还京，肃宗至开远门外望贤宫迎明皇，帝亲笼马行数十步，执鞭引道，过渠入宫，即过此永安渠。王建早春五门西望诗云："宫松叶叶墙头出，渠柳条条水面齐。"盖渠水皆在城西。

清明渠

清明渠在永安渠东，亦隋开皇初开。引沈水自丈八沟分支，经杜城之北，屈而东北流，入京城之南，经大安坊之东街，又屈而东，经安乐坊之西南隅，屈而北流，经安乐、昌明、丰安、宣义、怀贞、崇德、兴化、通义、太平九坊之西，又北经布政坊之东，右金吾卫之东南，屈而东南，流入皇城，经大社北，又东至含光门西，又屈而北流，经尚舍局东，又北经将作监、内侍省东，又北入宫城广运门，注为南海，又北注为西海，又北注为北海。

漕渠

漕渠，天宝元年开。京兆尹韩朝宗分滻水（按：渠盖滻、交之水，旧书作分渭水，非是）。入自金光门，置潭于西市之街，以贮材木。永泰二年，京兆尹黎干以京城薪炭不给，又自西市引渠，经光德坊京兆府东，至开化坊荐福寺东街，北至务本坊国子监东，由子城东街，踰景风、延喜门入苑。渠阔八尺，深一丈。旧纪：渠成，上御安福门观之。

［清］吴乘权等《纲鉴易知录》唐纪　玄宗明皇帝

[纲] 六月，哥舒翰与贼战于灵宝，大败，贼遂入关。

[目] 是时，天下以杨国忠召乱，莫不切齿。王思礼密说哥舒翰使抗表请诛国忠，翰曰："如此，乃翰反，非禄山也。"或说国忠："朝廷重兵尽在翰手，翰若援旗西指，于公岂不

危哉！"国忠大惧，募万人屯灞上，令所亲杜干运将之，名为御贼，实备翰也。翰闻之，亦恐为国忠所图，乃表请灞上军隶潼关，召干运斩之，国忠益惧。

[清]顾祖禹《读史方舆纪要》南直方舆纪要序

桓温用江、淮之甲覆李势于西川，震苻健于灞上，走姚襄于洛阳，逼慕容于枋头，可云赫然振拔矣，而骄蹇自用，功以不集。

[清]顾祖禹《读史方舆纪要》卷五十三　陕西二

霸陵城，府东三十里。春秋时，秦缪公筑霸宫于此，昭襄王时，谓之芷阳宫。《秦纪》："悼太子死魏，归葬芷阳。又宣太后亦葬焉。"《三秦记》云："秦襄王葬芷阳，谓之霸上。"其后汉文帝起陵邑于此，因更名霸陵，亦置县治焉。文帝二年，从霸陵上欲西驰下峻阪，爱盎谏止处也。后汉仍为霸陵县。兴平二年，李傕等作乱，奉车驾夜至霸陵。曹魏景初元年，徙长安铜人于洛阳，重不可致，留之霸城。晋曰霸城县，属京兆郡。永康初，封赵王伦子诩为霸城侯。明年伦篡位，立为霸城王。永和九年，呼延毒起兵

霸城。苻秦将苻法等讨灭之。后魏亦曰霸城县，后周废。唐武德二年，析万年置芷阳县，七年废。《三秦记》："白鹿原东有霸川，川之西阪，故芷阳也。"汉曰霸陵。沛公去鸿门，从骊山下道芷阳，间行趋霸上，谓张良曰："从此道至吾军不过二十里。"孔氏曰"鸿门至霸上四十里，间行不过二十里"云。

细柳原，府西南三十里。有细柳观，又汉之柳市亦在其地，张楫以为周亚夫屯兵处。《汉·郡国志》："长安有细柳聚。"《元和志》："万年县东北三十里有细柳营，而细柳原在故昆明池南，非戍守要地。说者以为周亚夫屯兵处，非也。"或曰：文帝时，昆明未凿，徐厉军渭北，而刘礼、亚夫军渭南，内外联络以防卫京城，安知其非是？杜佑亦曰："细柳原，盖亚夫屯于此。"

长乐坡，府东北十里，浐水西岸。本名浐陂，隋文帝恶其名，改为长乐陂。亦曰长乐坡，有长乐驿，唐时为迎饯之所。建中四年，发泾原军救襄城，过京师，至浐水而作乱。泾原帅姚令言自禁中出，驰至长乐坡，遇乱兵拥之，西入通化门，车驾仓卒幸奉天。或谓之三陵坡。明洪武二年，徐达取奉元，

渡泾、渭，军于三陵坡，父老出迎，是也。襄城，今河南许州属县。狗脊岭，《唐志》："在京城东市。"盖龙首山之支陇，唐为行刑之地。又子城西南有独柳树，亦为行刑处。

渭水，府北三十里。自咸阳县流入境，合沣、镐二水东流，经府北，又东合霸、浐诸川，入临潼县界。

霸水，在府东二十里。源出蓝田县南山谷中。《汉志》注："霸水出蓝田谷，亦名蓝谷水也。自南山北流，经县西，历白鹿原东，又北经府东霸陵故城西，又北入于渭水。本名滋水，秦穆公更名，以章霸功。"始皇二十二年，命王翦伐楚，送至霸上。《通释》云："霸水经白鹿原谓之霸上。"或曰即霸陵城西也。沛公破秦军于蓝田，至霸上；既入咸阳，复还军霸上。汉十一年，上自将讨黥布，太子监关中兵，军霸上。文帝后六年，备匈奴，使刘礼屯霸上。景帝三年，七国反，周亚夫击之，将会兵荥阳，发至霸上。又昭帝崩，昌邑王征至霸上，大鸿胪郊迎。晋永安初，河间王颙将张方劫迁车驾趋长安，颙迎于霸上。永兴三年，东海王越等发兵谋讨，颙遣张方屯霸上。既而越等遣兵入关，败颙将

马瞻等于霸水。建兴四年，刘曜寇长安，华辑监京兆、冯翊、弘农、上洛四郡兵，屯霸上，畏曜兵强，不敢进。永和十一年，桓温败苻秦军于蓝田，顿兵霸水上。王猛来谒，温问："三秦豪杰何以不至？"猛曰："今去长安咫尺，而不渡霸水，百姓未知公心，所以不至也。"温寻与秦军战于白鹿原，败还。太和五年，苻坚使王猛伐燕，送之霸上。太元九年，慕容冲自华阴进向长安，苻坚遣将姜宇等拒之于霸上，败死。十年，苻秦将窦冲据兹川，有众数万，拒姚苌。兹川，即霸水也。义熙十三年，刘裕伐姚秦，至潼关。秦主泓军霸上。其将姚赞自定城退屯郑城，晋军逼之，又退屯霸东。未几，王镇恶入长安，刘裕自郑城引军西，镇恶迎于霸上。十四年，赫连勃勃陷长安，筑坛于霸上，称皇帝。西魏大统初，东魏将司马子如等军潼关。宇文泰军霸上以拒之。隋开皇四年，后梁主峈入朝于隋，辞还，隋主饯之霸上。胡氏曰：府东二十余里有霸桥，霸水经其下。又东十里为霸城，又东五十里即新丰古城也。旧时霸水为畿南大川，奔流入渭。唐贞元四年，尝暴溢，杀百余人。盖下流渐壅、山水骤决所

致也。自唐以后，迁绝不可复问矣。《纪胜》：霸水出秦岭，合蓝谷、倾谷诸水入浐水，而北注于渭。

浐水，旧《志》云：在府东十五里，源亦出南山谷中。《汉志》注：与霸同源而异流，经蓝田县白鹿原西，又北至霸陵城南，合于霸水。《西京道里记》：浐水在长乐坡西。隋开皇三年，引浐水北流入苑，谓之浐渠，亦曰龙首渠。唐太极初，幸浐水东耕藉田。开元二十六年，迎气于浐水之东。至德二载，收西京。仆固怀恩与回纥兵自城南过，营于浐水东。广德初，吐蕃逼西京，度便桥，车驾出苑门，度浐水。胡氏曰：出光泰门度浐水也。既而郭子仪自商州遣军出蓝田，经度浐水。吐蕃疑惧，引去。子仪因自商州至浐水，西入长安。车驾寻自陕还，子仪率百官迎于浐水。兴元初，李晟收复京城，华州帅骆元光败朱泚众于浐西。《六典》：禁苑包大明宫北，东距浐水。《长安志》：浐渠在长安县东北五里。自故霸陵城界龙首乡马头，控堰浐水入渠，西流过万年城东，而入长安县界，又北流注渭。盖浐水本入霸水。自隋迁都后，堰浐水为渠，而霸、浐之流渐乱。王氏曰：

唐时以渠导入城者有三。一曰龙首渠，自城东南导浐水至长乐坡，酾为二渠，一北流入苑，一经通化门兴庆宫，自皇城入太极宫，以渠近龙首原而名；二曰永安渠，自城南导交水，从大安坊西街入城，北流入苑注渭；三曰清明渠，亦导交水，自大安坊东街入城，歴皇城入太极宫。宋大中祥符七年，陈尧咨知府事，以城内井泉大半咸苦，乃相度城东二里之龙首渠。其水清冷甘冽，可五六十丈，开渠引注入城，散流廛闬，民咸赖之。明天顺初，守臣余子俊以宋渠湮塞，乃相城外西南有交、潏二水，源流未竭，因地势高下，导之灌注城市。其水清甘，民皆取给焉，亦谓之通济渠。《志》以为成化中开，误也。又城东今有景龙池，引水入城，注秦王府中，即龙首渠旧迹矣。旧《志》：浐水出蓝田县，合荆谷诸水，北流入霸水。

昆明池在府西南三十里。地名鹳鹊庄。《汉书》：元狩三年，减陇西、北地、上郡戍卒之半，发谪使穿昆明池。臣瓒曰："西南夷昆明国有滇池，方三百里。汉欲伐之，故作池以习水战。周回四十里，凡三百二十顷。"《三秦记》："池中有灵沼，名神池。尧时治水，尝停船于此。"陆机曰："尧时已有沔池，汉因而深广之。"《水经注》："交水西至石碣，武帝开昆明池所造，有石闼堰，在长安县西南三十三里。"后汉建武二年，赤眉大掠长安，引而西。邓禹乃南至长安，军昆明池，谒祠高庙，大飨士卒。唐武德九年，幸昆明池。贞观五年，猎于昆明池。《括地志》："贞观中，修昆明池，丰、镐二水皆悉堰入，无复流派。"《括地志》："昆明池深六寻，袤十里。"贞元十三年，命京兆尹韩皋浚之，追汉制，引交河及丰水合流于池。又修石炭、贺兰两堰，并造大堰以汇众流。太和九年，复浚之。《雍胜录》云："池在长安故城西十八里，池中有豫章台及刻石为鲸鱼。旁有二石人，象牵牛、织女，立于河东西。"池中养鱼以给诸陵祭祀。自宋以后，不加浚治，遂湮为民田。胡氏曰："武帝作石闼堰，堰交水为池。"昆明基高，故其下流尚可壅激，以为都城之用。于是并城疏列三派，城内外皆赖之。唐太和以后，石闼堰废而昆明涸矣。旧《志》云：上林苑中有波（滮）、郎（部）二水，武帝因凿为昆明池。定昆池府西南十五里。唐景龙二年，安乐公主恃宠，请昆明池为私沼，帝不许。自凿定昆池，袤数里，即此也。今亦废。《朝野佥载》：定昆池方四十九里，直抵南山云。

广运潭在府东九里望春宫之望春楼下。天宝三载，韦坚所凿。《志》云：初，（浐）水衔苑，左有望春楼。坚于其下凿为潭，以聚江淮运船，赐潭名广运。未几，潭不可漕。又天宝二年，京兆尹韩朝宗引渭水入含光门，置潭西街以贮材木。《宫殿图》望春楼在霸水西，临广运潭，潭在京师苑城东。

霸桥在府东二十五里，旧跨霸水上。王莽地皇三年，霸桥水灾，更名为长存桥。隋时更造以石。唐人以饯别者多于此，因改为销魂桥。桥凡十五虹，长八十余步。元季修筑。明成化六年，布政使余子俊增修。今霸水迁徙，桥在平陆矣。《志》云：唐有霸桥驿，在长乐驿东二十里。今为霸桥递运所。

［清］谷应泰等撰《明史纪事本末》卷之十二

若以大命既去，新主有归，天子北门，已弃中原于敝屣，孤臣天末，难填沧海以丸泥，则子婴轵道，讵是亡秦，刘禅长安，无须思蜀。称臣归命，纳土入朝，颉利蒙留瀍上，突利老死并州，我其臣仆之悲，亦明哲保身之智也。

[清]孙楷撰《秦会要订补》卷二十　刑法上

诽谤

秦律，诽谤者族。《高祖本纪》："沛公还军灞上，召诸县父老豪杰曰：'父老苦秦苛法久矣，诽谤者族，偶语者弃市。'"

[清]沈青崖等纂《（雍正）陕西通志》卷十六　清文渊阁四库全书本

新住镇，在县北微东三十里，亦曰新筑镇。

霸桥，在府城东北二十里跨霸水上。霸水有桥，谓之霸桥。汉作霸桥以石为梁。地皇三年，霸桥灾，卒数千沃救之不灭，王莽恶之，更名长存桥。霸桥跨水作桥，都人送客至此，折柳赠别。长安东霸陵有桥，来迎去送至此黯然，故人呼为销魂桥。杜甫诗："怅望东陵道，平生霸上游。"出长安东门为东陵道，霸水桥曰霸桥，乃长安饯别之所。隋时更以石为之。隋开皇三年造，唐景龙二年仍旧所为南北两桥。汉霸桥在长安城东二十里，霸店南北两桥以通新丰道，唐灞陵桥

在京兆通化门东二十五里，元时山东唐邑人刘斌修筑坚固，凡一十五虹，长八十余步，阔二十四尺，中分三，旁翼两栏，有华表、鲸头、鳌首，筑隄五里，栽柳万株，游人肩摩毂击，为长安壮观。宋时桥圮，韩缜重修，元季又尝修葺。明成化六年布政使余子俊增修，今沙石壅塞遗址仅存。康熙六年造大小船各一，水夫给绝军屯田，水落架木桥，水涨船渡。有霸桥渡，入蓝田路官渡，水夫一名。

[清]舒其绅《（乾隆）西安府志》卷五　清乾隆刊本

灞水，在县东二十一里，自蓝田来合浐水北流入渭，霸水迳蓝田县左合浐水，历白鹿原东，又北长水注之，又北会两川，又北迳枳道，左纳漕渠，又北入渭。

[民国]赵尔巽《清史稿》卷一百二十九　志第一百零四

（道光）五年，陕西巡抚卢坤疏报咸宁之龙首渠，长安之苍龙河，泾阳之清、冶二河，周至（盩厔）之涝、峪等河，鄠县之井田等渠，岐山之石头河，宝鸡之利民等渠，华州之方山等河，榆林之榆溪河、芹河，均挑浚工竣，开复水田百余顷至数百顷不等。

第七编·名人

西安是十三朝古都，灞渭地区在悠长的岁月里一直是帝国首都的东向门户，这里既是长安东面的天然屏障，又是其与东方沟通的重要孔道，也是其与关东地区的水运枢纽。唐以后这里依然是西部重镇长安的重要藩篱和交通要冲，特殊的地理位置赋予这一地区丰富的文化内涵，无数雄才大略的帝王、才华横溢的贤臣、文采斐然的墨客在此驻足。本编分政治、军事、文化三部分介绍这些人物的事迹。

第一章

【政治名人】

灞渭地区是与西安城市发展息息相关的重要区域，历史上既有帝王重现这一地区的治理，又有一些名臣从这里走上历史舞台。

刘邦（前256—前195），沛县（今属江苏）人，汉朝开国皇帝，中国历史上杰出的政治家、卓越的战略家和指挥家，对中国历史的发展有突出贡献。他曾在占领咸阳后，于霸上和父老乡亲约法三章。

公元前209年，陈胜、吴广在大泽乡起义，时年已经48岁的刘邦集合三千子弟响应，攻占了沛县等地，自称沛公，不久投奔项梁。后来楚怀王任命刘邦为砀郡长，加封武安侯，统率砀郡兵马。当时秦将章邯率领的军队所向披靡，击杀项梁，攻克赵国都城邯郸，又将赵王歇与赵相张耳围在巨鹿，反秦势力危在旦夕。

张耳派人向楚怀王求救，楚怀王于是派卿子冠军宋义为主将北上救赵；同时为了分散秦军力量，又派出一支军队西向直接攻秦，这支军队的主将便是刘邦。楚怀王与诸将约定谁先入关中，谁就是关中王。

刘邦由砀郡出兵北上，先行收集陈胜、项梁的散卒，然后一路转战，经成阳、昌邑、高阳、陈留、大梁、白马、洛阳、阳城、犨、宛城、丹水、析、郦等地。赵高杀死秦二世，立子婴为秦王，派使者面见刘邦，想和刘邦平分关中。刘邦认为这是缓兵之计，当机立断，西行攻入武关。之后，刘邦一面率军西进，一面令别将郦商攻取了秦的汉中、巴、蜀等地。接着刘邦在峣关击败秦军，进至秦都咸阳附近的蓝田。秦廷组织最后的军事力量与刘邦军队大战于蓝田，刘邦军大破之，基本消灭了秦王朝在关中的军事力量。

公元前206年十月，刘邦的军队进驻咸阳附近的霸上，秦王子婴亲自到霸上向刘邦投降。秦朝就此灭亡。

刘邦入主咸阳城后，以"关中王"自居。他在霸上召集当地父老，和他们约法三章：杀人者死，伤人及盗抵罪。其他秦朝的严刑峻法一律废除。秦地人民大喜，争相把牛羊酒食拿出来犒劳刘邦士卒，唯恐刘邦不当秦王。刘邦在霸上的这一举措，使他获得了许多好处：一是避免了自己部属的迅速腐化；二是向百姓表明自己不追求钱财享乐，从而赢得了民心；三是在各路起义军中赢得了声望。依靠约法三章，刘邦赢得了关中、巴蜀一带的民心，获得了战胜项羽的稳固后方。因此人称"刘邦约法三章得天下"。

刘恒（前203—前157），汉文帝，汉高祖刘邦之子，汉惠帝刘盈之弟。公元前196年，汉高祖镇压了陈豨叛乱后，封刘恒为代王。刘恒为人宽容平和，在政治上十分低调，不参与中央的权力斗争。公元前180年，太尉周勃、丞相陈平等忠于汉室的大臣在吕后死后，把吕氏一族一网打尽，迎立刘恒入长安为帝。

刘恒即位后，采取恩威并施的策略来巩固皇权，以恢复和加强国家政权的运转能力。他封赐诛诸吕有功之臣，周勃、陈平、灌婴分别担任左、右丞相和太尉；除了保留旧有的诸侯王之外，又立了一批新的诸侯王；后来迅速平定济北王、淮南王之乱。

刘恒以秦二世而亡为鉴，深知百姓生活安定对政权安全的重要意义。他生性节俭，在位时继续奉行刘邦、吕后时期黄老"无为而治"的政策。他曾经想建造一座露台，听说要耗费十户中产之家的财富而作罢；因怜惜底层官吏士卒输送的劳苦，下令列侯归于封国，不必留在长安奉朝请；借少女缇萦救父之事而下诏废除残酷的肉刑；下诏免去天下的田租，将三十税一定为汉代税制；开放原来归属国家的所有山林川泽。通过这一系列政策，汉朝的社会经济得到了长足发展，文化教育大兴，国力逐渐强盛起来，他与继任者汉景帝统治时期被称作"文景之治"。

汉文帝在位期间，继续与匈奴和

亲。然而汉匈关系并不稳定，匈奴数次入侵。汉文帝14年（前166），老上单于挥兵14万直抵彭阳，其先锋人马火烧大汉回中宫，远哨铁骑逼近长安。文帝调动大军迎击匈奴，苦战月余，老上单于退出塞外。后元六年（前158），军臣单于绝和亲之约，侵入上郡及云中郡，一路烧杀抢掠。文帝急令将军抵御，同时命河内太守周亚夫驻屯细柳，祝兹侯徐厉驻棘门，宗正刘礼驻霸上，保卫长安。匈奴见汉军戒备严密，遂退出塞外。

后元七年（前157），汉文帝在未央宫去世，死后葬于霸陵。按照汉代的陵寝制度，帝后合葬不合陵，即皇后与皇帝葬在同一处，但各立陵冢。因此，文帝陵地面不起坟，地面上的两个可见的墓冢是母亲薄太后和妻子窦皇后的陵寝。西汉末年赤眉军攻入长安，发掘诸宗庙陵寝，只有在渭水以南的霸陵和杜陵完好。西晋时霸陵也遭到破坏性盗掘。

桓温（312—373），字元子，谯国龙亢（今安徽怀远西北）人。东晋权臣，政治家、军事家，东汉名儒桓荣之后。也有历史学家考证，三国时

期在"嘉平之变"中被司马懿诛杀的曹魏大司农桓范是桓温的高祖辈。桓温在大败前秦军队后继续向长安进发，进据霸上。

桓氏家族在西晋的时候并非高门，桓温的父亲桓彝南渡后广泛结交名士，使自己跻身"江左八达"之列，并"志在立功"。桓温曾与晋明帝密谋平定王敦之乱，桓氏家族地位有所提升。桓温是桓彝的长子，还不满周岁便得到名士温峤的赞赏，因此取名为"温"。晋成帝咸和三年（328），桓彝为叛将所杀，桓温年仅17岁，枕戈泣血，誓报父仇，3年后终于等到机会，手刃仇人，得到时人称许。桓温长大后为人豪爽，容貌伟岸，气度不凡，娶南康长公主为妻，担任驸马都尉。之后桓温仕途颇为顺利，先后担任琅琊内史、辅国将军，在辅助庾翼北伐时，相约一同匡济天下。桓温胸怀雄心壮志，曾对部下说："一个人如果不能流芳百世，那就应该遗臭万年。"

后来桓温出镇荆州，都督荆、司、雍、益、梁、宁六州的军事，并担任护南蛮校尉，掌握了东晋在长江中游地区的兵权，以此为基础，溯江而上，

消灭了割据蜀地40多年的成汉政权。这样桓温治下有八州之地，可以自行招募士兵、调配资源，逐渐形成半独立的割据势力。后又威逼朝廷废掉权臣殷浩，掌握了东晋内外大权，终于获得了实现"匡济天下"的志向的机会。

永和十年（354）二月，桓温自江陵率4万步骑北伐，经析县直指武关；又命水军自襄阳进至南乡郡；同时命梁州刺史司马勋经子午道北伐前秦。前凉秦州刺史王擢见司马勋攻打前秦西部，于是进攻陈仓以为响应。北伐大军声势浩大，一路势如破竹。面对危急的形势，前秦皇帝苻健派遣太子苻苌、丞相苻雄等人率兵5万驻屯峣柳进行抵抗。桓温在蓝田县与苻苌等军大战。

前秦首都长安危急，三辅各郡县都来向桓温归降，桓温安抚并让居民恢复原来的生活。百姓争相以牛酒劳军，夹道观看前来的军队，老人们流着泪说："不图今日复睹官军。"关中百姓极为振奋，桓温的威望也达到了顶峰。然而桓温北伐不是真的想收复中原，而是志在立威，企图通过北伐树立个人威信，伺机取晋室而代之。

因此，他在作战中务求持重，在大好形势下停留在霸上，从而贻误战机。进入关中时，正值麦收时节，桓温打算就地收麦，以解决军粮问题，于是屯兵不前。苻健闻听晋军收粮，猜到桓温军中粮草不足，遂抢先收割麦子，采取坚壁清野的方式，使得晋军粮秣渐渐不足。加上前秦军队奋力抵抗，晋军战事不利，桓温只得在六月撤军，虎头蛇尾地结束了这次北伐。

王猛（325—375），字景略，北海剧县人，后举家搬到魏郡。十六国时期著名的政治家、军事家，前秦丞相、大将军，辅佐前秦皇帝苻坚扫平群雄，统一北方，被称作"功盖诸葛第一人"。他曾只身前往霸上的桓温军营求见桓温，抒发政见。

王猛小时候家贫如洗，为了生存，便以贩卖畚箕为业。在兵荒马乱的岁月中，他手不释卷，刻苦学习，广泛汲取各种知识，特别是军事和治国的策略。王猛成年后英俊魁伟，雄姿勃勃，为人谨严庄重，深沉刚毅，胸怀大志，气度非凡。他与鸡毛蒜皮的琐细之事绝缘，更不屑于同尘垢秕糠打交道，因而经常遭到浅薄浮华子弟的白眼和耻笑。王猛对此毫不在意，依旧悠然自得、我行我素。他曾经出游邺城（今河北临漳西南），达官贵人们都瞧不起他，唯独有知人之明的侍中徐统"见而奇之"，并征召他担任功曹。王猛拒绝了这一邀请，远走关中，隐居于华山，静候天下局势的变化，期待明主的出现。

354年，东晋权臣桓温北伐，击败前秦，驻军霸上。王猛听到这个消息，披麻前往霸上求见桓温。王猛在桓温面前大谈关中局势和天下形势，桓温因此称赞他："江东没有一个人能得上您的才干！"

357年，苻坚一举诛灭暴君苻生及其帮凶，自立为大秦天王，以王猛为中书侍郎，职掌军国机密。王猛为官，明法严刑，禁暴锄奸，雷厉风行，很受苻坚赏识。苻坚称他"才比管仲、子产"。王猛于36岁时接连升五级，一时间"权倾内外"。氐族元老贵族们倚仗与皇室同族或者"有功于本朝"，不服王猛，恣意妄为，目无法纪。王猛全面彻查害民乱政的公卿大夫，以雷霆手段很快将横行不法的权贵20多人铲除干净。于是"百僚震肃，豪右屏气，路不拾遗"，令行禁止。王猛又整顿地方各级官府，在"有罪必罚"的同时，还力求做到"有才必任"，先后举荐苻融、任群、朱彤、房默、房旷、崔逞、韩胤、田勰等一大批人才，创立了荐举赏罚制度和官吏考核新标准，沉重地打击了士族垄断政权的工具——九品中正制，改变了十六国以来许多胡族军阀统治者迷信武力、蔑视文化知识的落后观念，有效地提高了前秦各级官僚的素质。加上兴办教育、调整民族关系、兴修水利、鼓励农桑，当时前秦境内安定清平，家给人足。"自长安至于诸州，皆夹路树槐柳，二十里一亭，四十里一驿，旅行者取给于途，工商贾贩于道"，出现了难得的太平盛世景象，前秦因而敢于与群雄角逐，并且愈战愈强，只用了10年时间就统一了北方。在这个过程中，王猛经常统兵征讨，战无不胜，表现出卓越的军事才干和大将风范。

375年，王猛逝世。苻坚悲痛不已，按照汉朝安葬霍光那样的最高规格，隆重地安葬了王猛，并追谥王猛为"武侯"，一如蜀汉诸葛亮。

苻坚（338—385），字永固，又

字文玉，小名坚头，略阳临渭（今甘肃秦安）人，十六国时期前秦的君主，357—385年在位。苻坚姚泓在长安之战中，曾在霸上展开激烈战斗。

苻坚是苻雄之子，前秦奠基者苻洪之孙，前秦开国君主苻健之侄。传说苻坚背后有谶文曰"草付臣又土王咸阳"；又有相者说他相貌非同寻常，日后必然大富大贵……如此种种，不可胜数。

苻坚8岁求学时便立下了经世济民、统一天下的大志。354年，父亲苻雄去世，苻坚袭父爵东海王，同时加封龙骧将军，这是祖父苻洪在后赵时获得的官位，皇帝苻健以此勉励苻坚的意图不言而喻。苻坚当时"挥剑捶马"，十分激动。他博学多才，更有经略大志，广交豪杰，成为在朝野享有盛誉的名人。

苻健死后，苻坚发动政变废黜了苻生，自称大秦天王。苻坚整顿吏治，惩处不法豪强，平息内乱，实行与民休养生息的政策。他广招贤才，重用以王猛为代表的一批精明廉洁的汉族士人。修整官职，恢复宗祀，上礼神祇，鼓励农业，设立学校，扶持鳏寡孤独，

褒扬称颂有特殊才行、孝友忠义、有德业的人。通过开垦耕地等一系列政策的实施，前秦的国力不断增强，从而先后消灭前燕、前凉、前仇池、代等政权，统一了分裂许久的北方。

但苻坚的弱点也很明显，司马光评价他"有功不赏，有罪不诛"，朱元璋说他"聪敏不足而宽厚有余"，都很中肯。364年，汝南公苻腾谋反被杀，王猛建议苻坚除去苻生诸弟五人，然而苻坚不听，结果五人后来先后谋反。378年，镇守洛阳的苻重谋反，但很快被平定，两年后苻坚却又任命他为镇北大将军镇守蓟城；苻洛在消灭代国的战争中立有大功，苻坚却不重赏，反倒仍让他做边境州牧。于是二人心生不满，先后叛乱，联军有十万之众，一时关中震动，苻坚不得不亲自出马才平定了叛乱。

淝水之战后，前秦元气大伤，鲜卑、羌等部族酋豪纷纷举兵反叛，建立割据政权，慕容垂逃回前燕故地复国称王，慕容宗族的子弟慕容冲等人也纷纷起兵；代国拓跋什翼犍之孙拓跋珪在牛川称王复国；羌族的姚苌等人重新崛起；丁零、乌丸相继起兵反叛，

北方又变得四分五裂。苻坚被鲜卑大军围在长安，百姓死伤无数。最后，苻坚听信"帝出五将久长得"的谶言，从长安出奔，逃到今天岐山附近的五将山，被姚苌抓住绞死。

赫连勃勃（381—425），原名刘勃勃，后来傲称自己"徽赫与天连"，改姓赫连。匈奴铁弗部人，十六国时期夏国（又称赫连夏）建立者。他在霸上继位。

赫连勃勃是汉末三国时匈奴右贤王去卑的后代，与前赵的刘渊为同族。在前赵刘聪统治时期，赫连勃勃的曾祖父刘虎身为宗室被封为楼烦公，任安北将军、监鲜卑诸军事、丁零中郎将，一直雄踞肆卢川。后被鲜卑拓跋猗卢打败逃到塞外。赫连勃勃的祖父刘务桓重整旗鼓，其部再次强盛。后赵皇帝石虎任命刘务桓为平北将军、左贤王、丁零单于。赫连勃勃的父亲刘卫辰被苻坚任命为西单于，驻地在代来城，统率河西各族。魏军打败前秦之后，赫连勃勃便投奔叱干部，后来又投奔后秦的没奕于，并娶没奕于的女儿为妻。

407年，赫连勃勃叛秦自立，自称天王、大单于，赦免境内罪犯，建元龙升，设置和任用百官。他认为匈奴是夏后氏的后代，故定国号大夏。之后不断侵扰后秦边境，成为后秦北方的劲敌。

赫连勃勃具有出众的军事才能，他曾说："我大业草创，军队不多，姚兴也是当世的雄杰，关中还不能图谋。而且姚兴的各方镇都服从命令，我们如果专心固守一城，他们一定会合力对付我们，我们的军队不是他们的对手，很快就会灭亡。我们风云般急速前去，出其不意，他们救援前军我们就攻打后军，救援后军就攻打前军，使他们疲于奔命，我们则从容自若，不出十年，岭北、河东就会全部归我所有。等到姚兴死后，再逐步地攻取长安。姚兴之子姚泓是个平庸懦弱小儿，擒获他的计谋策略已经在我的算计之中。"故夏军先经秦岭北一带，继而大败南凉，迫使北凉沮渠蒙逊与之结盟，势力得到进一步增强。

417年，刘裕北伐并灭后秦，赫连勃勃借机占有了整个岭北地区。不久，刘裕南归，留下诸将辅佐年幼的儿子刘义真镇守长安。赫连勃勃闻此立刻率领大军南下，前锋赫连璝进至渭阳。因为长安的东晋将领不和，关中郡县纷纷向赫连勃勃投降。赫连勃勃先占据咸阳，进而攻取长安。

418年，赫连勃勃在霸上筑起坛场，登上了皇帝的宝座。群臣劝他定都长安，然而赫连勃勃却高瞻远瞩地说："朕岂不知长安累帝旧都，有山河四塞之固！但荆、吴僻远，势不能为人之患。东魏与我同壤境，去北京裁数百余里；若都长安，北京恐有不守之忧。朕在统万，彼终不敢济河，诸卿适未见此耳！"仍把都城设在统万城。统万城兴筑于413—418年，位于朔方水北、黑水之南，征发胡汉民夫10余万，历时6年修成，其名"统万"取"统一天下，君临万邦"之意。据说，主持修城的叱干阿利残忍刻暴，用蒸熟的土修筑城墙，如果锥子能插入一寸，就把工匠一并筑入墙中，因此统万城异常坚固，直到今天，其断壁残垣仍伫立在靖边县北的荒漠之中。

宇文恺（555—612），隋代城市规划和建筑工程专家。字安乐，朔方（今陕西靖边北白城子）人。他出生在北朝后期一个显赫的豪门家族，父兄都是武将，但身在将门的宇文恺却不好弓马，而喜好读书。任职期间，修筑广通渠。

宇文恺年轻时已经在建筑科学和工程管理方面崭露锋芒，杨坚任北周宰相后，任命他为上开府、匠师中大夫，主管城郭、宫室的营建。582年，隋文帝下诏营建新都大兴城（今陕西西安），宇文恺担任营新都副监。时宰相高颎虽然是大监，不过总领大纲、规模计划皆出自宇文恺。隋炀帝杨广即位后营建洛阳，又以恺为营东都副监，后迁将作大匠。宇文恺把东都建得极其壮丽，因此被升为工部尚书。他还曾建造大帐，帐下可以容纳数千人。又造观风行殿，殿上可以容纳侍卫数百人，行殿下装轮轴，可以迅速拆卸和拼合。

除了营建都城与宫殿，宇文恺还主持修建了漕渠。583年，新都大兴城建成，但仓廪空虚，需要大量转运关东的粮食，渭水含沙量大，不方便漕运。584年，在于仲文提议下，隋文帝下诏兴建漕渠，令宇文恺率领水工凿渠，引渭水通黄河，自大兴城东至潼关300余里，名叫广通渠。广通渠凿成后，运粮船只进出关中十分便利，运输效益很快显现出来，解决了京师地区粮食供应困难的问题。586年，关中大旱，关东发生了大洪水，民间爆发饥荒，隋文帝命大臣开仓放粮，赈济百姓，同时又取出广通仓中300万石粮食赈济关中灾民。此时距广通渠开通不过两年，关中的广通仓却可以拿出如此之多的粮食，京师也没有发生缺粮的情况，充分说明宇文恺开凿漕渠的巨大作用，于是广通渠又被称为"富民渠"，它为隋唐两代关中的富庶奠定了坚实的基础。

韦坚（？—746），唐京兆万年（今陕西西安）人，字子金，唐玄宗朝大臣，水利专家。742年，韦坚升任为陕郡太守、水陆转运使，着手疏浚和恢复漕渠。他主持征调民工，耗时两年，在咸阳截渭水筑堰，横绝灞、浐二水，向东开凿了一条与渭水平行的渠道，直至黄渭交会处的永丰仓下复归于渭水，在隋代广通渠的基础上恢复了漕渠。漕渠修成的当年就发挥了重要作用，向关中输送了400万石粮食。此后唐玄宗就长期住在长安，结束了"天子逐粮"的历史。韦坚又在广泰门外

的浐、灞汇合处开凿广运潭码头，以供漕船停泊。广运潭就在禁苑东部的望春楼下，唐玄宗率领百官登楼眺望，韦坚将各郡进贡来的珍宝呈上，玄宗大悦，当即封赏韦坚等人。

崔湜（671—713），字澄澜，定州安喜（今河北定州）人，唐朝宰相，出身于博陵崔氏，中书侍郎崔仁师之孙，户部尚书崔挹之子。历任检校吏部侍郎、同中书门下平章事、江州司马、襄州刺史、同中书门下三品、中书令。他曾设计改革，沟通丹、灞，使漕运陆转成为现实。

隋唐时开漕渠、兴漕运是关系国家兴衰存亡的大事，上至皇帝，下至臣僚，多有尽心竭虑运筹策划者。唐中宗时，鉴于黄河三门峡水势险要，渭河水浅沙深，崔湜大胆建议，把江南、荆襄一带的财赋贡物改由汉江入丹江，漕运至商州，然后利用陆转办法，越过秦岭，入于灞河，继续漕运至京师长安。唐中宗接受了这一建议并委派他实施这一计划。《新唐书》卷99《崔湜传》记："（崔）湜建言：山南可引丹水通漕至商州，自商巘山出石门，抵北蓝田，可通挽道。中宗以湜充使，

开大昌关，役徒数万，死者十五。"

丹江上源与灞河上源隔秦岭相对，南北直线距离很近。但秦岭高峻，要翻越秦岭，开辟一条陆路沟通丹江、灞河，以当时的技术水平，是一件极为艰巨的事。在崔湜的指挥下，付出数以万计役徒生命的代价，连接丹、灞二水的越岭道路修通了，崔湜遂严禁行人走商州驿路。由于路基不实，新路被夏季暴雨冲毁。虽然如此，朝廷仍"追论（崔）湜开山路功，加银青光禄大夫"。至唐玄宗开元初年，崔湜因太平公主事被株连，流放岭南。商州刺史又奏请"复依旧路（蓝田关道）而行"。

裴耀卿（681—743），字焕之，绛州稷山（今山西稷山）人，唐朝宰相，出身河东裴氏，宁州刺史裴守真之子。裴耀卿曾建议疏通漕运，征调江淮粮赋以充实关中，深得玄宗赞同。

裴耀卿自幼聪敏，后考中童子举，20岁时便被任命为秘书省正字、相王府典签。李旦即帝位后，裴耀卿被授为国子监主簿，历任詹事府府丞、河南府士曹参军、考功司员外郎、右司郎中、兵部郎中。

开元元年（713），唐玄宗任命裴耀卿为长安令。当时，长安县实行配户和市法，以官府名义按户征购财物，百姓深受其苦。裴耀卿到任后，改征豪富之家，并预先支付钱款，杜绝奸邪欺瞒的弊病。他在长安任职两年，宽严得当，离任后被百姓怀念。

开元十三年（725），裴耀卿担任济州刺史。不久，唐玄宗封禅泰山，路经济州。裴耀卿在正税外临时加税，但是处置得当，既接待了皇帝，也没有过重剥削百姓，得到唐玄宗的赞赏。此后，裴耀卿历任宣州刺史、冀州刺史、户部侍郎。

开元二十年（732），裴耀卿跟随信安王李祎率军攻打契丹，他携带20万匹绢帛前往奚族部落，赏赐立功的奚官。他认为番族见利忘义，必会对自己加以劫掠，于是命部下提前出发，分道同时前去，只用一天时间便把全部财物发送完毕。突厥、室韦等族果然在交通要道上伏兵拦截，但裴耀卿早已返回。

开元二十一年（733），关中大雨绵绵，长安发生饥荒。唐玄宗准备移驾洛阳，特意召见时任京兆尹的裴耀卿，询问赈灾之策。裴耀卿分析当前形势，建议疏通漕运，征调江淮粮赋以充实关中。唐玄宗对此非常赞同。十月，裴耀卿被任命为黄门侍郎、同中书门下平章事，并充任江淮河南转运使。次年，裴耀卿升任侍中。他沿黄河建置河阴仓、集津仓、三门仓，征集天下租粮，由孟津溯河西上，3年时间便积存粮米 700 万石，省下运费 30 万缗。有人劝他将省下的钱财交给皇帝，以表明功劳，裴耀卿却奏请唐玄宗将这笔钱款充作官府的和市费用。

裴耀卿罢相后，继任者继承了他的措施，他也成为唐代漕运史上承前启后的人物。

刘晏（715？—780），字士安，曹州南华（今山东菏泽西北）人，唐代著名经济改革家、理财家。刘晏对于隋唐改革漕运制度贡献巨大。

唐玄宗开元年间，刘晏以神童的身份授太子正字，名噪京师。《三字经》有"唐刘晏，方七岁。举神童，作正字"之语。天宝年间，他因在治理税务上政绩显著，官至侍御史。唐肃宗时，又任度支郎中兼侍御史，领江淮租庸事。后任户部侍郎兼御史中丞，充度支、铸钱、租庸等使。在他的一生中，长期担任财务要职，因为治理成效显著，被誉为"广军国之用，未尝有搜求苛敛于民"的著名理财家。

安史之乱后，唐朝经济萧条，财政出现困难。刘晏先后采取了改革漕运、改革盐政、改革粮价等一系列有效措施，扭转唐代财政状况。

广德二年（764），唐代宗任命刘晏接办漕运。在改革漕运的问题上，刘晏针对当时漕运废弛阻塞导致的关中粮食供应困难、市场上粮价暴涨、民声鼎沸等棘手问题，提出疏浚河道以保障南粮北调的计划。他沿用过去裴耀卿的办法，改直运法为段运法，将全程分成四个运输段，使江船不入汴水，汴船不入黄河，河船不入渭水，提高了运粮效率，减少了翻船事故；又在扬州、汴口、河阴、渭口等河道的交界处设仓储粮，以备转运。由此江淮的粮食源源不断运送到长安，不但解决了粮荒，还有所储备。唐代宗称赞刘晏："你真是我的萧何啊！"

刘晏在主管盐政事务之时，对盐政进行了大刀阔斧的改革。针对盐铁专营政策中官府大幅提高盐价、剥削百姓、中饱私囊，政府盐务机构庞大、开支惊人等问题，首先大力削减了盐监、盐场等盐务机构，又调整了食盐专卖制度，改官收、官运、官销为官收、商运、商销、统一征收盐税，改变了肃宗时期制定的官运官卖之法。改革后，盐官负责统一收购专盐场所产的盐，然后加价转卖给盐商，经由盐商贩运销售到各地。为了防止各地盐商哄抬盐价，国家通过掌握统购、批发两个环节来控制盐政，并设立常平盐仓，以平盐价。政府收取的盐利原来每年只有60万缗，改革之后，到大历末年增至600多万缗，占全国财政收入的一半，被用以支付漕运费用和政府各项开支。盐价下跌，税收增加，深得民心。刘晏还改革粮价，设立常平仓用来平粮价，使老百姓从中受益，国家也增加了税收。在商业中建立驿站信息，使"四方货殖低昂及它利害，虽甚远，不数日即至"。

此外，刘晏推行常平法进行财政体制改革。他在诸道设巡院官，选择有能力的官员做知院官，管理诸巡院，收集本道各州县天气和农作物的情况。每旬、每月都申报转运使司，并派人监督。刘晏通过这些办法及时准确地掌握了全国经济和市场动态，积极采取措施，平抑物价，促进生产，及时救灾。他用"丰则贵取，饥则贱与"的办法，防止了谷贱伤农、水旱民散；同时又于丰收地区购买粮食运往歉收地区，贱价换取农民的土产杂物再转卖丰处，这样救灾与国用两项都不耽误，还刺激了生产。他认为："王者爱人，不在赐与，当使之耕耘纺织，常岁平敛之，荒年蠲救之。""善治病者，不使至危惫；善救灾者，勿使至赈给。"

建中元年（780），因杨炎谗害，刘晏被敕自尽。朝廷从刘晏的家中抄出的唯一财物是两车书和米麦数石而已。刘晏无罪被杀，众人都为他呼冤。

李巽（747—809），字令叔，赵郡赞皇（今河北赞皇）人，唐朝大臣，经济学家，出身赵郡李氏。他曾担任度支盐铁使，在灞渭沿线管理运输货物。

李巽少时刻苦求学，考取科举中最难的明经科，从华州参军做起，一步步做到江西观察使，加检校散骑常侍，兼御史大夫。李巽管理手下很有手段，手下吏员不敢欺瞒他，一有不法举动就会被他发现。

唐顺宗即位后，李巽入京城担任兵部侍郎。当时的宰相杜佑兼任度支及盐铁转运使，因为李巽很有才干，就奏请他担任副使。后，李巽专领度支及盐铁使。自刘晏以来，很少有人能在这一职位上做出成绩，但李巽担任盐铁使的第二年，朝廷所征收的赋税就超过了刘晏在任时的水平，又一年增加到180万贯。按照旧制，每年江淮运到河阴的米应该为50万斛，但往往都达不到这个数字，只有李巽担任盐铁使的3年达到了。

元和四年（809）四月李巽去世，享年63岁。

裴休（791—864），字公美，河内济源（今河南济源）人，唐朝中晚期名相、书法家，出身河东裴氏，浙东观察使裴肃次子。裴休任职期间，曾监管渭河沿线漕运，取得了一定成绩。

唐穆宗时裴休登进士第，历官监察御史、右补阙、户部侍郎、诸道盐铁转运使、兵部侍郎、同平章事、中书侍郎、宣武节度使、荆南节度使等职。裴休博学多能，又工于诗画，擅长书法。其撰写的《圭峰禅师碑》貌似柳体，然而风格较柳体更为遒媚劲健。米芾曾评价："裴休率意写碑，乃有真趣，不陷丑怪。"

唐文宗与宰相宋申锡密议诛除宦官，此事却被神策中尉王守澄及其党羽郑注得知。大和五年（831）二月，郑注令人诬告宋申锡谋立文宗之弟李凑。文宗信以为真，大为恼怒，召集宰相等人商议。时任右补阙的裴休与几位大臣极力为宋申锡辩护，提议由相关部门来调查，最终使宋申锡免死，仅被贬为开州司马。

李巽死后，漕政趋于腐败，裴休担任诸道盐铁转运使，大刀阔斧改革漕运及茶税等积弊，颇有政绩。

唐宣宗大中年间（847—860），漕吏徇私现象严重，唐代中期刘晏改革所立的漕运法已经被毁殆尽。裴休在总结刘晏的成功经验与王播（唐宪宗时诸道盐铁转运使）的失败教训的基础上，不以漕运额作为激励指标，而是更加注重调动漕运官吏的工作积极性。他治理漕吏运用了三个方法：第一，权责分明。明确划分漕运僚佐与州县官吏的责任，制定不同的奖罚标准。第二，划归佣金给吏民。他主张将每年的漕运佣金全部划归诸吏和百姓。第三，细化改革方案。立漕法十条，以法律形式将激励措施确定为漕运法的文本内容。

裴休的措施准确抓住了漕吏徇私的激励失灵动因，获得了较好的制度效果。其在任 3 年，每年顺利转漕租粟至渭仓 120 万斛，"无合升沉弃"。

当时，各藩镇设置邸阁（储存粮食等物资的仓库）储存茶叶待价出售，以此获利；而对商人的其他货物，则额外强征赋税，严重损害客商、贾人的利益。裴休根据时势，建议"允许各镇储茶，但不可擅自对商人收税"，又建议将开发"山泽宝冶"的权力收归盐铁使所有。

裴休的书法以欧阳询、柳公权为宗。《旧唐书》记载："裴休长于书翰，自成笔法。家世奉佛，休尤深于释典。"董其昌在《容台别集》中也称："唐世学书甚盛，皆不为释典所用。梁肃、房融其书不称。惟裴休深于内典，兼临池之能。"

韩缜（1019—1097），字玉汝，北宋开封府雍丘县（今河南杞县）人，祖籍河北灵寿。父韩亿及兄韩绛、韩维都担任高官，或至宰相。韩缜举进士，仁宗朝为殿中侍御史，多次上书言时政。先后担任过两浙、淮南、河北、陕西路转运使，又曾知秦州、和开封府。神宗朝曾出任出使辽国的使臣，参与了与辽划界事宜。又先后担任同知枢密院进知院事、尚书左仆射兼中书侍郎。哲宗元祐元年（1086）被追究河东划界失地责任，罢知颍昌府，迁知永兴军（治今陕西西安）、河南府、太原府。请老致仕，卒年七十九，谥庄敏。

韩缜为政以严厉著称。隋唐时修建的灞桥，到北宋已经坍塌。元祐年间，韩缜主政永兴军，主持灞桥重建工作，向地方征集石料。因为政令急迫，民间只能将许多石碑打磨用作石料，最后桥虽修成，但前代碑石颇受损失，被称为"金石一厄运"。

余子俊（1428—1489），字士英，明代官吏，四川青神县人。景泰二年（1451）进士，授户部主事，进员外郎，在部 10 年以廉洁奉公著称。之后，历任西安知府、陕西右、左布政使、右副都御史、延绥巡抚、陕西巡抚、户部尚书、兵部尚书等职。弘治二年（1489）

逝世，享年62岁，追赠太保，谥号肃敏。余子俊在任期间修复了灞桥。

在余子俊任西安知府时，凿渠引入城西的河水，解决水质含碱发苦不能饮用的问题。但是，随着使用年限的增长，渠水排泄不通。余子俊又主持在城西北开凿渠道排水，渠水流经汉代旧城到达渭水，造福国家和百姓。该渠被称为余公渠。在任陕西布政期间，余子俊又主持修复了灞桥。宋有文特赋《重修灞桥落成》诗称颂云："几年病涉以倾颓，此日功成接岸隈。谁记世多题柱客，我知君是济世材。方翻鲸浪从澎湃，路转羊肠便往来。高树琐珉垂不朽，终南山色共崔嵬。"成化十二年（476），余子俊升任陕西巡抚，又在泾阳兴修水利，灌溉农田千余顷；修筑穿越秦岭的道路，南通汉中，以便行旅。

路振飞（1590—1648），字见白，号皓月，明末清初著名的抗清人士之一。崇祯帝亡后，路振飞曾致书南京兵部尚书史可法，谓"伦序当在福王，宜早定社稷主"。弘光帝被俘后，唐王朱聿键（即南明隆武帝）在福州自立，路振飞先后被封为左都御史、太子太保、文渊阁大学士兼吏部尚书。官爵累至左柱国、光禄大夫、太子太师、吏部尚书兼兵部尚书、武英殿大学士。后卒于粤中，谥文贞。路振飞曾制作"刀船"往返于渭河港口进行运输。

路振飞为官清正。初任泾阳知县时，知府让他为魏忠贤建生祠，路振飞拒不从命。有张问达者，因违连阉党，被罚巨款，路振飞故意拖延，使事情不了了之。当时渭河上煤运、盐运、粮运非常活跃，而泾河水却不能为泾阳县人谋福利，路振飞甚觉可惜。于是，他大胆提出利用泾、渭两水，开发泾河水上运输，以解决泾阳县人民生活用品的输入问题。他说："泾河不仅可以行船运粮、运木，而且仅运煤一项就非常必要。"因为泾阳人稠地狭，燃料缺乏，百姓生活用煤大多由陆路车运而来，每担要价不下4钱，贵时更在5钱、7钱（1担100斤）。特别是在阴雨冰雪到来之时，老百姓即使有米也无钱买煤，所以老百姓吃不上饭"非尽是无米之痛"。路振飞亲自派人对泾河进行考察，发现最浅处的水深也有1尺（今0.33米）左右，完全可以行舟。为证实这一看法，他首先请工匠制造一种"刀船"，到渭河临潼县交口港运煤。试行的结果，往返一次共用3天，比陆运节省运费7/10。接着又令泾河各渡口多余的渡船和所造的"刀船"一起，连续运煤数次，一下子使泾阳县的煤价由每担4钱降为2.5钱，成效十分显著。

泾河煤炭运输初见成效，大大增强了路知县开发利用泾河水运的信心。他进一步制定出保护船运、优惠于民的措施："有愿备船只，由泾入渭搬运各物者，听其制造"，并且"今后造船往来，任民自便，商货无税，私船不扰。河中偶有沙石处，官为设法疏浚，违者以不职处"。此项工作得到了朝廷的批准，并勒石竖碑于河滨渡口。由于路知县的大力倡导，此后泾河煤运大兴，所获"利益弘矣"。

陈宏谋（1696—1771），字汝咨，曾用名弘谋，因避乾隆帝"弘历"之名讳而改名宏谋，广西临桂人，清朝中期政治人物。他曾倡修西安通往东南的航运水道。

他幼有大志，称"必为世上不可少之人，必为世人作不能作之事"。雍正元年（1723）以恩科举人第一中进士，改庶吉士，历检讨、郎中、御史，外任知府、按察使、布政使、巡抚、总督，入为兵部、吏部、工部尚书、协办大学士、东阁大学士。陈宏谋以名儒、名臣任地方官30余年。当时内地18省，曾莅任者12省。所至"必究人心风俗之得失及民间利弊当革者"，"劳心焦思，不遑夙夜"，与尹继善同被称为乾隆年间地方官贤者之最。在乾隆九年至二十二年年间（1744—1757），陈宏谋曾四任陕西巡抚，奖励植桑养蚕，劝种棉花山薯，凿井溉田，积谷防荒。为促进陕西关中与湖广、江南等地的联系，改善交通条件，他捐资倡修从西安通往东南地区的武关古道，疏凿龙驹寨以下丹江航道，实现了水陆两通。

蒋文祚（生卒年月不详），云南建水人，进士，清乾隆年间任蓝田县知县。

蒋文祚在蓝田任知县期间，重视对过境的西安府至商州的官路的保养维修，使之畅通，以利驿传。官路被水冲毁后，即筹资修治。筹资采取"劝捐"方式；修治采用"中瓮巨石，两旁凿沟"的办法，使路基坚实，雨水不在路面积存，"行人往来一时称便"。为了能使官路经常得到维修，他把"劝捐"结余的银子存放贷出，将每年的利息作为路边居民修路的费用。因而，蓝田县境内一段官路能经常得到修缮。

朱光祖（生卒年及籍贯不详），清代道光年间任佛坪厅（今佛坪县，旧治在今周至县厚畛子镇老县城村）抚民同知。周至的老县城、都督门位于秦岭深处，交通十分困难。为了保持西安府经周至、逾秦岭、过佛坪厅、达于洋县和汉中的道路畅通，朱光祖很重视栈道、碥路、桥梁的修治养护，因而得到人民赞颂，并给他刻石竖碑。如今，在周至县厚畛子镇钓鱼台、老县城、都督门等地留有不少纪念朱光祖修路、建桥的碑刻。

第二章

【军事名人】

作为从东向、北向、南向进驻西安城的必经军事要地，灞渭地区自古为兵家必争之地，在历史的更迭中涌现出许多军事名将。

王镇恶（373—418），东晋名将，前秦丞相王猛之孙，后随叔父归晋，遂很快成为东晋的一员名将。先后为东晋立下夺荆州、灭后秦、取长安的功劳。王镇恶进军长安，曾与后秦军队战于渭水，并在霸上迎接主帅刘裕的到来。

王镇恶生于五月初五，按习俗，这是一个不吉利的日子，家人便想把他送人，以免对本族有害。可王猛见了王镇恶后很惊奇，说："这不是一个平常的孩子。过去孟尝君在恶月出生而做了齐国的宰相，这孩子也将要使我们家门兴旺。"所以给他起名叫"镇恶"。

王镇恶13岁时，前秦败亡，关中混乱，他流寓在外。借住在渑池李方家里时，王镇恶很感激李方的照顾，对李方说："如果我遇到明主成万户侯，一定会厚报你。"李方说："您是丞相的孙子，人才出众，何愁不会富贵？到时候希望能聘我为本县的县令就足够了。"后来王镇恶随叔父归顺东晋，客居在荆州，读了许多诸子兵书，史载他"论军国大事，骑乘非所长，关弓亦甚弱，而意略纵横，果决能断"，虽然勇武不足，却颇有运筹帷幄、杀伐决断的能力。

义熙五年（409）三月，刘裕上表请求攻打南燕，有人向刘裕推荐了当时只是县令的王镇恶。刘裕召见王镇恶后对僚属说："王镇恶是王猛的孙子，正所谓将门有将。"于是委以重任。王镇恶帮助刘裕平南燕、破卢循，又平定北府兵巨头刘毅之乱，逐走司马休之，屡立战功。

416年，晋军乘后秦内外交困，分兵五路征讨。刘裕任命王镇恶为咨议参军、龙骧将军，与冠军将军檀道济率步兵为前锋，自淮、肥一带向许昌、洛阳方向进攻，连克多城。次年正月，刘裕亲率水军自彭城西进，趁王镇恶进军潼关攻打内乱不断的后秦之时，乘胜进击渑池，支援王镇恶。收复渑池之后，王镇恶到李方家去拜访，厚加酬赏，任命李方做渑池令，实现了当年的许诺。

后秦大将姚绍在潼关以西依险拒守，晋军与之相持数月。八月，刘裕到达潼关，商讨进取之计，王镇恶请求带领水军从黄河入渭水，直逼长安。王镇恶军所乘的都是艨艟战舰，人全在舰内。北方向来没有船只，秦人见船舰溯水而进，船外看不到划船的人，莫不惊惧，以为是神。八月二十三日，王镇恶率军到达渭桥，饱餐之后，弃舟上岸。当时渭水水流湍急，眨眼之间，船舰都随流而去。王镇恶带领将士背水一战。后秦军一触即溃，大败而逃。王镇恶乘胜进入长安城，对百姓宣扬国恩，抚慰民心，纪律严明，百姓逐渐安定下来。

刘裕随后前往长安，王镇恶于霸上相迎，刘裕慰劳他说："成就我的大业的，正是爱卿你啊！"王镇恶拜了两拜，辞谢说："这是依靠明公您的威势、各位将军的力量，我哪有什么功劳？"刘裕闻言，称赞他有"大树将军"冯异的风范。

当时北方匈奴赫连勃勃的势力已经强大起来，多年来一直攻略后秦疆土，刘裕在长安时，他不敢妄动。等到刘裕南归，赫连勃勃的大军迅速南下，直抵渭北，关中百姓纷纷归降。因为王镇恶原为关中人，晋军将领对其多有怀疑，士兵中也有谣言说王镇恶要杀光江南人后割据关中，于是大将沈田子在大营中秘密杀掉了王镇恶。后来沈田子又被长史王修所杀。在这种将领互相残杀的情况下，关中很快被赫连勃勃所占，刘裕北伐成果毁于一旦。

王罴（？—541），字熊罴，京兆霸城（今陕西西安临潼区）人。南北朝时期北魏、西魏名将，东汉河南尹王遵之后。

王罴出身京兆王氏，生性耿直刚强，处事公平，深受乡里敬畏，并得到雍州刺史崔亮的赏识。崔亮多次向朝廷举荐，朝廷认为王罴必有可用之处，便批准了。王罴随崔亮攻克萧梁的硖石，屡立战功。后来王罴因功晋封右将军、西河内史。孝昌年间（525—527），萧梁大举进攻荆州，朝廷派王罴驰援。在荆州危急之时，朝廷再无援兵可派，便任命王罴为荆州刺史并赐他铁券，让他坚守荆州。不久，城中粮尽，王罴便与将士们煮粥分食，同甘共苦。王罴每次出战都不披铠甲，他高声大呼道："荆州是孝文皇帝设置的，上天如果不保佑国家的话，就让箭射中我王罴的额头；否则，我王罴一定要打败敌人！"3年之中，王罴历经多次恶战，始终不曾受伤。

北魏灭亡后，王罴投奔宇文泰，驻防华州，以抵御东魏的进攻。高欢派部将从河东出兵，夜袭华州，王罴没有察觉。当时，王罴正命人修缮州城，梯子还留在城外尚未撤下，东魏军便顺着梯子爬入城中。王罴从睡梦中惊醒，不及穿衣，手持木棍，大叫着冲出门外。东魏军大惊，退到东城门。王罴趁机召集士卒，将东魏军赶出城去。后来东、西魏沙苑之战时，东魏兵力强盛，宇文泰认为华州是要冲之地，便遣使慰劳王罴，让他加强守备。王罴命人回复道："有我这个老罴拦在这里，高欢这个貙子休想过去。"高欢到达华州城下，劝王罴投降，王罴宁死不从，高欢竟不敢攻城。

第二年，王罴镇守河东。因宇文泰兵败河桥，降将赵青雀趁机在长安作乱，以致西魏政局不稳。王罴打开河东城门，对城中士卒道："我奉命镇守河东，要以死报效朝廷。你们若有别的企图，可以来杀我；如果有谁担心守不住城池，我也任由他出城。能够和我同心的，可一同固守。"城中将士见王罴坦诚相待，都无二心。王罴在河东镇守数年，于541年卒于任上。

王述（生卒年不详），京兆霸城（今陕西西安灞桥区）人。北周时任广州刺史。隋开皇初，献平陈之计，修造战舰，为上流之师。后以行军总管击南宁，未至而卒。

孙蔚如（1896—1979），陕西西安灞桥区人。抗日爱国将领，曾任国民党六届中央执行委员、陕西省主席。

1913年入西北大学预科；1915年毕业于陕西陆军测量学校；1916年加入中华革命党反袁；1918年参加靖国

军，后追随杨虎城；1922年任陕北镇守使井岳秀步兵团团副；西安事变后，他成为陕军的主帅。抗日战争爆发后，他任第四集团军司令，以坚守中条山著名，被称为"中条山铁柱子"，使得日军始终未能过黄河，稳定了西北后方，最后官至第六战区上将司令长官。抗日战争胜利之际，他为第六战区受降主官，在武汉接受日本第六方面军投降并全权处理六战区受降事宜。至今，武汉市的中山公园内立有一座受降碑，碑上镌刻有孙蔚如亲自撰写的草书铭文："民国三十四年九月十八日，蔚如奉命接受日本第六方面军司令官冈部直三郎大将率二十一万人签降于此。第六战区司令长官孙蔚如题。"

抗日战争胜利后，孙蔚如将军因蒋介石专断独裁又不听他的谏策，悲愤不已，多次致电南京提请辞职，但均未获准。1949年春，孙蔚如将军潜居上海，暗中指示国民党232师参加湖南和平起义。另外，他本人也与中共地下工作者取得联系，终于在中共组织的掩护下，安全到达北京，投入了中华人民共和国的怀抱。

1949年以后，孙蔚如将军长期担任陕西省副省长、国防委员会委员、民革中央常委兼陕西省主委、全国政协委员等，积极为新中国的建设事业做贡献。

第三章

【文化名人】

灞桥折柳，依依惜别。灞渭地区特有的历史风貌和优美风景，使得这里成为东出长安的著名送别地点，也因此留下了众多文人墨客的身影。

　　韩康，字伯休，京城霸陵人。东汉桓帝时（147—167）著名隐士，隐居霸陵山中。韩康淡泊名利，平日游走于名山大川采药，然后去长安集市上叫卖，从不接受还价，30多年从不改变。有一次，一个女子向韩康买药，韩康坚持不能还价，女子发火道："你以为你是韩伯休？凭什么不让还价！"韩康长叹道："我本来想要逃避名利场，不料今天连小女子都知道我的名字，我何必再卖药！"于是收拾行囊逃入霸陵山中隐居去了。

　　朝廷得知此事，一连几次派人进山寻访，征召韩康出来做官，他都不肯。汉桓帝亲自准备了安车、玄纁，派专使前往聘请他，这是效仿光武帝刘秀聘请严子陵的先例。韩康无法再推辞，只好假装答应出山。不过他坚持不乘坐官车，而是自己驾着一辆破牛车，天不亮就起程了。到了一个驿亭，亭长刚接到命令，知道韩康要从此地路过，正在修路架桥，向民间征召壮丁牲口。亭长并不认识韩康，见他布衣方巾，驾牛车而来，以为是乡村野老，便命手下抢他的牛。韩康也不说什么，卸车缴牛。一会儿，使者的车驾赶到，亭长这才知道赶牛车的老头就是朝廷要征召的人。使者请示韩康，要斩杀亭长。韩康淡然道："牛是我自己交给他的，亭长有什么罪过呢？"继续前行不久，他就乘机逃走了。后来韩康高寿而终。

　　孟浩然（689—740），名浩，字浩然，号孟山人，襄州襄阳（今湖北襄樊）人，世称孟襄阳。唐代著名的山水田园派诗人。明朝人张岱的《夜航船》记载"孟浩然情怀旷达，常冒雪骑驴寻梅，曰：吾诗思在灞桥风雪中驴背上"。从此，"灞柳风雪"成了诗思的发源地，更引得后人为了追求诗思而一遍遍吟咏。因为孟浩然等人在驴背吟诗的缘故，后人往往把以灞桥送别和灞柳风雪为题材进行创作的诗人称为"灞桥驴背诗客"。

孟浩然虽隐居江湖，却心系朝堂。他早年隐居于襄阳鹿门山（东汉末年名士庞德公曾隐居于此），与张九龄等当时的达官显贵有往来，和王维、李白、王昌龄等诗人群体均有应酬唱和。40岁时，孟浩然前往长安游历，应进士举不第。曾在太学赋诗，名动公卿。他和王维私交甚为深厚。传说王维曾邀请他入内署，适逢唐玄宗驾到，孟浩然慌忙躲避。王维不敢瞒报，据实奏闻，唐玄宗遂命孟浩然出来相见，并令其作诗。孟浩然自诵其诗，其中有一句"不才明主弃"，玄宗听后不悦，说："卿不求仕，而朕未尝弃卿，奈何诬我！"遂将孟浩然放归

襄阳。孟浩然后来漫游吴越，穷极山水之胜。开元二十八年（740），诗人王昌龄游襄阳，二人相聚甚欢，但此时孟浩然背上正生毒疮，据说就是因为"食鲜疾动"，最终病故，年52岁。孟浩然一生都徘徊于求官与归隐的矛盾之中。但时人认为他的情操清白高尚，他的性格耿介不随，他的人品独立高洁，李白称赞他："红颜弃轩冕，白首卧松云"，"高山安可仰，徒此揖清芬"。

孟浩然以诗成名，更与王维开创了诗歌史上的"田园诗派"（又称为"王孟诗派"）。他的诗已摆脱初唐狭隘的应制咏物的诗歌格局，更多地抒发个人情怀，给开元诗坛注入新鲜活力。孟浩然也博得时人的倾慕，成为唐代第一个创作山水诗的诗人。

王昌龄（？—约756），字少伯，京兆长安（今西安）人，他在《别李浦之京》诗中说"故园今在霸陵西"且有《灞上闲居》之作。盛唐著名边塞诗人，被后人誉为"七绝圣手"。王昌龄曾在霸上的滋阳村度过了少年和青年时代。

王昌龄早年曾居嵩山学道。约27

岁时前往河陇，西出玉门关，其著名的边塞诗大约都创作于这一时期。唐玄宗改府兵制为募兵制后，文人掀起了从军热以求边功，王昌龄漫游西北边地，有了较深的边塞生活体验，成为边塞诗的创始者和先驱。开元年间正是盛唐气象的鼎盛时期，王昌龄在诗中对盛世景象竭尽全力地加以歌颂。对盛世的信仰，正是王昌龄一生最坚实的信心、力量、希望和理想的源泉，以至日后虽长期身处谗枉和沦弃之境，也难以改变。他的边塞诗善于捕捉典型的情景，有着高度的概括力和丰富的表现力，既反映了盛唐时代的主旋律，又对边塞风光及边关战场场景进行细致描写，同时能够捕捉到将士细腻的内心世界。其诗歌意境开阔，语言圆润蕴藉，音调婉转和谐，耐人寻味，在发情、造景、写意等方面均有很高造诣。

他的一些作品描写了霸上闲适安逸的生活，如《灞上闲居》："鸿都有归客，偃卧滋阳村。轩冕无柱顾，清川照我门。空林网夕阳，寒鸟赴荒园。廓落时得意，怀哉莫与言。庭前有孤鹤，欲啄常翩翩。为我衔素书，吊彼颜与原。

二君既不朽，所以慰其魂。"

41岁时，王昌龄获罪贬谪岭南，次年遇赦北还，在巴陵（今湖南岳阳）遇到李白，作了《巴陵送李十二》一诗。后来他游历襄阳，拜访著名诗人孟浩然。孟浩然当时正患疽病，已经将要痊愈，两人见面后非常高兴，不料孟浩然竟因吃了些许海鲜而痈疽复发去世。

安史之乱爆发时，王昌龄刚被贬到湘西偏远的龙标县，次年他从龙标辗转回乡，在路过亳州时，被刺史闾丘晓所杀。

王维（701？—761），字摩诘，号摩诘居士。河东蒲州（今山西永济蒲州镇）人，祖籍山西祁县。唐朝著名诗人、画家。王维出身河东王氏，于开元十九年（731）状元及第。历官右拾遗、监察御史、河西节度使判官。唐玄宗天宝年间（742—756），王维拜吏部郎中、给事中。安禄山攻陷长安时，王维被迫受伪职。长安收复后，被责授太子中允。唐肃宗乾元年间（758—760）任尚书右丞，故世称"王右丞"。王维曾隐居辋川。

王维参禅悟理，精通诗、书、画、音乐等，以诗名盛于开元、天宝间，尤长五言，多咏山水田园，与孟浩然合称"王孟"，有"诗佛"之称。书画臻于化境，后人推其为南宗山水画之祖。苏轼评价他说："味摩诘之诗，诗中有画；观摩诘之画，画中有诗。"

王维青年时期有积极的政治抱负，希望能做出一番大事业，曾有"一身能擘两雕弧，虏骑千重只似无。偏坐金鞍调白羽，纷纷射杀五单于"的万丈豪情，年仅21岁就进士及第，后来得到宰相张九龄的提携，担任谏官右拾遗。不久调任监察御史，后奉命出塞，担任凉州河西节度幕判官，途中写下了脍炙人口的《使至塞上》。

然而他的仕途并不平坦，李林甫当政后，王维几犯大忌，进取无望，甚至生命也受到威胁，因而逐渐消沉下来，开始吃斋念佛。40多岁的时候，他特地在长安东南的灞水上游辋川营造了别墅。该别墅原为初唐诗人宋之问所有。那是一片很宽阔的去处，有山有湖，有树林也有溪谷，其间散布着若干馆舍，王维与他的知心好友在此悠闲自在，过着半官半隐、啸傲林泉、逍遥避世的山居生活。《辋川闲居赠裴秀才迪》诗是他隐居生活的一

个篇章："寒山转苍翠，秋水日潺湲。倚杖柴门外，临风听暮蝉。渡头余落日，墟里上孤烟。复值接舆醉，狂歌五柳前。"

王维十分喜爱辋川风景，他不但创作了一幅使人赏之去病的《辋川图》，而且还与他的友人裴迪赋诗唱和，为辋川二十景各写了一首诗，共得40篇，结成《辋川集》。王维的20首诗大多数写得空灵隽永，成为传世佳作。

骆宾王（约638—？），字观光，唐代文学家。他的名字和表字来源于《易经》中的观卦："观国之光，利用宾于王。"婺州义乌（今浙江义乌）人。与王勃、杨炯、卢照邻合称"初唐四杰"，在四杰中他的诗作最多；又与富嘉谟并称"富骆"。骆宾王在长安期间，多次游览灞水，并在被贬之后写下怀念灞水的诗作。

骆宾王出身寒门，7岁就能作诗，号称"神童"，据说《咏鹅》就是此时所作。骆宾王尤擅七言歌行，名作《帝京篇》为初唐罕有的长篇，当时以为绝唱。传说他早年落魄无行，好与博徒游，后来担任道王李元庆属官。曾被贬到西域，在那里作了《久戍边

城有怀京邑》，诗中"灞池遥夏国，秦海望阳纡"一句表达了对长安与灞水的怀念。返回中原后骆宾王宦游蜀中，几年后授任侍御史，又因罪下狱。出狱后，担任临海县丞，快快不得意。684 年，徐敬业起兵讨武则天，他曾为僚属，军中书檄皆出其手。武则天在看到《代李敬业传檄天下文》（即《讨武曌檄》）时，感叹道："宰相安得失此人？"徐敬业失败后，骆宾王下落不明，或说被杀，或说亡命，甚至说在灵隐寺为僧。

民间传说某年诗人宋之问来到杭州灵隐寺，见寺背山依水，树木葱茏，花香四溢，想写一首《灵隐寺》留作纪念，刚作两句便文思枯竭，寺中有位老僧吟道："楼观沧海日，门对浙江潮。"一石激起千层浪，顿时，宋之问灵感一闪，文如泉涌，当夜就一气呵成不朽名篇《灵隐寺》："鹫岭郁岧峣，龙宫锁寂寥。楼观沧海日，门对浙江潮。桂子月中落，天香云外飘……"次日，他寻遍寺中也不见那老僧，一打听方知是因兵败于灵隐寺削发为僧的骆宾王。

杨炯（约 650—? ），华州华阴（今陕西华阴）人，唐代文学家，与王勃、卢照邻、骆宾王齐名，并称"初唐四杰"。杨炯在长安生活了 20 多年，留下过许多灞桥送别的诗作。

杨炯自幼聪敏博学。唐显庆四年（659），他年仅 9 岁就应童子举及第，被称作神童。后来在负责校证典籍、教育贵族的弘文馆担任待制 16 年，历任校书郎、崇文馆学士、梓州参军，卒于盈川县令任上。

杨炯虽出身寒门，但才华横溢，性气豪纵，恃才傲物，轻视权贵。因此，他与以上官仪为首的宫体诗派有着分明的界线，歌咏的是自我遭际与心声，抒发的是自我的真情，与歌咏大唐气象大异其趣，并成鲜明对照。他冲破了上官体流风，开拓了新的诗风。在渴慕功业的心态下写的《从军行》诗中说"宁为百夫长，胜作一书生"，笔力雄劲，感情豪放率直，可谓杨炯诗作中的上乘佳作。

杨炯曾写过《送李庶子致仕还洛》："此地倾城日，由来供帐华。亭逢李广骑，门接邵平瓜。原野烟氛匝，关河游望赊。白云断岩岫，绿草覆江沙。诏赐扶阳宅，人荣御史车。灞池一相送，流涕向烟霞。"

李颀（约690—751？），字、号均不详，出身赵郡李氏，少年时在河南颖阳（今河南登封）一带居住。擅长五言、七言歌行体，诗以边塞题材为主，风格豪放，慷慨悲凉。李颀曾在灞桥送别友人。

李颀于开元二十三年（735）登进士第。任新乡县尉不久即辞官。他长期隐居嵩山、少室山一带的"东川别业"，有时来往于洛阳、长安之间。他交游广泛，如王维、高适、王昌龄、綦毋潜等著名盛唐诗人都曾与他有诗作往还。李颀性格疏放超脱，厌恶世俗。他的边塞诗奔放豪迈，慷慨悲凉，成就最大。"白日登山望烽火，黄昏饮马傍交河""行人刁斗风沙暗，公主琵琶幽怨多""胡雁哀鸣夜夜飞，胡儿眼泪双双落"等名句都出自他的笔下，最著名的诗歌有《古从军行》《古意》《塞下曲》等。李颀还善于用诗歌来描写音乐，塑造人物形象，他的七言律诗被后人大力推崇。

李颀曾在灞桥送别友人，写下《留别王卢二拾遗》一诗："此别不可道，此心当报谁。春风灞水上，饮马桃花时。

误作好文士，只令游宦迟。留书下朝客，我有故山期。"

李白（701—762），字太白，号青莲居士，唐代伟大的浪漫主义诗人，贺知章称其为"谪仙人"，后人誉其为"诗仙"。李白与杜甫并称为"李杜"，为了与中晚唐时期的另外两位诗人——李商隐与杜牧（即"小李杜"）区别开，李白与杜甫又被后人合称"大李杜"。李白豪放不羁，最爱饮酒作诗，交友广泛。从长安东出必经灞桥，李白曾经过此处，留下了许多送别诗。

李白的一生富有传奇色彩。他生于中亚碎叶城，长于四川江油，25岁出蜀，"仗剑去国，辞亲远游"，四处漫游，蹉跎岁月。天宝元年（742），受到玉真公主和贺知章的举荐，李白被唐玄宗召入宫中并大加赞赏，令其供奉翰林。安史之乱中隐居庐山，后牵涉进永王李璘谋反案，流放夜郎，中途遇赦，游于荆楚，最后卒于安徽当涂。

李白的乐府、歌行及绝句成就最高，风格豪迈奔放，清新飘逸。诗作想象力极其丰富，意境深邃而奇妙，语言优美而简练，脍炙人口的诗句数不胜数。其创作技巧和语言表达，对后代诗歌流派的传承和演变以及诗歌创作的意境和风格影响巨大。

天宝二年（743）春天，李白在灞水边送别友人，写下了《灞陵行送别》："送君灞陵亭，灞水流浩浩。上有无花之古树，下有伤心之春草。我向秦人问路歧，云是王粲南登之古道。古道连绵走西京，紫阙落日浮云生。正当今夕断肠处，黄鹂愁绝不忍听。"

杜甫（712—770），字子美，祖籍京兆杜陵。属南迁襄阳的杜氏一支，后徙河南巩县（今巩义市），自号少陵野老。唐代伟大的现实主义诗人。在中国古典诗歌发展史上的影响十分深远，被后人称为"诗圣"，他的诗被称为"诗史"。后世称他为杜拾遗、杜工部，又称杜少陵、杜草堂。杜甫在长安期间，曾多次游览灞水沿岸。

杜甫青少年时，因家庭环境优越，过着较为安定富足的生活。他自小好学，7岁能作诗，"七龄思即壮，开口咏凤凰"，有志于"致君尧舜上，再使风俗淳"。20岁时，漫游吴越，历时数年。考取进士落第后，"放荡齐赵间，裘马颇清狂"，其间结识李白，留下一段诗坛佳话。天宝六载（747）之后，杜甫客居长安10年，奔走献赋，郁郁不得志，过着贫困的生活，小儿子因家贫饿死。安史之乱中，杜甫颠沛流离，几经辗转，最后到了成都，在严武等人的帮助下，修建了一座草堂，世称"杜甫草堂"。严武去世后，杜甫出川，流寓于湖南，最后病逝于潭州（今长沙）往岳阳的一条小船中。艰苦的生活经历使得杜甫的诗风沉郁顿挫，充满忧国忧民的情怀。而他流传下来的诗篇也是唐诗里数量最多、题材最广泛的，对后世影响深远。

杜甫有关灞水的诗作，可见《怀灞上游》："怅望东陵道，平生灞上游。春浓停野骑，夜宿敞云楼。离别人谁在，经过老自休。眼前今古意，江汉一归舟。"

岑参（约715—770），唐代边塞诗人，太宗时功臣岑文本后代，江陵（今湖北荆州）人。因官至嘉州刺史，世称岑嘉州。岑参多次在灞桥与友人送别。

岑参幼年孤贫，只能跟随兄长学习。他天资聪慧，5岁开始读书，9岁就能赋诗写文。20岁时来到长安，献书求仕无成，奔走京洛，漫游河朔。天宝三载（744），岑参考中进士，被授予右内率府兵曹参军。后来他两次前往西域，分别担任安西节度使高仙芝的幕僚和安西北庭节度使封常清的判官，这段生活经历是他边塞诗名作的来源。在长安时，他与李白、杜甫、高适等人交游，深受启迪。晚年担任嘉州刺史，所以世称"岑嘉州"。56岁去世于成都。

岑参的诗歌气势雄伟，想象丰富，色彩瑰丽，热情奔放，极富浪漫主义情怀。他尤其擅长七言歌行。因当时西北边疆一带战事频仍，岑参两度出塞，久佐戎幕，前后在边疆军队中生活了6年，因而对艰苦的征战生活和奇丽的塞外风光有独特的感悟。他充满激情地歌颂边防将士的战斗精神，创作出了《走马川行奉送封大夫出师西征》《轮台歌奉送封大夫出师西征》《白雪歌送武判官归京》等著名诗歌。

岑参也多次在灞水边送别，有《浐水东店送唐子归嵩阳》传世："野店临官路，重城压御堤。山开灞水北，雨过杜陵西。归梦秋能作，乡书醉懒题。桥回忽不见，征马尚闻嘶。"

刘长卿（？—约789），字文房，河间（今河北河间）人，唐代诗人，工于诗，长于五言，权德舆称他为"五言长城"。刘长卿曾作关于灞桥东岸风光的诗作一首。

刘长卿年轻时在嵩山念书，据说天宝十四载（755）登进士第，但是还没等揭榜，便爆发了安史之乱。次年肃宗在灵武即位，刘长卿被任命为苏州的长洲县尉，后来一直在江浙为官。唐代宗时期，历任转运使判官，知淮西、鄂岳转运留后。他性格刚强，因得罪观察使，被贬到浙西为官。后来出任随州刺史，于是世称"刘随州"。刘长卿晚年因避淮西节度使李希烈之乱，流寓江州，曾在淮南节度使幕府任职。

《唐才子传》说刘长卿"清才冠世，颇凌浮俗，性刚，多忤权门，故两逢迁斥，人悉冤之"。因在旅居各地期间多次遭到战乱，所以他创作了一部分感伤身世之作，同时也反映了安史之乱以后中原一带荒凉凋敝的景象。他的诗"词旨朗隽，情韵相生"，往往带有凄清、寒冷、萧瑟乃至暗淡的色彩。他曾作《灞东晚晴，简同行薛弃、朱训》："客心豁初霁，霁色瞑玄灞。

西向看夕阳，瞳瞳映桑柘。二贤诚逸足，千里陪征驾。古树枳道傍，人烟杜陵下。伊余在羁束，且复随造化。好道当有心，营生苦无暇。高贤幸兹偶，英达穷王霸。迢递客王程，裴回主人夜。一薰知异质，片玉谁齐价。同结丘中缘，尘埃自兹谢。"

白居易（772—846），字乐天，号香山居士，又号醉吟先生，祖籍山西太原，后迁居下邽（今陕西渭南东北）。唐代伟大的现实主义诗人。他与元稹共同倡导新乐府运动，世称"元白"，又和刘禹锡并称"刘白"。白居易的诗歌题材广泛，形式多样，语言平易通俗，有"诗魔"和"诗王"之称。白居易曾在浐灞的长乐亭送客。

白居易出生不久即遭战乱，家人带他到宿州符离（今安徽宿州北）避难。他聪颖过人，读书十分刻苦。进士及第后，先在京城做官。后来贬到江州担任司马，作千古名篇《琵琶行》。中年以后他多次在中央和地方做官，晚年生活在洛阳，常常以"闲适"的生活反映自己"穷则独善其身"的人生哲学。

白居易的思想综合儒、佛、道三家，以儒家思想为主导。他终生遵循"穷则独善其身，达则兼济天下"的信条。在诗歌创作上，他提出"文章合为时而著，歌诗合为事而作"的现实主义原则，重视诗歌的现实内容和社会作用，强调诗歌揭露、批评政治弊端的功能。此外，白居易的诗歌主张和诗歌创作还针对通俗性、写实性进行了着重强调和充分表现，在中唐时期的诗歌界产生了极大的影响，在中国诗史上占有重要的地位。《琵琶行》《长恨歌》是其最为成功的作品。

白居易曾在长安城东长乐亭送客，创作了《长乐亭留别》："灞浐风烟函谷路，曾经几度别长安。昔时蹙促为迁客，今日从容自去官。优诏幸分四皓秩，祖筵惭继二疏欢。尘缨世网重重缚，回顾方知出得难。"

贾岛（779—843），字阆仙（一作浪仙），幽州范阳（今河北涿州）人，自号碣石山人。唐代诗人。人称"诗奴"，与孟郊共称"郊寒岛瘦"。贾岛在长安城居住期间，曾到访过灞渭地区，并留下诗作。

贾岛的家乡范阳曾是安禄山的老巢，安史之乱平定后，这里又长期为藩镇所据，处于半隔绝状态。贾岛出生寒微，19岁云游各地，结识了孟郊等人。传说他数次应举不第，迫于生计，出家为僧。

一天，贾岛去长安城郊外拜访一个叫李凝的朋友。不巧，这天李凝不在家，贾岛就写了一首诗留下，名为《题李凝幽居》，其中有"鸟宿池边树，僧推月下门"一句。他在骑驴回城的路上，感觉这个"推"字用得不妥，或许改用"敲"更恰当。他骑着毛驴，一边吟哦，一边做着敲门、推门的动作，不知不觉进了长安城。其时，京兆尹韩愈的仪仗队迎面而来，贾岛骑在毛驴上比画，无意中闯进了仪仗队。差人把他带到韩愈面前，韩愈听他说明原委后，很有兴致地思索起来，过了一会儿对贾岛说："还是'敲'字好些。"后来贾岛受教于韩愈，并还俗参加科举。"推敲"从此也就成为常用词，用来比喻写文章、写诗或做事时，反复琢磨、反复斟酌，才能取得最佳效果。

贾岛写诗以刻苦认真著称，有"两句三年得，一吟双泪流"的说法。也正是由于他的刻苦钻研，在诗歌创作上取得了长足进步，使他终于在众星璀璨的唐代诗坛赢得名气，并且留下如《忆江上吴处士》《剑客》等许多佳作。

贾岛曾作《冬月长安雨中见终南雪》，描绘了秋末冬初长安冷雨的盛景："秋节新已尽，雨疏露山雪。西峰稍觉明，残滴犹未绝。气侵瀑布水，冻著白云穴。今朝灞浐雁，何夕潇湘月。想彼石房人，对雪扉不闭。"

许浑（约791—约858），字用晦（一作仲晦），润州（今江苏镇江润州区）人。晚唐最具影响力的诗人之一。他一生不作古诗，专攻律体；题材以怀古、田园诗为佳，艺术则以偶对整密、诗律纯熟为特色。因诗中多描写水、雨之景，后人使之和诗圣杜甫齐名，并用"许浑千首湿，杜甫一生愁"来评价。许浑曾写有关于灞上隐居的生活的诗作。

许浑是武则天时期宰相许圉师的六世孙，文宗大和六年（832）进士及第，先后任当涂令、太平令、监察御史、润州司马、虞部员外郎、睦州刺史、郢州刺史。他的诗歌缺乏对现实的关注与刚健高朗的风格，追寻旷逸闲适、逃避社会的思想在诗中显得更突出，声调平仄自成一格，被称作"丁卯体"。著名的"溪云初起日沉阁，山雨欲来风满楼"就出自他的《咸阳城东楼》。

许浑在追逐仕途的同时还向往隐士的生活。他写过不少隐逸诗，其中就有3首是写霸上隐居生活的：《题灞西骆隐士》《题灞西骆隐居》《灞东题司马郊园》。如其中的《灞东题司马郊园》："楚翁秦塞住，昔事李轻车。白社贫思橘，青门老仰瓜。读书三径草，沽酒一篱花。更欲寻芝术，商山便寄家。"

李商隐（约813—约858），字义山，号玉谿生，又号樊南生，祖籍怀州河内（今河南沁阳），晚唐著名诗人，和杜牧合称"小李杜"，与温庭筠合称"温李"。李商隐于开成二年（837）进士及第，从长安东归路过灞水，并留下诗作。

李商隐是晚唐乃至整个唐代诗人中最追求意境美的诗人。他尤其擅长诗歌写作，在骈文写作上的成就也很高。他的诗构思新奇，尤其是一些爱情诗和无题诗写得缠绵悱恻、优美动人，广为传诵，比如"春蚕到死丝方尽，蜡炬成灰泪始干"等。但部分诗歌（以《锦瑟》为代表）过于隐晦迷离，难于索解，至有"诗家总爱西昆好，独恨无人作郑笺"之说。

李商隐的咏史诗取得了很高的成就。他创作的咏史诗着眼于总结历史经验教训，指陈政事、讥评时世，为咏史诗赋予了政治诗的内涵，而不是效仿前代，作"发思古之幽情"的无病呻吟，也不同于托古以述怀的诗篇。比如名句"历览前贤国与家，成由勤俭破由奢"就出自他的《咏史》。此外，无题诗也是李商隐的独创。这些诗大多以爱情和相思为题材，意境缥缈，情思宛转，辞藻精丽，声调悠扬，且节奏疏密相间，读来令人口齿留香。

李商隐写下的关于灞桥的诗有《及第东归次灞上却寄同年》："芳桂当年各一枝，行期未分压春期。江鱼朔雁长相忆，秦树嵩云自不知。下苑经过劳想像，东门送饯又差池。灞陵柳色无离恨，莫枉长条赠所思。"

罗隐（833—910），字昭谏，新城（今浙江富阳西南）人，唐末五代时期文学家、思想家。罗隐曾客居长安，写过一首《柳》赞美灞桥风景。

罗隐年轻时前往京师考进士，7年

不中。因为他所作的应试文章过于讽刺当世，人也狂妄不羁，考官们不喜其人与文。即使他后来又断断续续考了10多次，自称"十二三年就试期"，最终还是落败，史称"十上不第"。黄巢起义后，罗隐避乱隐居九华山，55岁时归乡跟随吴越王钱镠，历任钱塘令、司勋郎中、给事中等职。

罗隐在诗文上成就最高的是讽刺散文，堪称古代小品文的奇葩。他将"愤懑不平之言，不遇于当世而无所以泄其怒之所作"都收录在《谗书》里，并认为此举是"所以警当世而戒将来"。如《英雄之言》通过刘邦、项羽的两句所谓"英雄之言"，深刻地揭露了打着救民于涂炭的"英雄"旗号的帝王实质上的强盗本质，篇末更发出了针对最高统治者的严厉警告。类似这样的思想和笔法散见于罗隐的杂文中。

此外，罗隐在唐末五代也颇有诗名，一些精警通俗的诗句成为经典名言，为世人口口相传，如"时来天地皆同力，运去英雄不自由""家财不为子孙谋""今朝有酒今朝醉""任是无情也动人"等。

罗隐赞美灞水风景的诗歌《柳》写道："灞岸晴来送别频，相偎相倚不胜春。自家飞絮犹无定，争解垂丝绊路人。"

第八编·学术研究

　　随着学术界研究问题的深度与广度不断拓展，关于灞渭地区的研究成果也日益增多。兹把相关研究列举如下，以供大家参考。

　　本编选取关于灞渭三角洲、西安漕渠航道、西安古都学研究中具有代表性的经典之作，追求科学性、严谨性相结合，作为学术研究资料整理呈现于此。由于篇幅的限制，本编所选取文章都是节选其中主要内容，特此说明。

第一章

【关中漕渠桥池】

本章选取孔祥生、史红帅、李令福、李之勤四位学者的论文，探讨关于灞桥名称、修建及史料留存，昆明池的影响等问题。

孔祥生："灞桥"一名由来小考

《陕西师范大学学报》（哲学社会科学版）2006 年第 6 期

"灞柳风雪"为"关中八景"之一，历来为许多文人墨客吟诗作画、折柳赠别之所。关于"灞桥"一名的由来，经历了一个较长的发展过程。

要说"灞桥"，还得先从"灞河"谈起。《水经注》卷 19《渭水注》云：灞水"古曰滋水矣，秦穆公霸世，更名滋水为霸水，以显霸功"，水中有桥，谓之霸桥。这里的"霸"字左边并无三点水。

清康熙三十九年（1700），川陕总督席尔达书《重修灞桥记》碑文云："且汉高帝'沛公还军灞上'……旁加三点，此灞字所由来也。"说明到了西汉时期，"灞"字已经开始出现。

《汉书》卷 99《王莽传》记述，王莽地皇三年（22）二月，"霸桥灾，数千人以水沃救，不灭"，"火烧霸桥，从东方西行，至甲午夕，桥尽火灭"。王莽下诏书追问此事，大司空视察后，回奏曰："寒民舍居桥下，疑以火自燎，为此灾也。"王莽一方面开仓赈济饥民，"以施仁道"；一方面把复修好的"霸桥"更名为"长存桥"，取意国祚长存。

五代王仁裕《开元天宝遗事》载："霸陵有桥，来迎去送，至此黯然，故人呼为'销魂桥'。"《唐六典》载："天下石柱之桥四，洛则天津、永济、中桥，灞则霸桥。"经过短暂改名"长存桥"后，复归"霸桥"，而又称为"销魂桥"。

元代张养浩有《创建灞桥记》，是迄今所见时间最早的有三点水的"灞桥"之记载。估计是时人认为"灞水"既有三点水，为便于统一，故"霸桥"加三点水，是为"灞桥"。但也不排除还有记载出现的情况，如雍正《陕西通志》卷16《关梁》就记载："霸桥，在府城东北二十里，跨霸水上。"

故，对于"灞桥"一名的由来可以做出以下结论：在历史时期曾长期称"霸桥"，而后经过"霸桥"与"灞桥"通称之时代，最后定名为"灞桥"，其间曾短暂改名"长存桥"，又名"销魂桥"。

史红帅：清代灞桥建修工程考论（节选）

《中国历史地理论丛》2012年第2辑

灞桥是我国历史上最著名的桥梁之一，唐时就号称"天下四大石柱桥之一"，素有"关内之胜，于此为最"，

"晋、豫、陇、蜀驿路要津"等美誉。作为历史时期关中交通、水利体系中最为重要的基础设施之一，灞桥建修向来受到朝廷、地方官府和民间的重视，不仅堪称"都城时代"长安城、"后都城时代"西安城及其周边地区水环境变迁的晴雨表，也透射出关中城乡社会经济、军事、文化等方面的变化。长期以来，灞桥建修问题受到交通史、水利史、建筑史、桥梁史和历史地理等领域学者的关注，最著者当属李之勤先生对元代灞桥建修的深入研究。虽然清代灞桥重大建修工程和规划多达8次，但由于方志和地方史文献对此记载简略、零散，学界对清代灞桥通行状况、使用分期、建修缘起、规划方案、经费来源、工程规模等尚无系统研究，而灞桥建修工程与关中社会经济发展、士绅商贾力量的崛起、咸宁县丞署移建等问题之间的内在联系更无人论及。笔者基于中国第一历史档案馆等地所藏清代陕西官员奏折，结合地方志、碑刻、行记等，力图在厘清传统史志记载谬误的同时，对上述问题进行深入考述，以期推动清代西安城乡地区交通、水利等问题的深层次探讨。

一、清代灞桥的通行状况、使用分期与桥梁形态

关于清代268年间灞桥的通行状况，传统的认识是"屡圮屡修"，但这种笼统的概括并不能反映"圮毁"与"通达"的具体时段，也无从了解不同阶段灞桥的特定形态。以下就基于清人行记对灞桥通行状况、使用分期和桥梁形态进行探讨。

1. 通行状况

灞桥作为清代华北前往西北、西南地区大官道上的重要节点，往来行旅众多，所留各类行记记述了不同时期灞桥的通行状况。笔者翻检了大量清人行记和碑刻资料，剔除日期不详的记载后，统计了20例年、月、日可考（其中2例年、月可考）的记述，可具体反映清代前、中、后期灞桥通行情况，以及特定年份灞河各月的水沙情形。列表如下：

表1　清代灞桥通行状况概览表

序号	年份	日期	人物	灞桥通行状况
1	康熙五年（1666）	五月二日	屈大均	渡灞水，水上有桥
2	康熙二十一年（1682）	八月二十五日	陈奕禧	梁柱平广，去水不甚高
3	康熙二十二年（1683）	七月二十六日	方象瑛	灞桥横灞水上，石已断，以土木续之
4	康熙三十八年（1699）	七月	席尔达	桥久圮，不可行
5	康熙三十九年（1700）	五月	席尔达	石梁高亢，水道远流
6	乾隆四十五年（1780）	十月十一日	李保泰	时改建未成
7	乾隆四十九年（1784）	四月二十九日	赵钧彤	桥数段，出中流门洞岿然已废，故以船
8	嘉庆十五年（1810）	六月二十八日	陶澍	（灞桥）已圮。数日前暴涨，船随浪去，以八人肩舆而过
9	道光十七年（1837）	二月初九日	蒋湘	长虹亘波，烟柳四霭
10	道光二十九年（1849）	十一月初十日	董韫卿	石栋林立，亘若长虹
11	咸丰二年（1852）	七月初六日	沈炳垣	桥下微水，沿堤两行垂柳
12	同治五年（1866）	七月十四日	丁寿祺	长桥卧波，垂杨夹岸
13	同治十三年（1874）	五月十七日	吴焘	桥长八十余步，跨灞水上

序号	年份	日期	人物	灞桥通行状况
14	光绪二十五年（1899）	正月十二日	陈斐然	长里许而平夷，倚栏四望
15	光绪二十六年（1900）	八月二十六日	英年	河水现涸，上即灞桥，桥长一里有余
16	光绪二十七年（1901）	八月二十九日	孙宝瑄	以石为之，下皆平沙
17	光绪二十八年（1902）	四月初七日	叶昌炽	远望长流混瀁，灞桥横卧其上，约长一里余，桥窦密排如栉，甃石为梁，宽平如砥
18	光绪二十八年（1902）	七月初二	俞陛云	长亘数百步，密排石柱，皆作圆形
19	光绪二十九年（1903）	三月十九日	有泰	桥有里许，俗传九十六个，乃各州县一处修一洞，今为沙没
20	光绪三十三年（1907）	五月初八	彭翼仲	远望石柱如林，桥背平直，河身宽阔

表中 19 人中，既有前往、途经西安的川陕总督席尔达、驻藏大臣有泰等大员，也有赴陕一游的金石学家叶昌炽，还有流放官员赵钧彤等。他们身份各异，但所记灞桥的内容均为亲眼所睹。表中 20 例文字不仅记载了除九月、十二月外各月的灞河水沙情形，透露出夏秋涨发、冬春浅涸的特点，还记载了 7 位皇帝在位期间 19 个年份的灞桥存废情况，其中康熙 5、乾隆 2、嘉庆 1、道光 2、咸丰 1、同治 2、光绪 6。由此可以看出，清前期灞桥"石已断，以土木续之"，通行状况不佳；至康熙三十九年"石梁高亢，水道远流"，通行状况大为好转，但持续时间不长；乾隆、嘉庆年间，灞桥圮坏，往来行旅不得不依赖渡船、肩舆（即轿子）或涉水而过；从道光年间起至清末，灞桥又呈现出"石栋林立，亘若长虹"的畅通状态。可惜行记中的记载较为简略，虽然我们能够通过不同时期的旅人著述复原清代灞桥的通行概况，却无法深入了解造成上述状况的标志性建修事件，以及建修工程所反映的灞桥使用分期与形态。幸而清代陕西官员向朝廷提交了内容丰富的工程奏折，借此可进一步分析清代灞桥存废及其形态。

2. 使用分期与桥梁形态

以重大建修工程为节点，清代 268 年间灞桥使用分期可分为六个阶段，其形态则有木桥、浮桥、石桥之分，列表如下：

表2　清代灞桥的使用分期与形态

序号	时段	灞桥形态	持续年份
1	顺治元年（1644）至康熙三十八年（1699）	临时木桥	56
2	康熙三十九年（1700）至四十四年（1705）	石桥	6
3	康熙四十五年（1706）至乾隆二十八年（1763）	浮桥	58
4	乾隆二十九年（1764）至三十五年（1770）闰五月初七日	石礅木面桥	7
5	乾隆三十六年（1771）至道光十三年（1833）	浮桥	63
6	道光十四年（1834）至宣统三年（1911）	石盘石轴柱桥	78

如表所示，清代灞桥以"固定桥梁"面貌出现的类型有木桥、石桥、石墩木面桥和石盘石轴柱桥，使用期共计147年；以"活动桥梁"面貌出现的浮桥使用期为121年。实际上，由于木桥、浮桥都是和渡船结合使用的，"夏秋船渡，冬春架桥"，因而可全年畅通的仅石桥、石墩木面桥和石盘石轴柱桥三类。以此统计，全年可通行的灞桥总共使用时间仅91年，其余177年，无论是临时木桥还是"连船架板"的浮桥，都属季节性桥梁。即在清代约三分之二的时间内，灞桥只是在冬春季节使用的桥梁，并非全年通达。

以下分述灞桥存废的六个阶段。

第一阶段，顺治元年（1644）至康熙三十八年（1699）间，"水落架桥，水涨船渡"，灞桥为临时木桥，与渡船结合使用。

由于元明时代的灞桥至清前期时已是"沙石壅塞，遗址仅存"，因而在顺治、康熙年间，灞桥只是在冬春河水浅涸时临时搭建的木桥；在夏秋洪水季节，木桥往往被冲毁或拆掉，由渡船摆渡行旅。康熙六年（1667）贾汉复担任陕西巡抚期间，在大力改善陕西水利和交通状况的同时，也将灞桥通行制度固定了下来，建造大、小船各一，设专门负责摆渡的水夫，拨给田地耕种作为收入来源。渡船和渡口遂成为灞河常设的交通设施。康熙二十六年（1687）至三十一年（1692），陕西连年大旱，"秦中五岁不雨，草根木皮俱尽，斗米千钱，人民离散，西凤为之一空"。在此背景下，灞桥也呈现出"架杂树为之，几不成桥"

的败落景象，以至于清人柴桑发出"想当年风景煞是可人，不知何以荒凉至此"的慨叹！

第二阶段，康熙三十九年（1700），在川陕总督席尔达、陕西巡抚贝和诺等人的主持下，灞桥从"土木续之""几不成桥"一变而为"石梁高亢"的石桥。石桥远较临时木桥坚固，也没有季节性缺陷，因而在6年时间中灞河通行面貌为之一新。

第三阶段，由于"河流侵涨、沙石填淤"等原因，灞河石桥在康熙四十四年（1705）被洪水冲毁。康熙四十五年（1706）至乾隆二十八年（1763）间，灞桥既非临时木桥，又非石桥，而改建成浮桥，即以渡船相连、铺搭桥板的形态，处于"冬春搭盖浮桥，夏秋设船济渡"的情况。

第四阶段，乾隆二十九年（1764）重建石墩木面桥，沿用7年之后，也是由于建设者对灞河水沙状况缺少应对措施，乾隆三十五年（1770）闰五月初七日灞桥遭洪水冲毁。

第五阶段，乾隆三十六年（1771）至道光十三年（1833），灞桥重新恢复浮桥形态，与渡船结合使用。嘉庆十五年（1810），陶澍在过灞河时，就因为河水暴涨，渡船被冲走，只能依靠"八人肩舆"涉水而过。

第六阶段，道光十四年（1834）竣工的灞桥，采取了石盘、石轴柱等针对灞河水沙情形的科学构造，桥梁和附属堤坝的维护也备受官府重视，因而清后期始终通达无阻，不仅沿用至宣统三年（1911），基本架构至1957年改造为公路桥时都还完好。

清代灞桥形态与用材的多次变化直接影响到通行的顺畅与否，而这些变化就是由清代5次建修工程和3次规划引发的，其细节值得深入探究。

李之勤：关于元代刘斌兴建灞桥的重要历史文献（节选）

《西北历史资料》1984年第二期

桥坐落在陕西省西安市东10千米的灞水上，是古代从西安向东经潼关通往洛阳、开封，进而向东南通往南京以及江南和岭南，向东北通往太原、北京以及漠北和辽东的主要驿道上的重要交通设施。灞桥又是我国修建最早的桥梁之一，相传为秦穆公霸西戎的春秋时期所修建，距今已有 2000 多年的历史了。唐朝徐坚等编纂的《初学记》中说："汉作灞桥，以石为梁。"所以灞桥又是我国最早的石桥之一。但是，秦汉时期的灞桥，其位置当在今西安市东北的灞、浐两河交汇处附近，汉代首都长安城的正东。隋朝自汉长安城迁都大兴城，唐朝改名为长安城，位于汉长安城东南 10 余里的今西安市区。因而隋唐时期从首都通往关东的官驿大道，其位置也相应地南移，并在驿道横穿灞河的今灞桥附近，另修了一座名为灞陵桥的石桥，也称南桥，而秦汉时期的灞桥则被称为北桥。隋唐以后，历宋、金、元、明、清各代，地当交通要冲的南桥曾多次被重修、扩建和改建。但对于这多次重修、扩建、改建的历史，除最后一次，即道光十三年（1833）那次改建有专书记载外，以往各次都只见数语片言，未见具体详细的记载。关于元代重建灞桥的历史，情况也大体类似。记载灞桥兴建情况的明代史料，迄今尚未见到。清代涉及这方面的记载主要有：

顾祖禹《读史方舆纪要》卷五十三说："桥凡十五虹，长八十余步。元季修筑。明成化六年布政使余子俊增修。今灞水迁徙，桥在平陆矣。"

雍正年间刻印的《古今图书集成·方舆汇编·职方典》卷四九八《西安府·关梁》说："灞桥，在府城东二十五里，隋开皇二年建。唐景龙二年仍旧所为南北二桥。元至元三年修以石。"

康熙《陕西通志》："汉灞桥在长安城东二十里灞店。……唐灞陵桥在京兆通化门东二十五里。……元时山东唐邑人刘斌修筑坚固。凡一十五虹，长八十余步，阔二十四尺。中分三轨，旁翼两栏。有华表、鲸头、鳌首。筑堤五里，栽树万株。游人肩摩毂击，为长安壮观。"

其后的有关地方志和专门著作，如雍正《陕西通志》，乾隆《大清一统志》、《西安府志》，毕沅编《关中胜迹图志》，嘉庆《大清一统志》、《咸宁县志》，民国《续修陕西通志稿》、《长安、咸宁两县续志》，阎文儒《西京胜迹考》和新中国成立后出版的陕西省博物馆与文管会编《陕西名胜古迹初稿》，陕西省博物馆编《西安历史述略》，西安市文史研究馆编《西安胜迹志略》、《古都西安》，《桥梁史话》编写组编写的《桥梁史话》以及一些专题论文关于元代兴建灞桥的记述，大都沿袭上述三书，并无任何实质性的补充。而且，在辗转抄引过程中，又由于引用者见仁见智、观点角度不同和有的态度不够严肃认真，致使本来出自同一来源的关于元代兴建灞桥的基本历史事实也变得混乱不堪，甚至互相矛盾……

最近有幸得读元初人骆天骧编写的《类编长安志》卷七中关于元代兴建灞桥的记载，又从清末缪荃孙编印的《藕香零拾》中读到元初人李庭《寓庵集》里的《创修灞石桥记》《灞桥破土祭文》《京兆府灞河创建石桥疏》等文章，感到这是关于灞桥的极为重要的历史文献，对我们了解元代的灞桥、研究灞桥的建筑史很有帮助。

《创建灞石桥记》的作者李庭，《元史》中无传。《寓庵集》后附有王博文撰写的《故咨李公墓碣铭序》，说"李庭字显卿，华州奉先人"。奉先就是现在的陕西省蒲城县，唐时称奉先县。资料又说："至元壬午夏四月二十日，谘议李公卒于西安学官之西馆，享年八十有四。"至元壬午是元世祖至元十九年（1282）。由此上溯84年为金章宗承安四年己未（1199），当是李庭的生年。公元1234年蒙古灭亡金朝时李庭已35岁，公元1260年忽必烈改元中统、建立元朝时，李庭已有61岁。文中又说：

"（李庭）年十六应词赋进士举。比弱冠，两预乡荐，方唾手取青紫而金季已乱离矣。"《类编长安志》卷十《石刻》中有"乙巳七月二十四建"立的、由李庭撰写的《大元京兆玄都观万寿宫记》碑，署名为"乡贡进士李庭"。《寓庵集》卷二《挽康唐鉴》诗，其"秋闱归义参军梦"句下自注说："泰和乙丑，未试前，有鄠公者梦康与予同岁解，既而果然"，乙丑是金章宗泰和五年（1205），乙巳当是己巳之误，因为己巳是元世祖至元六年，而元朝第一个乙巳年已是元成宗大德九年（1305）了。可知李庭在金朝末年是应过科举考试并曾中进士的。金代末年战乱，李庭由关中南逃商州（治今陕西省商县）、邓州（治今河南邓县）山中，后又徙迁河东平阳（治今山西省临汾县）。甲辰岁（1244，蒙古乃马真皇后三年）被聘为蒙古帝国陕西行省的议事官。丁未岁（1247，蒙古贵由汗二年）定居长安，为陕西行省大员廉希宪、商挺等的"讲议"官。元世祖忽必烈至元七年庚午（1270），"授京兆府学教授"，"为学官首尾三十年"。后又兼安西王府的"谘议"。著有《寓庵大全集》若干卷，《诗材群玉山集》30卷。现存的只有《藕香零拾》本《寓庵集》

8卷。缪荃孙称其"没于至元十四的壬午"实不正确。因为至元十四年是丁丑而不是壬午，而且《寓庵集》卷五还收有署为至元十四年"丁丑五月既望南平野叟李庭记"的《遗安堂记》一文。所以李庭之卒年应是至元十九年壬午，至少在至元十四年五月上半月李庭还健在。

李庭与灞桥的兴建者刘斌的关系相当密切，对刘斌兴建灞桥之事也十分关心和支持。灞桥破土动工之初，李庭就曾为之撰写破土祭神文章。兴功数年，用度不足，财力俱穷，难以为继。李庭又一再为之撰写募捐疏文，向"厚禄达官、多藏巨室，或黄冠上士，或白衣高僧"募化钱财、物资。及至灞桥竣工落成之时，刘斌又"踵门来告曰：斌之桥成，亦先生之志也"。李庭遂欣然首肯，为之作《创建灞桥石记》以供"勒诸金石"。这都说明李庭与刘斌之间关系密切，对刘斌兴建灞桥这一事业的关心和支持。

至于骆天骧，《元史》也没有为之立传，生卒年月不详，其事迹亦难详考。《类编长安志》卷十《石刻》小序有"自幼酷嗜古人书法、石刻"，"不惮涉远披荆莽而追求"，搜访整理"垂六十载，集成编帙，附长安志"的话，而《类编长安志》前面又有元成宗元贞二年（1296）丙申骆天骧自己写的"引"，和安西路儒学教授贾鳌、安西路总管兼府尹王利用元成宗大德二年（1298）写的序，说明《类编长安志》成书于大德二年以前，估计此时骆天骧至少已有70多岁。另外，《类编长安志》卷十《石刻》门中又收有元成宗大德四年（1300）的石刻。说明骆天骧的卒年应在大德四年以后，享年也当有80岁，推测其生年当在金宣宗（1213—1223在位）的末年了。

骆天骧与刘斌及刘斌创建灞桥的关系也是十分密切的。李庭在《创建灞石桥记》中已说明其撰写该文的经过是应骆天骧和刘斌二人的"踵门"请求。而骆天骧在其编写的《类编长安志》卷七《桥渡》中，也对刘斌及其兴建灞桥的事迹做了详尽的介绍和很高的评价。此外，在该书卷十《石刻》介绍五代时期被迁移竖立于文庙中的《开成石经》及有关碑刻的遭遇时又说金哀宗"正大（1224—1231）迁徙，悉以摧扑。至庚戌（1250，蒙古海迷失皇后二年），省幕王公琰奉而起立。至元十四年碑尽摧倒。天骧与孟文昌充西府教官，请灞桥唐邑刘斌而复立焉"。这说明骆天骧与刘斌是有着多年的共事关系的。而"唐邑"显然是"堂邑"二字之误。

李令福：汉昆明池的兴修及其对长安城郊环境的影响（节选）

《陕西师范大学学报》（哲学社会科学版）2008年第4期

为保证西汉都城长安的城郊用水，汉武帝开凿昆明池，建成了以昆明池为中心的包括蓄、引、排相结合的供水、园林、城壕防护与航运等多种功能的综合性水利系统。这种人工河湖水系的建造不可避免地对都城长安城郊的自然环境尤其是水文环境产生重大影响。

一、汉武帝兴修昆明池及其人工环境

昆明池创建于西汉武帝元狩三年（前120），这在历史文献中有明确记载。《汉书·武帝纪》说，元狩三年，"发谪吏穿昆明池"。《汉书·五行志》："元狩三年夏，大旱。是岁，发天下故吏伐棘上林，穿昆明池。"

昆明池不是一次挖掘完成的，从文献上分析，在汉武帝元鼎元年（前

116）可能有第二次的扩修活动。《史记》载："初，大农盐铁官布多，置水衡，欲以主盐铁。及杨可告缗钱，上林财物众，乃令水衡主上林。上林既充满，益广。是时越欲与汉用船战逐，乃大修昆明池，列观环之。治楼船，高十余丈，旗帜加其上，甚壮。于是天子感之，乃作柏梁台，高数十丈。宫室之修，由此日丽。"[索隐]曰："盖始穿昆明池，欲与滇王战，今乃更大修之，将与南越吕嘉战逐，故作楼船，于是杨仆有将军之号。又下云'因南方楼船卒二十余万击南越'也。昆明池有豫章馆。豫章，地名，以言将出军于豫章也。"这里记述的大修昆明池的时间，是在杨可告缗以后，同时又在作柏梁台之前。《汉书·酷吏传》载："至冬，杨可方受告缗。……后一岁，张汤亦死。"杨可主告缗是在张汤死前一年，据《汉书·武帝纪》，张汤死于元鼎二年冬十一月，则杨可主告缗应在元鼎元年冬。又据《汉书·武帝纪》："（元鼎二年）春，起柏梁台。"所以大修昆明池的时间当在元鼎元年冬至二年春之间。而且这次大修同样出于军事目的，只是船战的拟定对象有了改变，由原来的西南夷变成了南

越。这一点在索隐里表达得十分清楚。

经过武帝元狩三年与元鼎元年的两次修建，基本奠定了西汉昆明池的规模，作为工程的组成部分，湖堰、进水闸和进出水渠道也都应该顺利完成。

汉代昆明池的范围广大，《汉书·武帝纪》臣瓒注："（昆明池）在长安西南，周回四十里。"《三辅黄图》卷4也说："汉昆明池，武帝元狩三年穿，在长安西南，周回四十里。"《三辅旧事》曰："昆明池，地三百三十二顷。"《太平御览》引《三辅旧事》作盖地325顷，程大昌《雍录》又引作320顷。

汉武帝所建的昆明池周长达到40里，面积332或320顷，这是古代学者的基本记载。按汉代1里（1里为300步，1步为6尺，1尺为0.231米）约合今415.8米计算，周长大致折合16632米，也就是约16.6千米。按汉代1顷（1顷为100亩，1亩为240方步）约合今46103平方米计算，320顷约合14752960平方米，也就是约14.75平方千米。

中国社会科学院考古研究所汉长安城工作队2005年的考古结论是："通过钻探和测量，得知昆明池遗址大体位于斗门镇、石匣口村、万村和南丰村之间，其范围东西约4.25千米、南北约5.69千米，周长约17.6千米，面积约16.6平方千米。"经过唐代稍微扩大了的昆明池遗址周长约17.6千米，面积约16.6平方千米，与上述历史文献记载的汉代昆明池周长16.6千米、面积14.75平方千米相比较，假如考虑到唐代有一定的扩大，则可知文献所记的汉代昆明池范围还是基本可信的。

汉代昆明池仿照滇池而建，水面辽阔，浩渺的景象可以想见，当时的人们把它看作是天上的银河，在其东西两岸雕刻有男女两个神像，象征着天河两边的牵牛星和织女星。班固《西都赋》写道："左牵牛而右织女，似云汉之无涯。"张衡《西京赋》也说："日月于是乎出入，像扶桑与蒙汜。"怪不得汉武帝夜游昆明池的时候，要与随行的司马迁和司马相如讨论天上的银河和星辰，并让他们为文颂之。

文献资料和钻探结果还表明，在昆明池以北的不远处，还有两个与之相连的水池——滈池、彪池，这样一来昆明池一带的水面更大了。《水经注·渭水》："渭水又东北，与滈水合。（滈）水上承滈池于昆明池北……滈水又北流，西北注与彪池合。（彪池）水出滈池西，而北流入于滈。"明确记载着昆明池与滈池、彪池是呈南北分布且相连的3个水池，即滈池在昆明池之北，彪池在滈池之北，滈池之水承自昆明池而流入彪池，最后，彪池之水流入滈水。

考古人员认为："镐池位于昆明池以北，隔𣁽龙岭与昆明池相邻。遗址平面呈东西向椭圆形，北岸多有曲折。东西最长约1270米，南北最宽约580米，周长约3550米，面积约0.5平方千米……彪池位于镐池以北，遗址地处今丰镐村、纪阳寨、跃进村、桃园村和落水村之间。平面形状不规则，东西最宽约700米、南北最长约2980米，周长约7850米，面积约1.81平方千米。"

昆明池中鱼翔浅底，绿草点点，环池一带绿树成荫，动植物资源丰富多彩，也是皇家观赏游猎的好地方。李昉《太平广记》卷409记载："芰一名水菜，一名薢茩。汉武昆明池中，有浮根菱，根出水上，叶沦波下，亦曰青水芰。"《酉阳杂俎》曰："汉武昆明池中有水网藻，枝横侧水上，长八九尺，有似网目，凫鸭入此草中皆不得出，因名之。"

昆明池中的鱼与水鸟就更多了，种类数不胜数。东汉学者班固《西都赋》描写了帝王游宴昆明池所见到的景象："飨赐毕，劳逸齐。大辂鸣銮，容与徘徊。集乎豫章之宇，临乎昆明之池。左牵牛而右织女，似云汉之无涯。茂树荫蔚，芳草被堤。兰茝发色，晔晔猗猗。若摛锦布绣，烛燿乎其陂。鸟则玄鹤白鹭，黄鹄鸹鶂。鸧鸹鸨鶂，凫鹥鸿雁。朝发河海，夕宿江汉。沈浮往来，云集雾散。于是后宫乘辇辂，登龙舟，张凤盖，建华旗。祛黼帷，镜清流。靡微风，澹淡浮。櫂女讴，鼓吹震。声激越，謈厉天。鸟群翔，鱼窥渊。招白鹇，下双鹄，揄文竿，出比目。抚鸿罿，缯曾缴。方舟并鹜，俯仰极乐。遂乃风举云摇，浮游溥览。"东汉文人张衡的《西京赋》也有相似的描述。

第二章

【西安古都学】

本章选取朱士光、肖爱玲、艾冲三位学者的论文，探讨与西安古都学相关的问题。

朱士光、肖爱玲：古都西安的发展变迁及其与历史文化嬗变之关系（节选）

《陕西师范大学学报》（哲学社会科学版）2005 年第 4 期

一、西安——世界著名的古都

西安是中国七大古都之首，也是世界五大古都之一。历史上先后有西周（前 1059—前 771）、秦国与秦朝（前 383—前 207）、西汉（前 202—8）、新莽（9—23）、汉更始帝刘玄（24—25）、赤眉帝刘盆子（25—26）、东汉献帝（190—195）、西晋愍帝（313—316）、前赵（318—329）、前秦（351—385）、后秦（386—417）、西魏（535—556）、北周（557—581）、隋（581—618）、唐（618—904）、大齐帝黄巢（880—883）等 16 个朝代与政权建都，建都历时长达 1133 年。而建城史，若以西周初文王作丰起算，即自公元前 1059 年起，则迄今已长达 3061 年。因此从建城时间之早与建都时间之长两方面论，西安不论在中国还是在世界上地位都十分重要，是在历史上发挥过重大影响的城市。因而现今它也在国内外享有崇高的声誉，备受世人关注。

…………

二、帝都时期之西周丰镐、秦咸阳、西汉长安、隋大兴、唐长安城

周、秦、汉、唐王朝是中国历史上最重要的几个朝代，

尤其是西汉与唐代，国势强盛，经济繁荣，文化发达，且声威远播，对邻近诸国也有积极的影响。这4个王朝，连同其间的另12个王朝与政权均在西安地区建都，且先后建成周丰镐、秦咸阳、西汉长安与唐长安城等4座重要都城（另有秦栎阳这座临时性都城，不拟作重点论述）。它们间仅部分面积互有叠压，加之面积大小不同，规制有异，所以是独立存在的4座都城。对这4座都城的深入研究，不仅有助于探明西安城市发展历史，而且还可揭示出中国古代前期都城发展历程，并进而理出导致中国古代都城布局与形态演变发展的历史文化上的原因。

…………

三、区域中心时期的西安城

唐末之战乱，特别是颠覆唐王朝之后梁皇帝朱温在迫使唐昭宗迁往洛阳时，严令长安居民"按籍迁居"，将宫殿、官邸、民宅全部拆毁，木料"自渭浮河而下"运往洛阳。经此毁灭性破坏，极其壮丽繁华的长安城顿成丘墟。此后虽然宋太祖赵匡胤与明太祖朱元璋有定都长安之议，究竟因时移事易未能施行。虽然未再为都，但西安历经五代、北宋、金、元、明、

清各代，始终是关陇区域的政治首府，各王朝镇抚西北及控扼西南的军事重镇和交通要津，其地位依然重要。所以北宋与金朝仍然将它治理的地区一如唐制称为京兆府，它亦被称作京兆府城。历代均派皇室股肱或勋戚重臣驻守。如元初忽必烈灭南宋，建立元朝后，就于次年即至元九年（1272），封他第三子忙哥剌为安西王。不久，原用之京兆府与京兆府城也改名为安西府与安西府城，其用意显然是依赖安西府城的重要地位安定西北与西南。尽管皇庆元年（1312）又改为奉元路与奉元路城，但其重要地位未变，依然是元朝统治西北与西南的大本营。又如明王朝建立后，于洪武二年（1369）攻占奉元路城，并改奉元路及奉元路城为西安府与西安府城。次年明太祖朱元璋即封其次子朱樉为秦王。加之明太祖曾两次议及迁都西安，由此可见西安在明太祖心目中的重要性。后迁都之议虽未果，但朱樉于洪武十一年（1378）就藩后，因明代藩王有节制地方军政大计之实权，实际上加强了明朝廷对西北、西南的镇守。至清代也如此。清王朝于顺治二年（1645）攻占西安后，调派大批满洲骑兵与汉

军驻守西安府城，并在城中拆毁明秦王府，改建为八旗官兵驻防城，是为满城；又在城内东南隅修筑汉军驻防城，是为南城。仅满城面积就占去全城面积的1/3，西安府城几成一座兵营。从中也可看出清朝廷对西安府城镇守西部疆土作用之重视。当然，除了在政治、军事上具有重要地位外，西安也是西北地区最主要的经济都会；加之曾长期作为都城，文风茂郁，也是西北地区之文化中心。

…………

四、向近代化与现代化转化中的西安

1911年10月10日辛亥革命爆发，推翻了清王朝，结束了延续2000余年的封建帝制，建立了中华民国。随着整个国家向近代化转化，西安城市建设与城市景象也出现了一些新的变化。虽然中国近代化过程在1840年鸦片战争后就已开始，但进程十分缓慢。西安府城于同治八年（1869）由左宗棠开设了首家机器局，光绪年间（1875—1908）陆续开办了医院、新式学堂、报馆、图书馆、邮政局、银行、"洋货铺"，又开设了一些工厂。中华民国建立后近代化步子才有所加快。城内一大变化就是拆除满城，解除了城市发展的桎梏。1927年西安设市；翌年西安市政府将废毁的满城划定为新市区，并规划建成棋盘式路网与街坊，随即又开办了一些工厂、商店。1931年九一八事变后，日本加紧了对中国的侵略，国民政府为了国家安全，决定以"长安为陪都，定名为西京"，并建立了西京筹备委员会。在随后制订西京都市计划时，借鉴欧美等国的都市计划经验，听取民间建议，明确提出西京为"周、秦、汉、唐四代古都"，一再强调必须保护历代文物古迹，"恢复汉唐繁荣"。1937年七七事变后，抗日战争全面爆发，西安因处于西北内地，又曾被国民政府定为陪都，加之陇海铁路已于1934年底铺轨至西安，1935年元旦正式开始营运，所以人口与机关、工厂、商店骤增，近代化步子一度加快。其后究因战争等因素的影响，民国时期先后所拟定的两个西安都市建设计划，尽管既重视了自身的历史文化传承，又吸收了西方现代城市规划理论，在保护文物古迹、完善城市功能分区、改善城内与城郊居住环境等方面有不少值得肯定之处，但竟未能付诸实施。

…………

五、结语

纵观西安3000余年的城市发展史。前期2000年，从西周丰镐都城的建筑到秦始皇营建"弥山跨谷"的庞大帝都咸阳，又历经处于封建社会上升期之西汉帝国都城长安的建设，再至达于鼎盛之唐代"天可汗之都"长安城的横空出世、拔地建成，其都城之规制均具有东方都城之风范，对国内外都邑的营建都产生了重大影响。中期，即唐之后至清末1000年间，虽不再为都，但仍是中国西北甚至西部之重要政治、军事要枢与经济都会。城市规模与布局适应这一转变与需要逐步获得恢复及发展，不仅发挥了区域中心城市的作用，还依然保持了历史名都的风韵。后期，即近100年之民国与共和国时期，尽管历经战祸与社会动乱，西安的城市建设艰难地进行了向近代化的转化，现正朝着建设现代化国际都市的目标迈进。如果透过3000多年来西安城市变迁与发展的表象，我们可以看到推进这一历史演变过程的思想、精神要素，还是内涵

丰富、传承不绝的中华文化。尽管到了现代，面对发展经济与保护生态环境、保持历史文化风采和自己独特个性等之间的尖锐矛盾，因而在城市规划建设与管理工作中，借鉴了不少世界发达国家的规划理论与建设技术，如中心集团、适度分散的开放式平面格局以及现代化快捷路网结构等，然而中华传统文化中天人合一、营造山水城市、保护历史文脉、实现人与自然之间以及人与人之间和谐共存等理念，仍在发挥并仍将发挥其重大的精神支撑与具体指导作用。可以预期，在新的世纪里，一个赋有中华传统文化风韵，又洋溢着现代化气息，具有国际化都市品味的西安，将会逐步建成，屹立在世界的东方。

艾冲：隋唐永丰仓考论（节选）

《陕西师范大学学报》（哲学社会科学版）1997年第2期

永丰仓是隋唐时期东粮西运交通线上一处重要的仓储设施。它在保障京师长安城居民的经济生活、国家机

器正常运转等方面起过关键性作用，但近现代的隋唐史论著和教科书均未判定其准确地址，不能不令人遗憾。探明永丰仓的地理位置，对研究隋唐的驿传交通、漕运史、经济史、军事史诸专题具有积极意义。笔者近年数度赴潼关县境考察，略有心得，结合文献记载和实地调查对永丰仓址试作考证，愿就教于方家。

一、永丰仓距华阴县城和潼关驿道里程

永丰仓与华阴县城、潼关城的距离，《旧唐书》《新唐书》皆语焉不详，仅说该仓在华阴县境。后起的华阴县志也无确切记载，遂使永丰仓址成了千古之谜。幸赖唐代后期李吉甫《元和郡县图志》有所叙述，给我们留下弥足珍贵的资料。关于永丰仓与华阴县城的距离，《元和郡县志》云："永丰仓，在（华阴）县东北三十五里、渭河口，隋置。义宁元年，因仓又置监。"唐代华阴县城，即明清时华阴县城，亦即今华阴市老城区。所谓"三十五"里，系指循驿道旅行的里程。这段驿道自唐迄明清无明显变迁，从今华阴老城伸向东北，历今沙渠、西泉店、吊桥诸村而东去潼关故城。唐代里制

与明清里制也无大的差异，据明万历四十二年《华阴县志》记载，驿道自华阴县城趋东北，经西岳庙南门约10里至阳化铺，20里至泉店铺，30里至吊桥铺，40里至潼关卫城。据此，隋唐永丰仓位于华阴县城东北35里处，大体应在今潼关县吊桥村和潼关故城间长约5千米的区域，即今吊桥村以东2.5千米处。（《元和郡县志》卷2《关内道二·华州》）

至于永丰仓与潼关城的距离，《元和郡县志》载："潼关，在（华阴）县东北三十九里。"此指唐代潼关，位于汉代潼关北2千米的黄河南岸高阜上，即明清潼关城的东南部麒麟山上。《华阴县志》谓潼关去华阴40里，与《元和郡县志》"三十九里"之说相差甚微，可忽略不辨，取其成数，就以40里计，再结合永丰仓距华阴县城的里程，推知仓址应在潼关以西2.5千米许（《元和郡县志》卷2《关内道二·华州》）。

此处要说明的是，《元和郡县志》所载今吊桥村至潼关故城段驿道，经行于今潼关县吴村原北畔之下，即由吊桥趋向正东历五里铺村（废），傍黄河南岸抵达潼关故城。此乃唐武则

天天授二年（691）迁潼关于黄河南岸之后的交通干线。此前，秦汉迄唐初的驿道则由今吊桥村折向东南，升上黄河南面的头道塬，东历今东寨子、西廒村，至苏家村下塬，逾潼水，再登上东面的今麟趾塬才抵达汉代潼关城（今东陶家庄）。驿道的北移是随着潼关关城的北迁而完成的。其根本原因是汉代潼关附近微地貌与黄河河道于隋唐之际发生的变化，因不属本文讨论范围，故不赘述。阐明驿道的变迁，旨在强调永丰仓是在交通大道之上，以便于陆路运输粮车的装卸仓储。还须说明，明清潼关城包括唐潼关于内，且是卫、县治所，其西曾经有个五里铺村（今已迁废）。顾名思义，该村东距潼关故城约5里，则西去吊桥村也约5里，其南偏东就是头道塬上的西廒村。据此，永丰仓故址应在今潼关县北境吊桥村与潼关故城间的古驿道之侧，略当今西廒村和废五里铺村一带。

二、永丰仓与渭黄汇合口

前引《元和郡县志》表明：永丰仓位于华阴县东北35里渭河口。所谓渭河口，即渭河汇入黄河之处，其位置和永丰仓有着直接的关系。滔滔黄河涌出龙门后直奔潼关而来，至关城西面接纳渭水，转向东擦关而去。渭河与黄河的汇合口，在历史时期因黄河水沙条件的动态变化并非固定于一点。汉时渭河口在今华阴市东北境三河口村和貟庄（已废）一带；隋唐时因黄河向东摆移，渭水下游河道随之向东延伸，渭黄汇合口也就东移到今潼关县吊桥与潼关故城间以北，恰当永丰仓所在地域。明代成化中，黄河又向西移，坍没宋元时代的葫芦滩，致使洛河直接流入黄河，不再入渭；其地在今华阴市三河口村附近渭河以北。1949年以来，黄河再度东徙，迄今犹然。1981年笔者与同窗许君至潼关考察，1995年笔者又两度赴黄河河曲考察，所见皆同，渭河口的位置在西廒村至潼关间以北。

问题的关键是，隋唐时期黄河河道是否东移？据两《唐书》记载，那时黄河倒向今山西省一方，抱风陵堆而东流。因此，北朝时期巍然独秀的风陵堆渐遭河水侧蚀冲刷，多次坍崩于河，终于被黄河削去局部土体，变得较为低矮。隋末唐初的两次"河清"现象便是明证。直到乾元二年（759）六月，风陵堆仍在崩坍与滑坡（《隋书》

卷23《五行志下》;《新唐书》卷36《五行志三》)。至今人们来到风陵堆坡面上仍可看到当年坍塌的遗迹。然而山西省已在风陵堆下构筑石块水泥混筑的坚固堤堰,遏阻河水的冲刷,并在堤内滩地培育林果,成效斐然。

既然隋唐时黄河河道东徙,渭河入黄口也随之东迁,其位置正好南望西厫村,跟现代渭河口相近。因黄河在洪水期、平水期和枯水期的水量不同,故渭黄汇合口在特定时期也略有进退,但总是在今吊桥东北。现代如此,唐代亦如此。这便再次表明:永丰仓故址当在今西厫村和废五里铺村一带。

三、永丰仓与军事攻防

永丰仓扼处渭黄汇流口,已如前述。但究竟是在渭黄汇流口之北还是以南呢? 正确地说,永丰仓确实是在渭黄汇合口南侧,这可从隋唐诸次军事行动得到证实。

因永丰仓是河渭转漕粮米屯聚中心,具有重大的军事意义,故成为兵家必争之要地。隋炀帝大业九年(613)六月,杨玄感于黎阳发动兵变,以李子雄为谋主。当叛军进攻东都洛阳受挫时,李子雄建言:"东都援军益至,我军屡败,不可久留。不如直入关中,

开永丰仓以赈贫乏,三辅可指麾而定。据有府库,东面而争天下,此亦霸王之业。"杨玄感采纳此谋,率叛军西进,图取关中,因行动迟缓而败灭于董社。

分析李子雄之语可知,永丰仓位于潼关(今东陶家庄)西面不远处,当然是在渭黄汇合口之南。隋末,李渊起兵太原,进军长安的过程也证实了这个论断。大业十三年(617)七月癸丑,李渊从太原挥师西向关中,连破霍邑县、临汾郡、绛郡、龙门县、汾阴县、壶口(非黄河壶口)等地。九月戊午,进围河东郡城(今山西永济西),分兵困之。次日,唐军主力转移至黄河东岸,准备渡河。与此同时,先头部队已攻取河西的韩城、合阳、朝邑等地,控制蒲津关,切断河东隋军的退路——黄河浮桥。九月戊午,"相继有华阴县令李孝常据永丰仓,遣子弟、妹夫窦轨等送款,仍便迎接河西关上兵马"。唐军将领任环遂进据永丰仓城。九月庚申,李渊指挥诸军渡过黄河;甲子,进驻朝邑县境的长春宫,令大军暂作休整;第三日,特遣长子李建成和大将军府司马刘文静,以及统军王长谐、姜宝谊、窦琮率领"诸军数万人,屯永丰仓,(兼)守潼关,以备东方兵。

慰抚使人窦轨等受其节度焉"（《资治通鉴》卷184《隋纪八》）。于此可见，永丰仓与潼关相距甚迩，互为表里，潼关要塞是关中东出的门户，永丰仓则是潼关的后勤供给基地。九月己巳，李渊来到蒲津关，远观河东郡城之形势。翌日，李渊又亲赴永丰仓，"是夜，宿于临晋洛、渭合流之处（今华阴三河口村东北），将渡渭。津人以见船朽破，不堪帝渡，及于洛水上流数十里更取好船。……其夜三更，天甚晴霁，忽觉水暴长数尺，逆流而上，船泛深波，得达津次。及明，帝登船欲渡，乃见逆流不已。津司以闻，众咸骇异，以为光武滹沱之冰无以异此，并于船中拜贺。帝曰：'此偶然耳，吾何德以堪之！'乃命有司以少牢祀洛、渭，并有事于华山。帝至（永丰）仓所劳军，见箱廪填实，铭题数多，喜谓从者曰：'千里远来，急于此耳。此既入手，余复何论。食之与兵，今时且足，信出于己，久（已）行（之）。诸将俱谨备守，无为他虑。'未下马，仍开仓大赈饥民"。简言之，李渊的行踪是：九月庚午自长春宫（今大荔朝邑东南）启程，傍洛水左岸南往永丰仓，当晚上宿于洛渭合流口之东、渭河北岸。

管理渡口的津司急忙调取好船备用，次日早晨才渡过渭河（即明代寺南渡，今潼关县高桥乡仁义堡村以北），径往永丰仓巡视（《华阴县志》卷2；《华阴县续志》卷2）。又于当日北返长春宫。他看到其"得入关，据蒲津而屯永丰"的预定方针得以实现，喜形于色。的确，李渊实现了4年前杨玄感未能实现的愿望，控制住永丰仓，满足了军粮的需要。不难看出，永丰仓坐落在渭河口以南。

安史之乱期间，官军同叛军对永丰仓城的争夺战，也表明永丰仓密迩潼关。唐肃宗至德二载（757），郭子仪率官军傍南山东进，攻击叛军崔乾佑部盘踞的潼关。经过猛攻，崔乾佑战败后经风陵渡退往河东。郭子仪既取潼关，派其子郭旰领兵西向围攻永丰仓，此时仓城由叛将安守忠固守。官军激战尽日，斩杀叛军1万余人，击走安守忠，收复永丰仓。郭旰也在鏖战中阵亡。永丰仓的光复，彻底打通了由京师东赴潼关、陕州的驿道，即所谓"进收仓，于是关、陕路始通"。不久，郭子仪统兵15万东出潼关，直趋陕州。毫无疑问，永丰仓位于潼关西、渭河口南的驿道之侧。（《新唐书》

卷137《郭子仪传》，卷6《肃宗本纪》；《通鉴》卷219）

…………

五、永丰仓与关中漕渠

永丰仓原称广通仓，建于隋开皇三年（583）。此前，隋朝向京都长安城调运东方的租调，或取陆路，或由河入渭而西上。"诸州调物，每岁河南自潼关、河北自蒲坂，达于京师，相属于路，昼夜不绝者数月。"即便如此，并未满足京城官民实际需要。是年，"朝廷以京师仓廪尚虚，议为水旱之备，于是诏于蒲、陕、虢、熊、伊、洛、郑、怀、邵、卫、汴、许、汝等水次十三州，置募运米丁。又于卫州置黎阳仓，洛州置河阳仓，陕州置常平仓，华州置广通仓，转相灌注。漕关东及汾晋之粟，以给京师"（《隋书》卷24《食货志》）。广通仓实际在华州华阴县界，大业初年改称永丰仓。但漕舟自陕州溯河而上，至渭、黄汇流口转入渭水，却颇多阻阂。原因在于渭川水力大小无常，流浅沙深，漕者苦之。

为解决渭河阻滞粮船的问题，隋文帝于开皇四年（584）决定开凿关中漕渠。这条人工运河的挖掘，由宇文恺总督其事，由开漕渠大监郭衍具体指挥。运河的起止地点，《隋书》记述稍有差异。《隋书·郭衍传》云：衍"部率水工，凿渠引渭水，经大兴城北，东至于潼关，漕运四百余里。关内赖之，名之曰富民渠"。《隋书·食货志》亦云："命宇文恺率水工凿渠引渭水，自大兴城东至潼关三百余里，名曰广通渠。转运通利，关内赖之。"《隋书·高祖上》的记载则与此不同，"开皇四年六月……壬子，开渠，自渭达河，以通漕运"。《隋书·宇文恺传》亦谓："后决渭水达河，以通运漕，诏恺总督其事。"似乎广通渠的尾闾有两说——潼关与黄河，其实两者并不矛盾，只是所指地物标志不同罢了。这表明隋代漕渠东端在潼关城以西渭河口附近径直注入黄河，而非汇入渭河。

入唐后，因黄河河道东徙，渭河口向东推移，漕渠尾闾只好汇入渭水了。天宝初，韦坚为陕郡太守兼水陆转运使，督工"治汉、隋运渠，起关门，抵长安，通山东租赋。（自苑西引渭水）乃绝灞浐，并渭而东，至永丰仓与渭合。又于长乐坡浐苑墙凿潭于望春楼下，以聚漕舟"，"是岁，漕山东粟四百万石"。是时，漕渠东达永丰仓下而注入渭川（《新唐书》卷53《食货志三》）。大历（766—779）之后，漕渠淤浅，渐不通舟。大和（827—835）中，因陆运艰难，渭川水浅，咸阳县令韩辽奏请疏挖漕渠，恢复漕运。唐文宗遂令修复引渭渠口——兴成堰，整修渠道自咸阳东达潼关西的永丰仓下，复入渭川，计300里。"罢挽车之牛以供农耕，关中赖其利。"（《新唐书》卷53《食货志三》）可见，永丰仓是在漕渠东口以南，开漕渠目的是转运永丰仓米粮入京。两者存在着直接联系。

无论关中漕渠尾闾汇入黄河或渭河，其位置均在永丰仓北面。这是由转运永丰仓积粟的现实需要决定的。自陕州太原仓溯河而上的粮船驶抵渭河口或漕渠口停泊，卸船运入永丰仓；当京师需要粮食之际，再由永丰仓运出装船或装车，循漕渠（或渭水）或陆路，西运长安城。

第三章

【商贸与文化】

本章选取与灞桥文化和灞渭地区商业贸易研究的相关论文。

孔祥俊：唐长安送别诗 与灞柳文化（节选）

西北大学 2010 年硕士论文

隋唐时期，折柳赠别盛行，在文学作品中经常记述这种习俗。隋朝的《送别》诗这样写道："杨柳青青着地垂，杨花漫漫搅天飞。柳条折尽花飞尽，借问行人归不归。"对折柳赠别之情做了淋漓尽致的描写。灞桥不知见证了多少离别情，日久天长，灞桥被人们改称为"情尽桥""断肠桥"。

与灞桥人文景观和地理位置相映成趣的乃是灞桥迷人的自然风光。《西安府志》记载："灞桥两岸，筑堤五里，栽柳万株，游人摩肩毂击，为长安之壮观。"每当春意盎然、春风扑面之际，柳絮漫天飞舞，烟雾蒙蒙，成了长安灞桥一大景观。唐朝时候，在灞桥设有驿站，称作"灞亭"，人们多来此迎送宾客，依依话别。灞水、灞柳、灞桥、灞亭，古往今来，无数文人墨客为之倾倒，生死离别、离愁别绪、诗情才气在这个地方表现得淋漓尽致，纥干著《灞上》曰："鸣鞭晚日禁城东，渭水晴烟灞上风。都旁柳阴回首望，春天楼阁五云中。"远处烟雾蒙蒙的渭水、亭台楼阁、渭河两岸之柳，描绘出一幅春风灞上图，引人无限遐想。

灞桥两边河岸宽广，柳树植于岸边，唐诗中多有记载。灞桥在朝霞暮色之中状如彩虹，耸立于长天秋水之间，颇有"春色东来渡灞桥，青门垂柳万千条"的诗情画意。唐人对灞桥之柳情有独钟，柳丝、柳絮、柳条，初春之柳、仲春之柳、暮春之柳都写到了。古往今来，骚人墨客以灞桥风雪为题材吟诗填词，有许多佳作流传下来。李白《忆秦娥》中的"年年柳色，灞陵伤别"，就是写秦娥数年前曾在灞陵桥送别亲人。郑谷的《小桃》诗："和烟和雨遮敷水，映竹映村连灞桥。"可见灞桥附近不仅有柳还有竹，竹映柳色、柳借竹飘，相映成趣，秀美至极。李益《途中寄李二》："杨柳含烟灞岸春，年年攀折为行人。"陈光的《长安新柳》写道："九陌云初霁，皇衢柳已新。不同天苑景，先得日边春。色浅微含露，丝轻未惹尘。一枝方欲折，归去及兹晨。"有"不知细叶谁裁出，二月春风似剪刀"之感，写出了新柳的惹人之处、一派生机盎然之精神。

…………

灞桥的美景勾起了无数诗人的诗情，故有如此之多的关于灞桥、灞柳的诗篇，为灞桥增添了浓郁的文化氛围，勾起后人无际之遐想。于此，我们也可想象唐代诗人生活在人与自然如此和谐的氛围中，挺立灞桥，不禁感慨万千。昔日美景早已不复存在，柳絮飘飞，常伴随漫天扬沙，天昏地暗，如若唐人有知，如何不伤心？今非昔比，我们也只能在唐诗中追寻古人的足迹，追寻那灞桥仙境。可慰的是灞桥治理已初见成效，不久的将来亦或可复原灞柳风雪之景。

唐长安与灞桥相媲美的便是渭城，灞桥是东出长安的交通要道，渭城是西出长安通往新疆、西域甚至东欧各国的要道。此城秦时称咸阳县，汉代改为渭城县，唐时属京兆尹府咸阳县辖区，在今陕西咸阳市东北 10 千米的窑店一代渭水北岸，故名渭城。唐诗中亦有不少关于渭城送别的诗。

从古至今流传最广的关于渭城的送别诗莫过于王维的《渭城曲》，其诗曰："渭城朝雨浥轻尘，客舍青青柳色新。劝君更尽一杯酒，西出阳关无故人。"这首诗是王维根据阳关乐曲填词而成。前两句点明了时间、地点和送别环境，平日路尘飞扬，路旁柳色不免笼罩着灰蒙蒙的尘雾，一场朝雨，才重新洗出它那青翠的本色，所以说"新"，又因柳色之新，映照出客舍青青来。从清朗的天宇到洁净的道路，从青青的客舍到翠绿的杨柳，构成了一幅色调清新明朗的图景，为这场送别提供了典型的自然环境。朋友"西出阳关"，虽是壮举，却又不免经历万里长途的跋涉，备尝独行穷荒的艰辛寂寞。因此，这临行之际"劝君更尽一杯酒"，浸透了诗人丰富深挚的情谊，不仅有依依惜别的情谊，而且包含着对远行者处境、心情的深情体贴，包含着前路珍重的殷勤祝愿。这是一场深情的离别，但却不是黯然销魂的离别。相反地，倒是透露出一种轻快而富于希望的情调。写景色调清新、明朗，虽有"朝雨"，却不黯然销魂，而是轻快、豪迈而富于情调。岑参的《送杨子》曰："斗酒渭城边，垆头耐醉眠。梨花千树雪，杨叶万条烟。惜别添壶酒，临岐赠马鞭。看君颍上去，新月到家圆。"（这首诗或被认为是李白所作）诗人渭城送别，愿与朋友把酒言欢，一醉方休；三、四两句点明送别时间大致在初春，梨花已开，柳叶长成。千里送君，终有一别，即使已经到了岐山也要分离。诗人目送朋友远去，最后一句虚写，想象朋友到家时已经是月圆时分，月圆人更圆，朋友能够与家人团聚，离别之苦也就不那么凄厉。从整体来看，西出阳关，渭城送别诗中都透露出一种豪迈自信、驰骋疆场建功立业的雄心壮志，这与灞柳送别诗有所区别。

东出长安，经过东门，过灞桥便出长安城，因此，东门与灞桥有着同等重要的地理位置。送别诗中亦多有以东门为题，如韦应物《上东门会送李幼举南游徐方》，诗人在东门送别友人，全诗以"意气且为别，由来非所叹"结束，将临别的思念化作一缕豪气。李端《东门送客》曰："绿杨新草路，白发故乡人。既壮还应老，游梁复滞秦。逢花莫漫折，能有几多春。"此诗借"折花"劝人，希望友人早日归来。灞桥的美景在唐诗中找到了依据，依依惜别的人们与飘摇的杨柳成为"灞柳风雪"的经典场景，而渭城却是豪迈、坚强、建功立业的象征，灞柳送别诗和渭城送别诗共同构成了唐长安送别诗的主体。

李刚：论明清陕西商人对中央政策的有效利用
——兼论明清陕西商帮的产生（节选）

《西北大学学报》（哲学社会科学版）1996 年第 4 期

在中央集权的中国封建社会，中央政府对社会经济的干预集中表现为通过制定和执行各项经济政策来调节社会经济的稳定发展和保持统治的安定。而这些经济政策所表现的政府行为和需要往往是经济发展的重要契机。结合自身实际充分利用这些政策就会促使社会经济迅速发展。在这方面，明清之际的陕西商人表现出极高的抓住机遇、利用政策的水平和胆略，导致了纵横全国的陕西商帮的产生。总结这一历史经验对于发展今天的陕西经济有历史借鉴意义。

一、有效利用明政府的边防和边贸政策是陕西商帮兴起的直接原因。

在明代，明朝政府为了巩固边防和安抚少数民族，实行了一系列新的经济政策，这些经济政策为陕西商人在明代崛起提供了良机。

首先，明政府为了巩固边防实行食盐开中政策，陕西商人因利乘便，充分利用了这一政策。

明代初年，为了防范境外鞑靼族入侵，明政府于沿边各处分设九边镇，以卫中原，其中榆林、宁夏、固原、甘肃等由陕西布政司管辖，常驻兵力20余万人。在这些边荒地区设军驻守，仅靠屯兵自种，外方转输，路远费繁，不能满足军需供应，而且政府财政难以支持。这便迫使明政府不得不设计一个既使"转输之费省"又使"军储之用足"，而且输粟人亦可获利的两全其美之策来解决边防军的供应问题。于是有洪武二十年"食盐开中"政策的出台，"有明盐法，莫善于开中"。洪武二十年，"大宁军储不给，请令商人纳粟中盐，粟五斗给浙盐一引"，并于洪武二十八年正式规定《开中纳米则例》，"出榜召商，于缺粮仓分上纳，仍先编置勘合并底簿，发各该布政司并都司卫分……客商纳粮完填写所纳粮，并该支引盐数目，付客商赴各该运司及盐课提举司，照数征盐"，自此成为定制。这一召商中盐政策，转变了"官盐铁"的食盐专卖，使一般商人得以参与食盐贩运，并且充分照顾到商人的利益。一则米由商出"则例不一，率视时缓急，米直高下，中纳者利否"而定，"洪武永乐时，边商引盐一引至输粟二斗五升，小米不过四斗，商利甚巨"；二则"召商中淮浙、长芦盐以纳之……因淮盐价贵，商多趋之"。商人中盐，上下交利，乐于转输，有的干脆"以私财募人开垦塞下，输纳粮盐"，使边地屯田大兴，守望相助，墩台堡伍，田日就熟，年谷屡登，实现了"盐法边计，相辅相成"

的政策目的。

这一食盐开中政策，最先行于山西，到宣德十一年便推行于陕西，"行在户部奏，陕西边卫急缺粮储，宜召商中纳盐粮"，为陕西商人参与盐业贸易提供了历史条件。机敏的陕西商人紧紧抓住这一政策机遇，积极发挥自己的地域优势和窖藏甚丰的经济实力，参与中盐屯种，换引贩盐，成为与山西商人并驾齐驱的西北盐商。对此，清人刘光蕡曾有过分析："前明用开中法，以盐实边，输粟塞上，得捆盐于淮南北，明边重西北，山陕输粟便，故淮盐以西商为大宗。然商极苦辽远，乃屯塞上，得粟即输，省运费，边益实，而商益富，则多赖陕。"一时陕西商人因输粟贩盐而发家的所在多有。三原河浒公"以商起家……用盐荚，起赀淮上"；富平李因笃家"起盐荚，种粟塞下，擅素封"；咸宁张臻"走河东，东至辽阳，北至甘凉之墟，浮淮海而南，率以盐贾"；泾阳王舆"家世农……入淮阳贾盐，……已富有资"。此外"三原之梁，泾阳之张、郭，西安之申，临潼之张"都是当时有名的大盐贾。到弘治五年实行开中纳银，"输银于运司"，贩盐成为一般商品买卖，

"垦田塞下"的西北边商，"悉撤业归，西北商或徙家于淮上以便盐"，陕西边商一变为驻家扬州的专业盐商。当时全国各大盐场均有陕西商人。在盐利最大的两淮盐场，陕西盐商的势力仅次于徽商，万历《扬州府志》载"扬、水国也……聚四方之民，新都徽商最，关以西（陕西）、山右（山西）次之"；在河东、陕西盐场本就为山陕商人的地盘；在四川盐场"为盐商者，多系山陕之民"；在长芦盐场，盐分五纲，徽商只占其一，其余皆为山陕商人。由此可见，正因为陕西商人审时度势，充分利用了明政府的"食盐开中"政策，在明代急剧兴起，偕同晋商成为与徽商分庭抗礼平分明代盐业的盐商资本集团。

其次，明政府为了加强边防和安抚少数民族，实行边防与边贸相结合的茶马交易政策，陕西商人近水楼台，充分利用了这一政策。

在明初，陕西"洮、岷、河州、西宁等处所治边夷即古之土番"，游牧为生，素产马，嗜奶酪，"不得茶，则困以病"，为防范其侵扰中原，从唐宋以来便以茶马交易作为安抚少数民族的治边政策。明政府继承并进一

步完善了"以茶易马法",通过茶马交易把边贸与边防结合起来,以边贸来促边防,"用茶易马,固番人心,且以强中国",所以"明制尤密"。

(注:为保持本书体例一致,以上所选论文的脚注不在书中体现)

附录(本书其他参考文献及其简介):

1.王珍,宋进喜,沈鹏云,任朝亮,于芳:《河床沉积物理化学性质对渗透系数的影响研究——以渭河为例》。以渭河陕西段为研究区域,采用竖管水头下降测试法对渭河中下游位于咸阳市、西安市草滩镇、西安市临潼区和华县4个研究区2011年的63个点位和2012年的52个点位沉积物垂向渗透系数(Kv)进行了测定。《水土保持通报》2013年第5期。

2.方嘉雯:《基于文化地理学视角的秦腔文化起源与扩散》。本文从文化地理学的角度,采用文化扩散和整合的思维着重分析了秦腔文化形成的自然地理与社会原因,系统探讨了不同时期和地区秦腔文化的扩散类型、传播路径与整合特征。《人文地理》2013年第3期。

3.辛德勇:《隋唐时期陕西航运之地理研究》。隋唐两朝是我国历史上继秦汉之后的又一个强盛时期,两朝都以今关中腹心地带的长安为都城,在两朝强盛帝国的影响下,今陕西境内的航运事业又进入了一个新的鼎盛时期。这一时期各项航运管理制度已相当完备,克服了渭河航运上的重重困难,维持了最大可能的航运量,尤其是在特别时期能够迅速组织汉江上的大规模航运,基本保证了都城长安的粮用所需,从经济供给方面起到了至关重要的作用。《陕西师范大学学报》(哲学社会科学版)2008年第6期。

4.李令福:《论唐代引泾灌渠的渠系变化与效益增加》。唐后期的引泾灌溉系统以白渠为主,逐步发展成南、北、中三条干渠,设三限闸、彭城堰,分水设施健全,干支斗渠配套,灌溉体系趋向完善,管理技术空前先进,发挥出了巨大的经济效益。《中国农史》(*Agricultural History of China*)2008年第2期。

5.桑广书,陈雄:《灞河中下游河道历史变迁及其环境影响》。文章研究了灞河中下游河道的历史演变和环境影响,认为毛西村以上灞河中游河道演变主要表现为河道下切、西移,通过研究灞河右岸阶地,计算出灞河中游河道自形成以来的西移、下切量。中游河道变迁产生的环境影响主要是白鹿原原边崩塌、滑坡等地质灾害严重。《中国历史地理论丛》2007 年第 2 辑。

6.毕雅静：《浐、灞二水历史变迁研究》。从历史的角度对浐、灞二水的河道变迁、沿岸遗址遗存、湿地景观、当代污染与保护等方面进行深入研究。西北大学 2010 年硕士论文。

7.陈忠实：《漕渠三月三》《求是》2008 年第 8 期。

8.张玲：《浐灞二水与隋唐长安城的关系及其现实意义》。浐灞二水在地理位置上临近京城长安，与隋唐长安城关系密切，对长安城具有重要影响。随着历史的演进，浐灞二水也相应发生了变迁，所以研究浐灞二水与隋唐长安城的关系对今日西安市的发展仍具有现实意义。《西安社会科学》2010 年 2 月。

9.赵法锁，毛彦龙：《西安灞河左库滑坡发育的阶段性及形成主因的历史转化》。根据西安灞河左岸滑坡的基本特点、空间展布规律以及与后期沉积物之间的接触关系，分析论证了该区滑坡发育的阶段性特征及各阶段滑坡形成的主要原因与营力因素的历史转化性问题。《地球科学与环境学报》1995 年第 3 期。

10.舒峤：《隋唐漕渠在灞河以西的走向》。隋唐漕渠是关东漕粮运往京师长安的重要运输线，基本上是在汉代漕渠的基础上加以疏浚开挖而修成的。本文主要研究了隋唐漕渠在灞河西岸的走向、遗存和修复。《中国历史地理论丛》1992 年第 2 辑。

第九编·大事记

回顾往昔,灞渭三角洲这片沃土承载了太多太多的历史故事与记忆,通过后人不断的书写,形成了今天华美的乐章。特为大事记。

先秦时期

约 6000 年前，先民在浐、灞两河流域的二阶台地上定居。半坡遗址周围的防御沟、居住区、窑场、公共墓地等都有一定布局。先民使用精制的磨制石器、骨器、蚌器、手制彩陶。原始农业和饲养业已有相当规模，处于母系氏族公社繁荣时期。

约 5000 年前，先民在西安米家崖附近建立村落。此村落遗址规模小于以前，堆积层也较薄，说明生产力提高，部落分化，聚落因而缩小。已有由父系氏族公社向阶级社会过渡的迹象。

周惠王十九年（前 658），灞河桥始建。当时水涨时连舟撑木做浮桥，水落时搭建便桥。

周襄王二十九年（前 623），秦改滋水（谷水）为霸水，并于其旁筑霸宫（秦昭襄王时更名芷阳宫，约在灞桥区席王乡一带）。

秦朝至清朝

公元前 206 年，刘邦军至霸上（灞河东岸），秦王子婴投降于轵道旁（灞桥西），秦亡。

汉高帝元年（前 206）十一月，沛公入咸阳，封秦府库，还军霸上。与父老豪杰约法三章：杀人者死，伤人及盗抵罪。

汉文帝九年（前 171），废秦苛法。在霸陵南侧为薄太后营建寿陵——南陵（在狄寨乡鲍旗寨西北，又称薄姬冢）。将秦芷阳县更名霸陵县（在霸陵西北，今田王村一带）。

汉文帝后元七年（前157），汉文帝刘恒死，葬于霸陵，以山为陵，不另起封。

汉文帝后元七年（前157）六月，太子刘启继位，是为汉孝景皇帝。太皇太后薄姬死，葬于南陵。

汉武帝元光六年（前129）徐伯主持开凿漕渠，从长安城西南向东北，纳浐、灞诸水，注入黄河，全长300多里。3年竣工，此举使水运时间减少一半，并可灌溉农田万余亩。灞桥毁于水灾，修复后改名为长存桥。

晋穆帝永和十年（354）五月，晋复置雍州。改霸陵县为霸城县。东晋桓温北伐军至霸上，关中郡县皆降。东晋军与前秦承相东海王苻雄等战于白鹿原。秦军芟麦清野，深沟自固。晋军屡战不利，粮绝，死者数万人。

晋安帝义熙十四年（418），大夏天王单于赫连勃勃在霸上即皇帝位，改元昌武。

北魏太平真君七年（446），蓝田县并入霸城县。

北周武成二年（560），分长安、霸城、山北三县地置万年县。

隋开皇二年（582），在秦汉灞桥南修筑新桥（南桥）。

唐高祖武德七年（624），芷阳县并入万年县。

唐高宗麟德元年（664）二月十二日，玄奘法师圆寂；四月十四日按高宗旨意和玄奘法师遗命葬于白鹿原畔湾子村东的云景寺。

唐文宗开成元年（836），重开漕渠竣工。于咸阳壅渭水作兴成堰，截灞、浐，傍渭东注，至关西永丰仓下与渭汇合，命名为兴成渠。

金皇统二年（1142），陕西大旱，泾、渭、灞、浐皆竭，人民缺粮，多饿死者。

元至元三年（1266），重修灞桥。长39丈（130米），宽2丈2尺（约8米），中分三轨，旁翼两栏，筑堤5里，植柳万株。

至元九年（1272），在浐水西营建安西王府（斡耳垛）。

明万历二十年（1592），据明代记事碑载，水流一带发生地震。

乾隆四十年（1775），灞桥地区设有社学，分设在新筑、香胡湾、狄寨。

道光十四年（1834），陕西巡抚杨名飚主持，西安、同州两府士民捐银12.46万两，重建灞桥、浐桥为石轴柱桥。

同治二年（1863），回民军马步4000余与清军激战于韩森冢、白杨寨等处。

同年八月二十七日，钦差大臣多隆阿率领清兵与回民军激战于灞桥，双方伤亡数千人，灞河为之淤塞。

光绪三年（1877），陕西大旱，颗粒不收，民大饥，树皮草根掘食殆尽。

光绪四年（1878），西安府"以工代赈"，疏通灞、浐两水，以通渭河。

光绪二十六年（1900），陕西大旱，赤地千里，粮价奇昂，小麦一石由平时七八元涨至二十七八元。各地运来粮食皆作军饷，不平粜。

光绪二十八年（1902），西安设立邮务管理局。在灞桥、新筑、引驾回、草滩设立4个代办所。

光绪二十九年（1903），巡抚升允请准设西安水利新军，修理浐、灞两河堤岸。

中华民国时期

民国十五年（1926），国民联军各路分别由包头、宁夏、平凉先后入陕，会师咸阳，分三路包剿，激战后卫寨、十里铺等地，以解刘镇华军围西安之危。

民国十九年（1930）秋，灞河由毛西以北地区东西三线决口，数千亩农田被淹毁，就近10个村子农户即将收获的粮食被洪水冲走。在孙蔚如将军的关怀下，督促长安县拨款3600元资助修堤打坝。

民国二十年（1931），共产党员徐国链、赵希仲等人联系长安、蓝田两县及白鹿原上的进步教师、社会名流等30多人，发起"募捐公启"筹集经费，创办私立鹿原小学，在学校传播进步思想，激发民众抗日救国的热情。

民国二十一年（1932）六月，灞河暴涨，上庄村北面决堤，13村又遭水淹。

1935年7月夏，徐海东率领的红二十五军进入西安地区，在狄寨留驻三天，宣传抗日，给群众留下深刻印象。

民国二十六年（1937）六月，灞河大洪，南岸申家村北边决口，10多个村子变成湖泽，淹没农田万亩以上。

民国二十七年（1938），灞河在秦家村以南决口，淹没4个乡100多个村子、秋田万亩，小麦不能播种。

民国三十三年（1944），孙蔚如捐资1万多元，兴办灞桥地区第一所中学——私立树人中学。

民国三十八年（1949）五月，国民党杨德亮部派爆破队分头炸毁灞河铁路桥。5月20日长安县解放。

中华人民共和国时期

1953年春，半坡遗址被发现。

1954年3—5月第一次人口普查，长安地区共712477人，灞桥地区172440人。4月19日，浐河防洪工程开工。修堤4427米，加高加宽旧堤3199米，总工程量45925立方米。秋，半坡遗址开始发掘，发现房屋40多座，并清理石器、骨器、陶器百余件，还发现粟粒与窑穴。

1955年1月，灞桥区政府成立，驻豁口村。8月，暴雨，纺织城积水面积达3.8平方千米。一乡（上鲁峪）37户受灾，受灾农田71亩。

1956年5月，区划调整，将区辖的14个乡合并为6个乡和1个街道办事处。半坡博物馆开始筹建。

1957年5月8日，灞桥砖瓦厂发现一座西汉前期墓葬，出土铜镜上有残留纸片，经鉴定确认是汉武帝年间（前140—前87）的麻类纤维纸。这是迄今已知世界上最早的植物纤维纸，被称为"灞桥纸"。

同年6月29日，市常委决定撤销长乐区，辖地并入灞桥区。

同年9月5日，经国务院和陕西省委常委批准，临潼韩峪乡的常家、王家两村并入灞桥区岳家沟乡。

同年，半坡遗址发掘结束。共发现房屋遗迹46座，窖穴200座，陶窑6座，墓葬247座，出土石器、骨器、陶器等上万件。

1958年1月，"西长临"合作渠竣工。灌区包括灞桥1个乡、长安3个乡、临潼3个乡，干渠1条长2.57千米，支渠2条长16.7千米。半坡博物馆建成并开馆。

1959年，陕西省第一台国产中温中压发电机组在西安灞桥热电厂建成发电。12月，十里铺浐河桥改建竣工，该桥长120.05米，宽9.6米，桥孔20眼。

1960年5月22日，市委常委决定撤销碑林、莲湖、新城三区，辖地分别划归雁塔、阿房、未央、灞桥四区。

1961年1月，国务院公布西安半坡遗址为全国第一批重点文物保护单位。

1962年3月，狄寨"130"专线（由水泥厂至黄河分厂）修建竣工。

1974年，纺织城公园动工兴建。1978年建成。

1975年，白蟒原会战，共平整土地500亩，移土50万方。

1980年3月，经省人民政府批准，撤销西安市郊区，恢复灞桥区建制，成立区人民政府，下辖10个人民公社和1个街道办事处。

1985年8月1日，灞河水暴涨，流量达1400立方米／秒，毛西蒋村河堤决口，大片秋田被淹，空军工程学院教官、学员闻讯奋力投入救灾活动。

1986年1月11日，"灞柳文学学会"成立。著名作家、省作协副主席陈忠实兼名誉主席。

1990年5月，《灞桥区民间文学集成》出版。该书共收集民间故事167个、民谣149首、谚语948条，著名作家陈忠实作序。

1991年2月21日，区政府决定与四川省成都市金牛区建立友好区。

1993年，《灞桥区志》编纂委员会成立，区志办公室亦随之成立，开始修志。

同年4月，陕西省人民政府公布新寺遗址为陕西省第三批重点文物保护单位。

2005年，欧亚经济论坛永久会址落户浐灞生态园区。

同年，兴复广运潭工程正式开工，首期投资10亿元。

2006年，西安市政府决定申办世界园艺博览会，会址定在浐灞生态区广运潭。

2007年10月4、5日，在新修的广运潭举办了摩托艇世锦赛亚洲首站大奖赛。

2008年，西安国际港务区正式成立，目标为建设中国第一个不沿江、不沿海、不沿边的国际陆港。

同年，西安世界园艺博览园开工建设。

2010年4月20日，西安保税物流中心正式通过中华人民共和国海关总署等四部委联合验收。

同年7月1日，西安铁路集装箱中心站竣工开通。

2011年，西安世界园艺博览会成功举办。

2012年，西安世博园建成并免费开放。

2013年11月28日，首列"长安号"国际货运班列开行。

2014年12月19日，"西安港"

国际代码（CNXAG）、国内代码（61900100）正式启用。

2015年3月28日，"一带一路"愿景与行动文件发布，支持西安建设国际陆港。

2015年11月18日，国家体育总局宣布，确定陕西省西安市为2021年第十四届全国运动会唯一候选承办城市。之后，西安市决定在港务区兴建西安体育中心，作为第十四届全运会举办场地。

2017年2月22日，首单从哈萨克斯坦进口的1800吨小麦运抵西安港，标志着中国内陆地区唯一进境粮食指定口西安港粮食进境口岸正式投入运营。

同年4月1日，中国（陕西）自由贸易试验区正式挂牌成立，国际港务区片区作为三大片区之一正式投入运行。

同年4月1日，西安国际港务区正式开通中欧班列（西安—布达佩斯）新线路。

同年5月25日上午，西安综合保税区二期通过验收，标志着西北首家获批、面积最大、功能最全的西安综合保税区全面通过验收，验收后总面积4.67平方公里，总投资约52亿元。

同年5月26日上午，由西安国际港务区携手绿城集团建设的西安体育中心三大配套项目——西安全运村、西安全运湖、西安灞河岸线（全运段）在国际港务区奠基启动，标志着西安体育中心工程已进入全面快速建设阶段。

同年6月14日，西安港汽车整车进口口岸获批。

同年10月9日西安市迎接十四运场馆建设动员大会在国际港务区召开，标志着西安奥体中心项目建设全面开始。